# DE L'IMAGINATION

AGORA

*Collection dirigée par François Laurent*

MALEBRANCHE

# DE L'IMAGINATION

De la recherche de la vérité, livre II
Éclaircissements VII, VIII, IX

*Introduction et commentaires de*
*Agnès Minazzoli*

POCKET

ISBN 2-266-16564-X

# PREMIÈRE PARTIE

# INTRODUCTION

> *« Il faut fuir le plaisir*
> *quoiqu'il rende heureux. »*
>
> Malebranche,
> *De la recherche de*
> *la vérité*[1].

Les critiques austères que Malebranche adresse aux commentateurs et aux érudits doivent-elles nous garder d'analyser et d'interpréter ses œuvres ? « Presque toutes les préfaces ne sont point conformes à la vérité ni au bon sens », écrit le philosophe dans un passage consacré aux méfaits de la lecture sur l'imagination[2]. S'il est nuisible à l'esprit de « s'entêter de quelque auteur » et de s'égarer dans des études sans fin, si le travail de la mémoire s'exerce souvent au détriment de la réflexion, c'est que notre cerveau est trop limité pour toujours recevoir de nouvelles informations et trop vulnérable pour être sans cesse sollicité par les effets de la persuasion.

La sévérité de Malebranche à l'égard de la lecture est le reflet de certaines exigences d'écriture : exigences de clarté, de probité et de discrétion qui s'expriment contre l'affirmation intempestive de soi et contre la démonstration pédante des connaissances. Le IXe Éclaircissement sur la recherche de la vérité donne le ton : « On ne doit jamais

1. L. IV, chap. 10.
2. *De la recherche de la vérité*, L.II (« De l'imagination »), partie II, chap. 6.

citer personne. Telle était autrefois la coutume des Pères[1] ». Écrire n'est pas une opération innocente, si l'on pense qu'un auteur a le pouvoir d'imprimer, de graver et d'imposer pour vraies dans l'esprit de son lecteur des idées qu'il n'aura peut-être pas vérifiées lui-même. Ainsi les images prennent-elles la place des pensées, les déguisant, les déformant ou masquant leur absence. Malebranche ne disculpe pas Montaigne en affirmant de ses idées qu'elles sont « fausses mais belles », il l'accuse encore un peu plus du crime de vouloir plaire et séduire par cette sorte de folie d'être plein de soi-même[2]. L'éclat de Tertullien, la vigueur de Sénèque, emportant pareillement l'imagination du lecteur, ne sont pas davantage épargnés : le procès de ces auteurs et, plus généralement, de toute rhétorique de la persuasion repose sur une conception globale de la contagion qui, dans *La Recherche de la vérité*, vise avant tout à nous prémunir contre les pouvoirs de l'imagination.

Lecteur, Malebranche le fut et ne cessa de l'être : de saint Augustin et de Descartes, il ne pouvait retenir qu'une idée négative de la force des sens sur l'esprit et de la puissance de l'imagination sur la raison. Du premier, il reçut la doctrine de la lumière surnaturelle ; du second, dont il refusa cependant l'idéal de maîtrise d'une raison dressée contre les passions, il adopta la position dualiste, suivant de près les développements du *Traité de l'homme* et des *Passions de l'âme*, pour affirmer la présence de deux facultés distinctes dans l'imagination, l'une active, relative à l'âme et à la volonté, l'autre passive et attachée au corps[3].

Très étroitement liée à l'activité sensorielle[4], l'imagination sera-t-elle pour autant condamnée comme une puissance étrangère à l'esprit humain, malfaisante et diabolique ? Diabolique : le mot n'est pas trop fort, si l'on songe à la manière dont l'imagination est le propre d'une âme devenue « charnelle » et « corporelle » et d'un esprit

1. Parus en 1678, trois ans après l'ouvrage auquel ils se rapportent, les *Éclaircissements* approfondissent et développent parfois de manière polémique les arguments de *La Recherche de la vérité*.
2. II, III, 5.
3. Voir notamment II, I, 1.
4. Voir II, I, 1.

« matériel et comme terrestre », depuis « la magnifique et intéressante promesse du démon[1] ». L'étude de l'imagination ouvre à Malebranche le champ d'une réflexion sur le péché originel et sa transmission. Puisque « l'homme pour ainsi dire n'est que chair et que sang depuis le péché[2] », l'imagination est héréditaire et elle ne saurait davantage être condamnée qu'une maladie ou qu'une malformation naturelle : on l'analysera de manière quasi clinique, décrivant les mécanismes de son développement, pour expliquer les lois de son action sur l'esprit. L'imagination est la cause de bien des maux, mais elle n'en est pas la source ; elle en est plutôt l'occasion, car « sur une terre que Dieu a maudite[3] » la cause première et principale de l'erreur et de l'errance demeure le mauvais usage de la liberté. Sur ce point précis, l'originalité de Malebranche par rapport à Descartes est sans doute de relier étroitement l'analyse d'une faculté et la conscience d'une fatalité inscrite dans la condition humaine depuis la chute. Selon *La Recherche de la vérité* et les précisions que lui apportent les *Éclaircissements*, on peut penser que l'imagination est pathologique et contagieuse pour autant que la condition humaine l'est aussi.

Comment cette conscience du mal s'affirme-t-elle ? En quoi peut-elle sous-tendre la manière dont Malebranche conçoit l'imagination ? La condamnation de l'homme, ce fut son corps ; la conséquence du péché, ce fut la souffrance et la mort ; la cause de sa perpétuation n'est autre que la naissance et toutes les mères semblent coupables — nécessairement et comme malgré elles, mais néanmoins coupables —, puisque Malebranche peut conclure de sa doctrine des sens et de l'imagination que « L'union que nous avons eue avec nos mères dans leur sein, laquelle est la plus étroite que nous puissions avoir avec les hommes, nous a causé les plus grands maux ; savoir le péché et la concupiscence, qui sont l'origine de toutes nos misères. Il fallait néanmoins pour la conformation de notre corps, que

1. Dans l'ordre des références, voir *De la recherche de la vérité*, I, 13, V, I et II, III, 4.
2. III, II, 9.
3. I, 3.

cette union fût aussi étroite qu'elle a été[1] ». C'est parce qu'elle a trait à la génération que l'imagination est liée au mal, d'autant plus pernicieuse qu'elle sera plus attachée au corps ; si bien qu'elle n'est jamais aussi néfaste que chez les femmes qui mettent au monde des enfants à qui elles ont transmis, *in utero*, toutes les impressions subies par leur cerveau. La conception de l'imagination repose sur une théorie implicite de la transmission et de la contagion qui est elle-même l'extension d'une réflexion plus générale sur la communication des impressions et des idées d'un être humain à un autre[2].

Sans doute l'idée de contagion est-elle l'interprétation dramatisée de l'union nécessaire des êtres humains entre eux : elle explique la plupart des influences de l'imagination ; elle rend compte de leur caractère pathologique ; elle exprime enfin — comment éviter d'en reconnaître les aveux ? — l'aversion dans laquelle peut être tenu le corps, aux yeux d'un philosophe pour qui l'état d'enfance est haïssable en soi : Dieu hait l'état de l'enfant qui est désordre et péché, car « l'âme des enfants n'a jamais été agréable à Dieu[3] ». Le lien que nous pouvons voir aujourd'hui entre l'imagination, le rêve et l'enfance, comment ne pas penser que Malebranche l'aurait repoussé violemment comme la marque la plus frappante de la maladie d'être né ?

Sous le règne de la concupiscence, le péché originel se transmet inévitablement, par génération, et c'est ainsi que la condition humaine est contagion, comme l'aveuglement, la folie, la maladie et l'imagination elle-même qui est passion, soumise au « cours fortuit » des « esprits agités », ainsi que l'avait définie Descartes[4]. Dans la mesure où « les personnes passionnées nous passionnent[5] », nul ne peut se dire à l'abri de la contamination tant qu'il n'aura pas suffisamment détaché sa réflexion de ce qui la retient dans la dépendance du corps. L'analyse physiologique de

1. II, III, 6.
2. Voir notamment le VIIIe Éclaircissement sur le chapitre VII du L.II (Ire partie).
3. *Ibid.*
4. Voir *Les Passions de l'âme*, art. 21 et 26.
5. II, III, 1.

l'imagination présiderait-elle à ce travail ? Elle y prend sûrement part puisqu'elle introduit – grâce à l'examen clinique des impressions – à la maîtrise des mouvements qui peuvent venir troubler, enrayer et dérégler les lois mécaniques de la mémoire et de l'habitude auxquelles tient pour beaucoup l'équilibre de nos pensées. Quand elle imagine, c'est-à-dire quand elle aperçoit en elle un objet qui est absent[1], la pensée se trouve modifiée, quoique affectée d'un changement différent de celui que les sens peuvent produire sur elle. Ces modifications qui sont le propre des facultés de sentir et d'imaginer, comme Malebranche le rappellera au début du troisième livre de *La Recherche*, consacré à l'entendement et à l'esprit pur, sont plus ou moins sensibles à la pensée selon que le corps est lui-même plus ou moins exposé aux troubles du jeûne, de la fièvre chaude, des veilles et des passions violentes ou des hallucinations[2]. Les affections du corps se communiquent à la pensée par l'agitation des esprits animaux dont les mouvements font l'objet de descriptions beaucoup plus importantes dans le livre sur l'imagination que dans celui traitant des sens : l'impression, dans les fibres du cerveau, des images que l'âme a le pouvoir de former semble relever au premier chef d'une physiologie de la trace ou du vestige qui, avec ses nombreuses références à Descartes, mais aussi à Willis et à Fernel, est destinée à nous « donner quelque idée de l'anatomie du cerveau[3] ».

Les longues explications des changements subis par l'âme, de leurs variations et de leurs degrés suivant l'âge ou le sexe des individus, nous montrent à plus d'une reprise comment le risque principal représenté par l'imagination n'est autre que l'altération ou la perte d'identité, le plus grand péril se mesurant à la disparition de l'humain dans la monstruosité. Or, si « tout cela ne se fait que par machine[4] », en quoi la pensée peut-elle se prémunir des

1. Voir II, I, 1.
2. *Ibid.*
3. *Ibid.* Voir aussi *Les Passions de l'âme*, art. 20-21, 32. Malebranche connaissait les traités de physiologie de Th. Willis (*Cerebri anatome*, Londres, 1664, tome IV des *Opera medica et physica*... qui paraîtront à Lyon en 1676 et 1681) et de F. Fernel (*Universa medicina*, 1656).
4. II, I, 4.

modifications pathologiques que l'imagination produit sur elle ? Car l'on ne peut recourir ni à l'hygiène ni à la médecine pour régler les mouvements naturels d'une faculté nécessaire à la conservation du corps et il faut donc que ce soit de la pensée elle-même que vienne le remède aux troubles de l'imagination. Tous nos efforts devraient alors tendre à comprendre comment des modifications naturelles deviennent des affections maladives, et à tracer, en somme, la frontière entre le normal et le pathologique. Ce travail de discernement suppose et justifie le recours à la distinction de l'âme et du corps. Ainsi, la reconnaissance des communications entre les sens et l'imagination, entre l'imagination et la pensée, n'exclut-elle aucunement la considération de cette dualité fondamentale. De même, le lien de cause à effet entre « la compassion dans les corps » et « la compassion dans les esprits » n'implique de nulle manière que le corps puisse instruire l'esprit, puisqu'« il ne parle à l'âme que pour lui-même[1] ».

Dans la mesure où Malebranche conçoit la philosophie comme l'expérience spirituelle par laquelle l'âme tente de s'unir à Dieu, le dualisme traduit pour lui la nécessité de diminuer peu à peu l'union de l'âme au corps, jusqu'à ce qu'il soit possible d'affirmer, comme il y sera conduit plus tard, qu'« il n'y a que l'intelligence qui puisse modifier l'intelligence ; que Dieu seul qui puisse agir dans les esprits[2] ». Toutefois, la dualité de l'âme et du corps n'est pas nettement posée comme principe dans les premiers livres de *La Recherche de la vérité* : elle apparaît plutôt comme une visée ou un point de tension et elle peut même sembler en contradiction avec les nombreux constats d'interférence entre les mouvements du corps et ceux de l'âme par lesquels, notamment, Malebranche ruine les fondements de l'idéal présomptueux des stoïciens qui oublient comment « notre âme est unie à notre corps » par la main puissante de Dieu[3]. Pour comprendre l'originalité du livre *De l'imagination* sur cette question, on pourrait voir en l'union de l'âme et du corps une union de fait,

1. II, I, 7.
2. *Conversations chrétiennes* (1702), Entretien III.
3. II, III, 4.

naturelle et nécessaire, tout en s'avisant que c'est à la séparation et à l'indépendance que l'âme doit tendre. Or l'âme ne peut parvenir à ce but que dans la conscience des correspondances et des communications qui l'unissent au corps. Il est frappant de constater que, dans cet effort, l'union naturelle de l'âme au corps s'exprime de nouveau dans les termes d'une pathologie : « blessures » et « cicatrices », les traces que les images impriment dans le cerveau rappellent, pour la plupart, le mal originaire de la condition des hommes sur la terre.

Entre concevoir, imaginer, et sentir, la différence n'est pas seulement de degré, mais il est faux de croire que nous sommes mieux à même de comprendre et de définir la pensée abstraite que les mouvements de l'imagination et les effets des sens. À la différence de Descartes, Malebranche refuse de considérer que l'âme soit plus aisée à connaître que le corps, persuadé au contraire que nous n'avons de notre âme qu'une notion confuse et que « la conscience que nous avons de nous-mêmes ne nous montre peut-être que la moindre partie de notre être[1] ». À partir du constat que la pensée est nécessairement — quoique souvent pour son malheur — liée à un corps, son souci est plutôt de démontrer comment il faut concevoir la formation des traces et des vestiges dans le cerveau afin d'en dégager certains principes généraux, non seulement sur la nature de l'homme, mais aussi sur la composition et la vie des sociétés. Ainsi l'analyse de l'imagination offre-t-elle au moins trois enjeux de réflexion, car on ne peut penser la transmission du péché sans envisager la manière dont l'être humain parvient à vivre malgré la faute commise et à former avec ses semblables une communauté plus ou moins harmonieuse. Théologique, anthropologique et sociologique, tel apparaît le propos de ce livre. La méthode qu'il met en œuvre repose sur la distinction entre la nature et la convention et en cela, notamment, elle demande toute notre attention : faut-il discriminer, au nom d'un jugement de valeur, les traces qui viennent naturellement marquer la pensée de celles que l'habitude et l'usage y impriment ? L'apprentissage des conventions est-il capable

1. III, II, 7.

de réparer ce qu'une nature défaillante a détruit ? Mais peut-être au-delà de toute idée de réparation nous faudra-t-il considérer, en l'imagination, et dans son double aspect actif et passif, le miroir du genre humain, de sa diversité et de sa complexité, pour envisager enfin comment Malebranche oppose la faculté d'imaginer à la vision en Dieu, seule issue, selon lui, qui soit donnée à l'homme pour échapper aux contradictions de son destin. L'imagination est parfois démoniaque quand la vision est rédemptrice.

Bien qu'elle soit la source de nombreux maux, l'imagination n'est pas un défaut[1] et l'on trouve en elle certaines conditions nécessaires à la conservation du corps et de la société. Pour persévérer dans son être, le corps a besoin des points de repère que lui donnent la mémoire et les habitudes, l'une et l'autre relevant de la faculté de former, de retenir et de relier des images. En cela, tout apprentissage sollicite l'imagination, fût-elle passive. Cette loi s'applique à l'homme en tant qu'il est un simple être vivant, car, « pour la conservation de tous les animaux, il est nécessaire qu'il y ait de certaines liaisons de traces[2] ». Dans la mesure où elle est très généralement définie comme la capacité de se former les images des objets absents, par conséquent aussi leurs souvenirs, l'imagination est à l'origine du système de défense requis par l'adaptation de tout organisme à son milieu. Sans toutefois développer une « théorie des climats », Malebranche n'avance-t-il pas l'idée que notre imagination varie selon l'air qu'on respire ? Ainsi pourraient s'expliquer les diverses humeurs et les différentes caractéristiques d'esprit des populations, par les variations infinies des connexions entre les choses et leurs images[3]. Ainsi la physiologie se verrait-elle mise au service d'une anthropologie différentielle et comparative qui fournirait à son tour l'ébauche d'une sociologie. Mais la réflexion de Malebranche demeure et se veut générale pour montrer le rôle fonda-

1. II, III, 1.
2. II, I, 5.
3. II, I, 3.

mental et universel de l'imagination dans la conservation du corps. Elle s'appuie, dans ce but, sur deux types de distinction, l'un qualitatif, l'autre quantitatif : ou bien naturelles ou bien conventionnelles, les traces qui informent la pensée sont également plus ou moins fortes et profondes et c'est ce dernier critère qui rendra compte des dérèglements de l'imagination, de la folie ou de la monstruosité. Tout en permettant de définir la frontière entre le normal et le pathologique, ce double paramètre pourra mettre en lumière le lien entre le principe de conservation du corps et le principe de conservation des communautés humaines.

Lorsqu'elle constitue pour le corps une mémoire destinée à lui assurer survie et défense, l'imagination suit les lois de l'habitude, fondées sur la répétition d'un mécanisme. Or, si l'on saisit aisément comment, à force de tracer le même sillon, une impression finit par creuser un chemin, on peut en revanche s'interroger sur le principe régulateur de ce processus, car l'imagination ne comporte pas de faculté de jugement pour discerner d'elle-même les bonnes des mauvaises traces laissées dans la pensée par telle ou telle impression et l'on ne voit pas en quoi la raison pourrait, à elle seule et sans expérience, décider de ce qui est bon pour le corps. Si Malebranche peut, comme Descartes, assimiler la mémoire à une forme d'habitude, en raison de la « facilité » avec laquelle la pensée garde le « pli » de certaines images [1], s'il reconnaît de la sorte le rôle de l'imagination passive dans les mécanismes de défense et d'adaptation de l'être humain, il doit aussi apprécier à sa juste valeur l'activité du corps lui-même qui sait faire la part entre ce qui lui profite et ce qui lui nuit. Cette activité discriminante et sélective nous révèle comment s'articulent, dans la pensée de Malebranche, la théologie et la physiologie, car c'est sur le fondement d'une vision tout à fait tragique de la naissance que se développe la description des mécanismes de conservation du corps. Est-ce à la « haine » que Dieu porte aux enfants qu'il faut mesurer les

1. Descartes, Lettre à Meyssonnier, 29 janvier 1640, Lettre à Mersenne, 1er avril 1640. Malebranche, *De la recherche de la vérité*, II, I, 5 ; II, II, 1.

souffrances de la naissance, celles des mères condamnées à enfanter dans la douleur, mais aussi et surtout celles des nouveau-nés ? Livrés à l'inconnu, vulnérables et démunis comme des lilliputiens devant des géants, selon la comparaison à laquelle nous invite Malebranche[1], les enfants reçoivent à la naissance les plus grands chocs que leur imagination connaîtra jamais.

Ce qu'une analyse naïve présenterait comme la manifestation la plus naturelle de l'ordre du monde devient l'événement le plus terrible de l'existence au point que Malebranche avoue que si le corps n'effaçait pas de lui-même les traces et les blessures que l'imagination reçoit à la naissance, l'esprit serait pris de démence : cette faculté d'oubli qui règle les impressions de l'imagination, c'est le corps qui la détient, c'est là sa force et l'affirmation de sa vocation à la vie ; cette aptitude à la cicatrisation, « c'est ce qui empêche que généralement tous les hommes ne soient fous dès leur naissance[2] ». Comme il tempère la souffrance provoquée par les impressions trop fortes, le corps est, au sens strict, un garde-fou ; protégeant l'esprit en se préservant lui-même, il est au principe d'une économie d'échanges entre l'intérieur et l'extérieur, entre l'individu et son environnement, entre l'homme et sa propre mémoire enfin.

Que la naissance soit à ce point liée à l'évocation de la folie ne devrait pas nous étonner, dès lors que nous avons pris acte des affirmations de Malebranche sur le malheur d'avoir été mis au monde par nos mères, sous le règne de la chair et de la concupiscence. Toutefois, l'insistance du philosophe sur la violence de ce choc initial mérite à elle seule d'être soulignée comme le symptôme d'une souffrance, de cette souffrance de la pensée qui accompagne la lucidité et double la conscience du mal et de la faute. Cette conception du traumatisme de la naissance semble tout à fait originale par rapport aux arguments plus classiques et rationalistes relatifs aux méfaits de l'imagination. La violence de la naissance serait à la mesure de la catastrophe du péché originel : elle en serait la conséquence et, plus

1. II, I, 8.
2. *Ibid.*

encore, l'expression ou la traduction, manifestant la rupture d'un ordre que Dieu avait voulu juste et immuable, répercutant le choc de cette rupture : la naissance — qu'il nous faut oublier pour demeurer sains d'esprit et atteindre à la raison —, ce serait, en chaque être humain venu au monde, la répétition de la chute originelle. Mais le corps oublie, efface, bienfaisant : lui-même signe de la chute, il porte en soi le remède à l'irrémédiable. Son activité régulatrice dans l'impression des traces naturelles relève d'un principe d'économie sans lequel le principe de conservation deviendrait impossible et impensable.

Quand il aura posé, dans le livre de *La Recherche* consacré aux passions[1], que l'homme se définit par deux rapports essentiels ou nécessaires mais fort différents entre eux, l'un à Dieu, l'autre à son corps, Malebranche ne pourra qu'admirer l'équilibre de la création en considérant sur quoi repose la conservation de notre être sensible et, partant, de la société : « il n'y a rien de plus merveilleux que cette économie de nos passions, et que cette disposition de notre corps par rapport aux objets qui nous environnent[2] ». L'harmonie interne aux mouvements du corps et sa faculté d'adaptation viennent réparer le mal et guérir les blessures de la naissance. Aux yeux de Malebranche, le corps ne détient aucune vérité transmissible à l'esprit[3], mais il est au centre d'équilibre d'un circuit d'échanges dans lequel se reflète, suivant l'ordre de la simplicité des voies, l'économie divine[4]. Comme la nature agit toujours par les voies les plus courtes et les plus simples, le corps participe à l'équilibre de ces multiples modifications et changements qui, observés par Malebranche comme les signes de l'inconstance naturelle à l'homme, donnent lieu néanmoins à la définition positive et dynamique d'une économie vitale : tracés, mouvements, parcours et trajets, rien ne se fige dans l'imagination, passage incessant d'impressions qui ne se reproduisent jamais tout à fait à l'identique et conduisent

1. V, 1.
2. V, 7.
3. Voir la conclusion des trois premiers livres de *La Recherche*.
4. Voir notamment II, II, 6.

toujours à des idées nouvelles, si bien que l'on peut reconnaître, « en un mot », que « la vie de l'homme ne consiste que dans la circulation du sang et dans une autre circulation de pensées et de désirs[1] ».

Il faut sans doute anticiper sur la suite du livre *De l'imagination* pour saisir la signification pleine et entière de cette économie d'échanges qui est au principe de la conservation de notre être : le parallélisme entre la circulation du sang et la circulation des pensées et des désirs ne se justifie en effet que si l'on admet pour la pensée des conditions d'existence et de développement analogues à celles du corps. Or, en nous rappelant comment sentir et imaginer sont des modifications de la pensée, en nous proposant de voir en l'âme une capacité de recevoir aussi grande que sa capacité de concevoir, l'introduction au livre *De l'entendement ou de l'esprit pur*[2] nous invite à considérer la pensée non seulement comme le lieu mais aussi comme le principe même de toutes les modifications de plaisir, de joie ou de tristesse… Penser, c'est modifier, c'est transformer et convertir une impression en idée, c'est parcourir un chemin qui se déroulerait circulairement, ou plutôt en spirale : le livre sur l'imagination en décrit le mouvement, des nouvelles idées aux nouvelles traces et de celles-ci à des idées nouvelles encore[3]. Les liaisons de l'imagination composent pour le corps une mémoire d'impressions ; le corps en règle l'intensité, tandis que la pensée les anime et les transforme. Les modifications de la pensée sont peut-être le signe de l'inconstance des hommes, mais, considérées positivement, elles sont le principe dynamique de la vie mentale sans lequel nous ne pourrions comprendre la diversité de nos idées et la variété qui fait notre univers : dans ces réflexions, en dépit de ses attaques, Malebranche doit beaucoup à Montaigne.

L'ambition théorique du livre sur l'imagination ne se limite pas à l'analyse générale des mécanismes d'une faculté, elle s'étend également à l'explication du principe fondateur des communautés humaines. Le passage du

1. II, I, 1.
2. Voir III, I, 1.
3. Voir II, I, 5.

principe de conservation du corps au principe de conservation sociale suppose, après celle de la « circulation » des affects et des idées, une seconde loi, également fondée sur les ressorts de l'imagination, celle de la ressemblance et de l'imitation. Autant le livre consacré aux sens s'attache à relever la variété de l'univers, jusqu'aux éléments infiniment petits qui le composent, autant le livre sur l'imagination s'efforce de mettre en évidence les processus d'unification constitutifs de la famille ou de la société et garants de leur homogénéité. L'imagination, la mémoire et les habitudes sont liées par les règles de la répétition[1] dont dépend un principe fondamental, celui de l'imitation qui explique le mimétisme des enfants par rapport à leurs parents, l'apprentissage du langage et des signes d'institution, enfin la formation des diverses communautés humaines[2]. Il est sans doute regrettable, selon Malebranche dont la pensée fait alors écho à celle de Pascal, que les hommes « même les plus sages[3] » se laissent conduire plutôt par l'imagination des autres, par l'opinion et la coutume, mais il faut bien admettre que cette tendance au conformisme repose sur une disposition naturelle du cerveau à l'imitation, comme si ces « ressorts » que le Créateur y avait conçus étaient indispensables à la « commodité » de la vie[4]. La discordance entre les hommes ou l'incommunicabilité détruiraient jusqu'à la possibilité même de vivre ensemble sans cet appel à la ressemblance, d'abord naturel puis perpétué par l'usage. L'exigence de ressemblance se révèle sociologiquement et politiquement fondée, « car afin que les hommes se lient, il est nécessaire qu'ils se ressemblent et par le corps et par l'esprit. Ceci est le principe d'une infinité de choses dont nous parlerons dans la suite[5] ».

La ressemblance ne se trouve-t-elle pas non plus à l'œuvre dans les activités les plus élémentaires, dans les perceptions immédiates ? Car comment expliquer que

1. *Ibid.*
2. Voir, dans l'ordre des questions exposées, II, III, 2 ; II, I, 5 ; II, I, 7.
3. II, III, 6. Pascal, *Pensées*, Lafuma 44.
4. II, I, 7.
5. *Ibid.*

nous puissions voir dans les nuages des chariots, des hommes, des lions ou d'autres animaux et dans le disque de la lune la forme d'un visage humain[1]? C'est que nos yeux sont déjà emplis d'images et qu'ils cherchent ou trouvent dans le monde du dehors les formes qui les rappellent à elles, par l'effet de l'habitude, par le hasard de ces associations que Shakespeare avait pu suivre aussi dans les métamorphoses des nuages et auxquelles bien d'autres artistes encore avaient donné forme[2]. Si, pour Malebranche, cette perception sensible n'est pas la vraie vision, elle nous permet toutefois de vivre nos existences terrestres. Ainsi voyons-nous comment la ressemblance est un des ressorts principaux de l'association des images et des idées entre elles, ce qu'un empiriste comme Hume ne manquera pas de développer contre toute tentation d'idéalisme, nous conduisant à l'antipode du but que Malebranche assigne à *La Recherche de la vérité* dans la vision en Dieu[3]. Selon Malebranche, en effet, la disposition naturelle de l'esprit à l'imitation doit se concevoir comme l'expression de la volonté que Dieu a de voir les hommes vivre en harmonie les uns avec les autres. Les traces conventionnelles — du langage, des coutumes et des cultures — se joignent aux traces naturelles des sensations pour renforcer la vocation communautaire des hommes. Le mimétisme a ses dangers lorsqu'il conduit au dérèglement des passions, il est pourtant, en lui-même, un principe régulateur de la conservation du corps social : « il faut savoir que les hommes ont besoin les uns des autres ; et qu'ils sont faits pour composer ensemble plusieurs corps, dont toutes les parties aient entre elles une mutuelle correspondance[4] ». Le *VIII<sup>e</sup> Éclaircissement* est encore plus net sur ce point : « les hommes ne sont pas faits pour vivre seuls[5] ».

L'imitation est donc reconnue comme le ciment néces-

1. II, II, 2.
2. Shakespeare, *Hamlet*, III, 2. Les peintres ont souvent représenté dans les nuages en mouvement des figures anthropomorphes.
3. D. Hume, *Enquête sur l'entendement humain* (voir notamment la section III, « L'association des idées »).
4. *De la recherche de la vérité*, II, III, 1.
5. Sur le chapitre 7 du Livre II.

saire à l'organisation civique et institutionnelle des individus, laquelle doit refléter autant que faire se peut la volonté de Dieu d'unir les hommes sous sa toute-puissance. Quand Malebranche manifeste sa méfiance à l'égard des coutumes, il ne mène jamais sa critique aussi loin que Pascal : pour lui, les « cordes d'imagination » tiennent le monde, non pas dans l'arbitraire des conventions, mais dans la nécessité d'un ordre voulu par Dieu[1]. Principe d'éducation, principe politique, l'imitation a pourtant sa face sombre et négative quand elle reflète et traduit l'errance des imaginations trop fortes. La disposition à la ressemblance demeure un facteur d'équilibre tant qu'elle est le fait d'une imagination mesurée, « surveillée », pour ainsi dire, par la raison, l'équilibre de l'esprit tenant davantage à l'attention ou à la vigilance qu'à la maîtrise ou au dressage[2].

Les principales questions dont Malebranche débat dans les *Éclaircissements* apportés au livre sur l'imagination concernent la transmission du péché originel et la justification des monstres, l'une et l'autre étant relatives aux excès et aux débordements de l'imagination, l'une et l'autre révélant les difficultés inhérentes à la pensée de l'ordre créé par Dieu dans le monde[3]. On peut observer une gradation dans le dérèglement de la pensée, dès l'instant que l'on s'assure que la plus grande folie du genre humain fut de vouloir égaler Dieu[4]. On peut alors reconnaître qu'il y a peut-être quelque rapport entre dormir et délirer[5], que « nous sommes presque tous sujets à quelque espèce de folie, quoique nous ne le pensions pas[6] », que la folie est contagieuse, propagée par les imaginations fortes, les esprits forts, les visionnaires. L'imagination forte est la cause d'un désordre mental aussitôt enregistré et répercuté dans l'ordre social au point que Malebranche se demande

1. Pascal montre comment les « cordes de nécessité » qui « attachent le respect » sont en réalité des « cordes d'imagination » (*Pensées*, Lafuma, 828).
2. L'idée du dressage serait plus cartésienne.
3. Voir surtout le VIII^e Éclaircissement.
4. II, III, 4.
5. I, 10.
6. II, I, 8.

s'il n'est pas de folie qu'au regard de la société qui la juge telle, car « pour être estimé fou, il ne suffit pas d'avoir de folles pensées[1] », encore faut-il un consensus pour décider des limites de la raison. Dans l'esprit de cette réflexion, somme toute plus métaphysique que sociologique, la position de Malebranche à l'égard des fous et des sorciers n'est ni répressive ni punitive (le philosophe n'écrit-il pas que nous devons « mépriser les démons comme nous méprisons les bourreaux[2] »?); elle vise plutôt à délivrer qu'à emprisonner, revenant sans cesse sur la nécessité de libérer la pensée de l'emprise des hallucinations ou des idées fausses. Son jugement nous semble moins maîtrisé, cependant, lorsqu'il s'agit d'examiner cet autre dérèglement de l'imagination qu'exprime la monstruosité.

Le chapitre consacré aux anomalies et aux difformités de naissance cristallise en effet plusieurs tensions, de diverses origines. Aux mythes et aux croyances qui nous reconduiraient à la tératologie de l'Antiquité, à la curiosité suscitée par l'insolite ou l'exception, à l'interrogation théologique fondamentale sur la raison des écarts de la nature, se joignent également les considérations parfois les plus aberrantes, inspirées par la haine du corps et de l'union charnelle, sur la responsabilité et la culpabilité des mères dans l'engendrement des monstres. La ressemblance est de nouveau invoquée pour expliquer la communication des images qui s'impriment dans le cerveau de la mère jusqu'à celui de l'enfant, mais loin d'être un facteur d'équilibre, elle devient le symptôme par excellence des maladies de l'imagination et de leur contamination. Elle est elle-même tératologique. Entre le cerveau maternel et celui de l'enfant, les images se communiquent sans altération, tel tableau, tel portrait, longuement scruté par la mère, servant alors de modèle à l'enfant qu'elle attend, ou, pis encore, tel objet, tel fruit, toute chose qui aura frappé fortement son imagination : « non seulement elles font des enfants difformes, mais encore des fruits dont elles ont souhaité de manger; des pommes, des poires, des grappes de raisin[3]... ». Notre imagination est bien trop faible pour

1. II, III, 4.
2. II, III, 6.
3. II, I, 7.

pénétrer les raisons divines à propos de ces monstres que la force d'imagination des femmes peut engendrer à elle seule, ou presque (dans la responsabilité du péché originel, Malebranche avoue qu'« il serait plus raisonnable d'excuser l'homme que la femme[1] »). L'union charnelle de la mère à l'enfant apparaît de nouveau comme la malédiction originelle : la ressemblance devient la cause d'une monstruosité que Dieu n'a pas voulue positivement, mais qui s'est imposée, par la nécessité de certains arrangements, comme le résultat particulier et exceptionnel de la simplicité des lois générales et de leur ordre : dans la perfection de la création, l'énigme de la monstruosité n'est que le chiffre de notre ignorance[2].

L'abondance des cas monstrueux recensés et décrits donnerait parfois au texte sur l'imagination le caractère délirant d'un tableau composé de toutes les anomalies du monde pour montrer l'horreur de l'enfantement. Un parallèle s'impose entre la violence de toute naissance et celle que porte contre l'ordre du monde la monstruosité qui révèle la plus grande folie de l'imagination et, à travers elle, la folie du péché originel. Si l'imagination est au principe de la conservation du corps puis de la société, elle peut être également à l'origine de leur dérèglement, c'est pourquoi Malebranche s'en méfie et souhaite que les hommes apprennent à s'en séparer, comme il leur a fallu se séparer de leur mère, exigence d'autant plus vive qu'une grande attache à la mère est aussi un grand éloignement de Dieu[3]. Quitter la mère-imagination, c'est là peut-être une des leçons de ce livre qui nous engage en dernier lieu à opposer la faculté de former des images à la vision elle-même.

À partir des réflexions sur la monstruosité, le lecteur pourra mesurer à quelle distance de la recherche du vrai Malebranche tient l'imagination : en quelle œuvre, de la nature ou de l'art, cette faculté se révèle-t-elle inventive et créatrice, si ce n'est dans les ouvrages des géomètres[4] ? En

1. VIII$^{e}$ Éclaircissement.
2. Voir *ibid.*
3. II, I, 7.
4. L'idée est développée dans le livre consacré à la méthode (VI, I, 6).

toute autre entreprise et pour tout autre effort, l'impression des images en l'esprit constitue un obstacle à la compréhension et les images sont plutôt des écrans de pensée que des fenêtres ouvertes sur le vrai. Les rêves, les délires, les impressions vives et les hallucinations rattachent davantage l'être humain à sa condition d'animal qu'ils ne le rappellent à son destin spirituel, si bien que l'imagination semble finalement s'opposer au plus haut point à l'épanouissement de cette ressemblance qui fait l'homme à l'image de Dieu. Si elle ne la déforme, si elle ne la réduit à néant, l'imagination peut du moins occulter cette image et l'effacer dans l'oubli. Alors que certains philosophes renaissants, par exemple, nous invitent à considérer quel appui la faculté d'imaginer donne à la pensée dans sa quête de la vérité[1], Malebranche semble au contraire soutenir que la faculté de former les images des choses en pensée éloigne la pensée de l'image que Dieu a voulu laisser en elle pour son salut.

L'*imago Dei* demande une vision pure et sans tache, or l'imagination est impure, « salie » par la fausseté et l'obscurité[2]. Pour trouver l'une, il faut tourner le dos à l'autre. Une rupture s'impose. Entre imaginer et voir, il n'est aucune mesure. Ainsi Malebranche pourra-t-il trancher, pour lui-même : « si je m'approche de Dieu, et que dans le silence de mes sens et de mes passions, je lui demande, si je dois préférer les richesses à la vertu, ou la vertu à la richesse : j'entendrai une réponse claire et distincte de ce que je dois faire : réponse éternelle qui a toujours été dite, qui se dit et se dira toujours : réponse qu'il n'est point nécessaire que j'explique, parce que tout le monde la sait, ceux qui lisent ceci, et ceux qui ne le lisent pas [...]. J'entendrai cette réponse et j'en demeurerai convaincu. Je me rirai des visions de mon imagination et des illusions de mes sens. L'homme intérieur qui est en moi se moquera de l'homme animal et terrestre que je porte. Enfin l'homme nouveau croîtra et le vieil homme sera détruit[3]... ». La

1. Ainsi de Nicolas de Cues, de Marsile Ficin, de Pic de La Mirandole et de Jean-François Pic.
2. *De la recherche de la vérité*, VI, I, 3.
3. *Ibid.*, Conclusion des trois premiers livres.

recherche du vrai, dans cette première philosophie du savoir, est solidaire d'un idéal ascétique qui annonce les règles d'austérité, de mortification et de pénitence du *Traité de morale* de 1684. La purification, requise par la doctrine augustinienne de la vision en Dieu, implique alors nécessairement la négation radicale du sensible : l'imagination ne saurait donc participer à la vision des choses en Dieu qui présente directement à l'esprit les Idées des objets, mais non l'image des objets sensibles eux-mêmes, selon l'affirmation décisive apportée sur ce point par le Xe Éclaircissement. Désormais, « la structure admirable des yeux », vantée dans le livre sur les sens[1], n'est plus d'aucune utilité.

Le soleil sensible n'est pas le soleil saisi par l'esprit qui est « au-dessus des yeux[2] », et, même s'il est possible de voir en Dieu les formes mobiles et changeantes des choses, la seule vision qui possède quelque efficacité en la pensée est la vision de l'Idée. Or, pour atteindre à cette vision, comment suffirait-il de veiller à la pureté de son imagination, suivant la méthode développée au Livre VI de *La Recherche*[3], quand l'ascèse la plus grande semble elle-même à peine capable de parvenir à la perfection visée ? Le dépassement et la négation de l'imagination sont loin d'assurer, pour Malebranche, la plénitude de la vision en Dieu. Dans quel sens l'esprit doit-il alors diriger ses efforts ? La vision en Dieu n'est pas la vision de Dieu, mais la première doit tendre vers la seconde. Comment l'esprit peut-il s'accommoder de la certitude qu'aucune vision ici-bas ne dissipera jamais tout à fait « les nuages de notre concupiscence qui nous cachent Dieu »[4] ? Malebranche propose enfin une interprétation extrémiste de la conception que saint Paul avait de la vision humaine, vision en énigme et en miroir : s'il est impossible de vivre et de voir le vrai dans le même temps et dans le même monde, « il faut donc souhaiter la mort qui nous unit avec Dieu, ou pour le moins l'image de cette mort, qui est le sommeil

1. I, 15.
2. II, II, 3.
3. « De la méthode », I, I, 2.
4. Xe Éclaircissement, « Sur la nature des idées ».

mystérieux durant lequel tous nos sens extérieurs étant assoupis, nous pouvons écouter la voix de la vérité intérieure, qui ne se fait entendre que dans le silence de la nuit, lorsque les ténèbres nous cachent les objets sensibles, et que le monde est comme mort à notre égard[1] ».

L'aspiration mystique à la vision dans les ténèbres semble l'ultime accomplissement de la recherche de la vérité et le désir de mourir au monde paraît répondre à l'horreur inspirée par la naissance. S'il en est la conséquence, l'on ne sait. Mais il révèle le fondement négatif de la conception malebranchiste de l'imagination : comme les sens, les images sont trop liées à la vie pour être proches du vrai. La critique de cette leçon d'austérité nous demanderait au préalable de chercher d'où pourrait provenir « l'image de cette mort » appelée par Malebranche dans le silence des sens et de l'imagination.

Agnès Minazzoli

1. X^e Éclaircissement, « Sur la nature des idées ».

# DE LA RECHERCHE DE LA VÉRITÉ

## LIVRE SECOND

## DE L'IMAGINATION

## CHAPITRE PREMIER

Dans le Livre précédent nous avons traité des sens. Nous avons tâché d'en expliquer la nature, et de marquer précisément l'usage que l'on en doit faire. Nous avons découvert les principales et les plus générales erreurs dans lesquelles ils nous jettent ; et nous avons tâché de limiter de telle sorte leur puissance, qu'on doit beaucoup espérer d'eux et n'en rien craindre, si on les retient toujours dans les bornes, que nous leur avons prescrites. Dans ce second livre nous traiterons de l'imagination : l'ordre naturel nous y oblige ; car il y a un si grand rapport entre les sens et l'imagination, qu'on ne doit pas les séparer. On verra même dans la suite, que ces deux facultés ne diffèrent entre elles que du plus et du moins.

Voici l'ordre que nous gardons dans ce traité. Il est divisé en trois parties. Dans la première nous expliquons les causes physiques du dérèglement, et des erreurs de l'imagination. Dans la seconde nous faisons quelque application de ces causes aux erreurs les plus générales de l'imagination ; et nous parlons aussi des causes que l'on peut appeler morales de ces erreurs. Dans la troisième nous parlons de la communication contagieuse des imaginations fortes.

Si la plupart des choses que ce traité contient, ne sont pas si nouvelles, que celles que l'on a déjà dites en expliquant les erreurs des sens, elles ne seront pas toutefois moins utiles. Les personnes éclairées reconnaissent assez les erreurs et les causes même des erreurs dont je traite ; mais il y a très peu de personnes qui y fassent assez de réflexion. Je ne prétends pas instruire tout le monde, j'instruis les ignorants, et j'avertis seulement les autres, ou plutôt je tâche ici de m'instruire, et de m'avertir moi-même.

## I. IDÉE GÉNÉRALE DE L'IMAGINATION

Nous avons dit dans le premier Livre[1], que les organes de nos sens étaient composés de petits filets, qui d'un côté se terminent aux parties extérieures du corps et à la peau, et de l'autre aboutissent vers le milieu du cerveau. Or ces petits filets, peuvent être remués en deux manières, ou en commençant par les bouts qui se terminent dans le cerveau, ou par ceux qui se terminent au-dehors. L'agitation de ces petits filets ne pouvant se communiquer jusqu'au cerveau, que l'âme n'aperçoive quelque chose ; si l'agitation commence par l'impression que les objets font sur la surface extérieure des filets de nos nerfs, et qu'elle se communique jusqu'au cerveau, alors l'âme sent et juge* que ce qu'elle sent est au-dehors, c'est-à-dire qu'elle aperçoit un objet comme présent. Mais s'il n'y a que les filets intérieurs qui soient légèrement ébranlés par le cours des esprits animaux, ou de quelque autre manière, l'âme imagine, et juge que ce qu'elle imagine, n'est point au-dehors, mais au-dedans du cerveau, c'est-à-dire, qu'elle aperçoit un objet comme absent. Voilà la différence qu'il y a entre sentir et imaginer.

Mais il faut remarquer que les fibres du cerveau sont beaucoup plus agitées par l'impression des objets, que par le cours des esprits ; et que c'est pour cela que l'âme est beaucoup plus touchée par les objets extérieurs, qu'elle juge comme présents, et comme capables de lui faire sentir du plaisir, ou de la douleur, que par le cours des esprits animaux. Cependant il arrive quelquefois dans les personnes qui ont les esprits animaux fort agités par des jeûnes, par des veilles, par quelque fièvre chaude, ou par quelque passion violente, que ces esprits remuent les fibres

* Par un jugement naturel, dont j'ai parlé en plusieurs endroits du Livre précédent.

1. Chapitre X, § 2.

intérieures de leur cerveau avec autant de force que les objets extérieurs ; de sorte que ces personnes sentent ce qu'ils ne devraient qu'imaginer, et croient voir devant leurs yeux des objets, qui ne sont que dans leur imagination. Cela montre bien qu'à l'égard de ce qui se passe dans le corps, les sens et l'imagination ne diffèrent que du plus et du moins, ainsi que je viens de l'avancer.

Mais afin de donner une idée plus distincte et plus particulière de l'imagination, il faut savoir, que toutes les fois qu'il y a du changement dans la partie du cerveau à laquelle les nerfs aboutissent, il arrive aussi du changement dans l'âme : c'est-à-dire, comme nous avons déjà expliqué, que s'il arrive dans cette partie quelque mouvement des esprits qui change quelque peu l'ordre de ses fibres, il arrive aussi quelque perception nouvelle dans l'âme ; elle sent nécessairement, ou elle imagine quelque chose de nouveau : et l'âme ne peut jamais rien sentir, ni rien imaginer de nouveau, qu'il n'y ait du changement dans les fibres de cette même partie du cerveau.

De sorte que la faculté d'imaginer, ou l'imagination ne consiste que dans la puissance qu'a l'âme de se former des images des objets, en produisant du changement dans les fibres de cette partie du cerveau, que l'on peut appeler partie *principale*, parce qu'elle répond à toutes les parties de notre corps, et que c'est le lieu où notre âme réside immédiatement, s'il est permis de parler ainsi.

## II. DEUX FACULTÉS DANS L'IMAGINATION, L'UNE ACTIVE ET L'AUTRE PASSIVE

Cela fait voir clairement, que cette puissance qu'a l'âme de former des images renferme deux choses ; l'une qui dépend de l'âme même, et l'autre qui dépend du corps. La première est l'action, et le commandement de la volonté. La seconde est l'obéissance que lui rendent les esprits animaux qui tracent ces images, et les fibres du cerveau sur lesquelles elles doivent être gravées. Dans cet ouvrage, on appelle indifféremment du nom d'*imagination* l'une et l'autre de ces deux choses, et on ne les distingue point par les mots d'*active* et de *passive* qu'on leur pourrait donner ; parce que le sens de la chose dont on parle, marque assez de laquelle des deux on entend parler, si c'est de l'*imagination active* de l'âme, ou de l'*imagination passive* du corps[1].

On ne détermine point encore en particulier, quelle est cette partie *principale* dont on vient de parler. Premièrement parce qu'on le croit assez inutile. Secondement parce que cela est fort incertain. Et enfin parce que n'en pouvant convaincre les autres, à cause que c'est un fait qui ne se peut prouver ici, quand on serait très assuré quelle est cette partie principale, on croit qu'il serait mieux de n'en rien dire.

Que ce soit donc, selon le sentiment de Willis, dans les deux petits corps, qu'il appelle *corpora striata*, que réside le sens commun ; que les sinuosités du cerveau conservent les espèces de la mémoire ; et que le corps *calleux* soit le siège de l'imagination ; que ce soit suivant le sentiment de Fernel dans la *pie-mère*, qui enveloppe la substance du cerveau ; que ce soit dans la *glande pinéale* de M. Descartes[2] ; ou enfin dans quelque autre partie inconnue jusques ici, que notre âme exerce ses principales fonctions, on ne s'en met pas fort en peine. Il suffit qu'il y ait une partie principale ; et cela est même absolument nécessaire, comme aussi que le fond du système de M. Descartes subsiste. Car il faut remarquer, que quand il se serait trompé, comme il y a bien de l'apparence, lorsqu'il a assuré que c'est à la *glande pinéale* que l'âme est immédiatement unie ; cela toutefois ne pourrait faire de tort au fond de son système, duquel on tirera toujours toute l'utilité qu'on peut attendre du véritable, pour avancer dans la connaissance de l'homme.

1. Voir Descartes, *Les Passions de l'âme*, art. 20-21.

2. Voir notre introduction, note 17. Fernel distingue les deux méninges selon leur épaisseur, la plus mince étant la pie-mère, l'autre la dure-mère. Pour la référence à Descartes, voir *ibid.*, art. 30-31

## III. CAUSE GÉNÉRALE DES CHANGEMENTS QUI ARRIVENT DANS L'IMAGINATION ET LE FONDEMENT DE CE SECOND LIVRE

Puis donc que l'imagination ne consiste que dans la force qu'a l'âme de se former des images des objets, en les imprimant pour ainsi dire dans les fibres de son cerveau ; plus les vestiges des esprits animaux, qui sont les traits de ces images, seront grands et distincts, plus l'âme imaginera fortement et distinctement ces objets. Or de même que la largeur, la profondeur, et la netteté des traits de quelque gravure dépend de la force dont le burin agit, et de l'obéissance que rend le cuivre : ainsi la profondeur, et la netteté des vestiges de l'imagination dépend de la force des esprits animaux, et de la constitution des fibres du cerveau ; et c'est la variété qui se trouve dans ces deux choses qui fait presque toute cette grande différence, que nous remarquons entre les esprits.

Car il est assez facile de rendre raison de tous les différents caractères, qui se rencontrent dans les esprits des hommes : d'un côté par l'abondance, et la disette ; par l'agitation, et la lenteur ; par la grosseur, et la petitesse des esprits animaux : et de l'autre par la délicatesse, et la grossièreté ; par l'humidité, et la sécheresse ; par la facilité, et la difficulté de se ployer des fibres du cerveau ; et enfin par le rapport que les esprits animaux peuvent avoir avec ces fibres. Et il serait fort à propos, que d'abord chacun tâchât d'imaginer toutes les différentes combinaisons de ces choses, et qu'on les appliquât soi-même à toutes les différences qu'on a remarquées entre les esprits ; parce qu'il est toujours plus utile et même plus agréable de faire usage de son esprit, et de l'accoutumer ainsi à découvrir par lui-même la vérité, que de le laisser corrompre dans l'oisiveté, en ne l'appliquant qu'à des choses toutes digérées, et toutes développées. Outre qu'il y a des choses si délicates et si fines dans la différence des esprits, qu'on peut bien quelquefois les découvrir et les sentir soi-même ; mais on ne peut pas les représenter ni les faire sentir aux autres.

Mais afin d'expliquer autant qu'on le peut toutes ces

différences qui se trouvent entre les esprits, et afin qu'un chacun remarque plus aisément dans le sien même la cause de tous les changements, qu'il y sent en différents temps, il semble à propos d'examiner en général les causes des changements qui arrivent dans les esprits animaux et dans les fibres du cerveau ; parce qu'ainsi on découvrira tous ceux qui se trouvent dans l'imagination.

L'homme ne demeure guère longtemps semblable à lui-même : tout le monde a assez de preuves intérieures de son inconstance : on juge tantôt d'une façon et tantôt d'une autre sur le même sujet : en un mot la vie de l'homme ne consiste que dans la circulation du sang, et dans une autre circulation de pensées et de désirs ; et il semble qu'on ne puisse guère mieux employer son temps, qu'à rechercher les causes de ces changements qui nous arrivent, et apprendre ainsi à nous connaître nous-mêmes.

# CHAPITRE II

I. *Des esprits animaux, et des changements auxquels ils sont sujets en général.* II. *Que le chyle va au cœur, et qu'il apporte du changement dans les esprits.* III. *Que le vin en fait autant.*

[I] Tout le monde convient assez, que les esprits animaux[1] ne sont que les parties les plus subtiles et les plus agitées du sang qui se subtilise et s'agite principalement par la fermentation, et par le mouvement violent des muscles dont le cœur est composé : que ces esprits sont conduits avec le reste du sang par les artères jusque dans le cerveau ; et que là ils en sont séparés par quelques parties destinées à cet usage, desquelles on ne convient pas encore.

Il faut conclure de là, que si le sang est fort subtil, il y aura beaucoup d'esprits animaux ; et que s'il est grossier, il y en aura peu. Que si le sang est composé de parties fort faciles à s'embraser dans le cœur et ailleurs, ou fort propres au mouvement, les esprits qui seront dans le cerveau en seront extrêmement échauffés ou agités ; que si au contraire le sang ne se fermente pas assez, les esprits animaux seront languissants, sans action et sans force : Enfin que selon la solidité qui se trouvera dans les parties du sang, les esprits animaux auront plus ou moins de solidité, et par conséquent plus ou moins de force dans leur mouvement. Mais il faut expliquer plus au long toutes

1. Sur la théorie des « esprits animaux », « parties du sang très subtiles », « corps très petits qui se meuvent très vite », voir Descartes, *Passions*, art. 7, 10.

ces choses, et apporter des exemples, et des expériences incontestables, pour en faire reconnaître plus sensiblement la vérité.

## II. QUE LE CHYLE VA AU CŒUR, ET QU'IL CAUSE DU CHANGEMENT DANS LES ESPRITS

L'autorité des anciens n'a pas seulement aveuglé l'esprit de quelques gens, on peut même dire qu'elle leur a fermé les yeux. Car il y a encore quelques personnes si respectueuses à l'égard des anciennes opinions, ou peut-être si opiniâtres, qu'ils ne veulent pas voir des choses, qu'ils ne pourraient plus contredire, s'il leur plaisait seulement d'ouvrir les yeux. On voit tous les jours des personnes assez estimées par leur lecture et par leurs études, qui font des livres, et des conférences publiques contre les expériences visibles et sensibles de la circulation du sang, contre celle du poids, et de la force élastique de l'air, et d'autres semblables. La découverte que M. Pecquet[1] a faite en nos jours, de laquelle on a besoin ici, est du nombre de celles qui ne sont malheureuses que parce qu'elles ne naissent pas toutes vieilles, et pour ainsi dire avec une barbe vénérable. On ne laissera pas cependant de s'en servir, et on ne craint pas que les personnes judicieuses y trouvent à redire.

Selon cette découverte il est constant que le chyle ne va pas d'abord des viscères au foie par les veines *mésaraïques*, comme le croient les anciens ; mais qu'il passe des boyaux dans les veines lactées, et ensuite dans certains réservoirs où elles aboutissent toutes : que de là il monte par le *canal thoracique* le long des vertèbres du dos, et se va mêler avec le sang dans la veine *axillaire*, laquelle entre dans le tronc supérieur de la veine cave ; et qu'ainsi étant mêlé avec le sang, il se va rendre dans le cœur.

Il faut conclure de cette expérience, que le sang mêlé avec le chyle étant fort différent d'un autre sang, qui aurait déjà circulé plusieurs fois par le cœur, les esprits animaux

1. Il s'agit d'une découverte relative à la circulation du sang, comme celle de Harvey.

qui n'en sont que les plus subtiles parties, doivent être aussi fort différents dans les personnes qui sont à jeun, et dans d'autres qui viendraient de manger. De plus, parce qu'entre les viandes, et les breuvages dont on se sert, il y en a d'une infinité de sortes, et même que ceux qui s'en servent ont des corps diversement disposés : deux personnes qui viennent de dîner, et qui sortent d'une même table, doivent sentir dans leur faculté d'imaginer une si grande variété de changements, qu'il n'est pas possible de la décrire.

Il est vrai que ceux qui jouissent d'une santé parfaite font une digestion si achevée, que le chyle entrant dans le cœur, et de là dans le cerveau, est aussi propre à former des esprits que le sang ordinaire. De sorte que leurs esprits animaux, et par conséquent leur faculté d'imaginer n'en reçoivent presque pas de changement. Mais pour les vieillards, et les infirmes, ils remarquent en eux-mêmes des changements fort sensibles après leur repas. Ils s'assoupissent presque tous ; ou pour le moins leur imagination devient toute languissante, et n'a plus de vivacité ni de promptitude : Ils ne conçoivent plus rien distinctement ; ils ne peuvent s'appliquer à quoi que ce soit ; en un mot ils sont tout autres, qu'ils n'étaient auparavant.

### III. QUE LE VIN EN FAIT AUTANT

Mais afin que les plus sains et les plus robustes aient aussi des preuves sensibles de ce que l'on vient de dire, ils n'ont qu'à faire réflexion sur ce qui leur est arrivé, quand ils ont bu du vin bien plus qu'à l'ordinaire, ou bien sur ce qui leur arrivera quand ils ne boiront que du vin dans un repas, et que de l'eau dans un autre. Car on est assuré que s'ils ne sont entièrement stupides, ou si leur corps n'est composé d'une façon tout extraordinaire, ils sentiront aussitôt de la gaieté, ou quelque petit assoupissement, ou quelque autre accident semblable.

Le vin est si spiritueux, que ce sont des esprits animaux presque tout formés, mais des esprits libertins qui ne se soumettent pas volontiers aux ordres de la volonté, à cause apparemment de leur facilité à être mus. Ainsi dans les hommes même les plus forts et les plus vigoureux, il produit de plus grands changements dans l'imagination, et dans toutes les parties du corps, que les viandes et les autres breuvages. Il donne *du croc en jambe** pour parler comme Plaute[1] ; et il produit dans l'esprit bien des effets, qui ne sont pas si avantageux que ceux qu'Horace décrit en ces vers :

*Quid non ebrietas designat? operta recludit :*
*Spes jubet esse ratas : in praelia trudit inermem :*
*Sollicitis animis onus eximit : addocet artes.*
*Foecundi calices quem non fecere disertum?*
*Contractâ quem non in paupertate solutum*[2]?

Il serait assez facile de trouver des raisons fort vraisemblables des principaux effets, que le mélange du chyle avec le sang produit dans les esprits animaux, et ensuite dans le cerveau, et dans l'âme même : comme pourquoi le vin réjouit ; pourquoi il donne une certaine vivacité à l'esprit, quand on en prend avec modération ; pourquoi il l'abrutit avec le temps, quand on en fait excès ; pourquoi on est assoupi après le repas, et de plusieurs autres choses, desquelles on donne ordinairement des raisons fort ridicules. Mais outre qu'on ne fait pas ici une physique, il faudrait donner quelque idée de l'anatomie du cerveau, ou faire quelques suppositions comme M. Descartes en fait dans le traité qu'il a fait de *L'Homme*, sans lesquelles il n'est pas possible de s'expliquer. Mais enfin si on lit avec attention ce traité de M. Descartes, on pourra peut-être se satisfaire sur toutes ces questions, à cause des ouvertures qu'il donne pour les résoudre.

* *Vinum luctator dolosus est.*

1. *Pseudolus* (*L'Imposteur*), acte V, sc. 1, v. 5-6.

2. *Épîtres*, I, 5, v. 16-20 : « Que ne peut faire l'ivresse? Elle délivre les secrets ; elle comble les espoirs ; elle pousse aux combats l'homme désarmé ; elle libère les esprits inquiets de leurs fardeaux ; elle enseigne les arts. Quand les coupes sont pleines qui ne devient disert? Qui ne se sent libre des contraintes de la pauvreté? »

# CHAPITRE III

*Que l'air qu'on respire, cause aussi quelque changement dans les esprits.*

La seconde cause générale des changements qui arrivent dans les esprits animaux, est l'air que nous respirons. Car quoiqu'il ne fasse pas d'abord des impressions si sensibles que le chyle, cependant il fait à la longue ce que les sucs des viandes font en peu de temps. Cet air entre des branches de la trachée-artère dans celles de l'*artère*[*] *veineuse* : de là il se mêle et se fermente avec le reste du sang dans le cœur : et selon sa disposition particulière et celle du sang, il produit de très grands changements dans les esprits animaux et par conséquent dans la faculté d'imaginer.

Je sais qu'il y a quelques personnes, qui ne croient pas que l'air se mêle avec le sang dans les poumons et dans le cœur, parce qu'ils ne peuvent découvrir avec leurs yeux dans les branches de la trachée-artère, et dans celles de l'artère veineuse les passages par où cet air se communique. Mais il ne faut pas que l'action de l'esprit s'arrête avec celle des sens : il peut pénétrer ce qui leur est impénétrable, et s'attacher à des choses, qui n'ont point de prise pour eux. Il est indubitable, qu'il passe continuellement quelques parties du sang des branches de la *veine*[**] *artérieuse* dans celles de la trachée-artère : l'odeur et l'humidité de l'haleine le prouvent assez ; et cependant les passages de cette communication sont imperceptibles.

[*] C'est la veine du poumon.
[**] C'est l'artère du poumon.

Pourquoi donc les parties subtiles de l'air ne pourraient-elles pas passer des branches de la trachée-artère dans l'artère veineuse, quoique les passages de cette communication ne soient pas visibles. Enfin il se transpire beaucoup plus d'humeurs par les pores imperceptibles des artères et de la peau, qu'il n'en sort par les autres passages du corps, et les métaux même les plus solides n'ont point de pores si étroits, qu'il ne se rencontre encore dans la nature des corps assez petits pour y fermer le passage libre, puisque autrement ces pores se fermeraient.

Il est vrai que les parties grossières et branchues de l'air, ne peuvent point passer par les pores ordinaires des corps ; et que l'eau même, quoique fort grossière, peut se glisser par des chemins où cet air est obligé de s'arrêter. Mais on ne parle pas ici de ces parties les plus grossières de l'air : elles sont ce semble assez inutiles pour la fermentation. On ne parle que des plus petites parties, roides, piquantes, et qui n'ont que fort peu de branches qui les puissent arrêter, parce que ce sont apparemment les plus propres pour la fermentation du sang.

Je pourrais cependant assurer sur le rapport de Silvius, que l'air même le plus grossier passe de la trachée-artère dans le cœur, puisqu'il assure lui-même, qu'il l'y a vu passer par l'adresse de M. de Swammerdam[1]. Car il est plus raisonnable de croire un homme qui dit avoir vu, qu'un million d'autres, qui parlent en l'air. Il est donc certain que les parties les plus subtiles de l'air que nous respirons, entrent dans notre cœur ; qu'elles y entretiennent avec le sang et le chyle la chaleur qui donne la vie et le mouvement à notre corps ; et que selon leurs différentes qualités elles apportent de grands changements dans la fermentation du sang, et dans les esprits animaux.

On reconnaît tous les jours la vérité de ceci par les diverses humeurs, et les différents caractères d'esprit des personnes de différents pays. Les Gascons par exemple ont l'imagination bien plus vive que les Normands. Ceux de Rouen et de Dieppe, et les Picards diffèrent tous entre

1. J. Swammerdam est l'auteur d'un traité sur la respiration. Il fit en 1663 une expérience que relate l'anatomiste, contemporain de Malebranche, Fr. Le Boe, ou De Le Boe, dont le nom latin est Silvius.

eux ; et encore bien plus des bas Normands, quoiqu'ils soient assez proches les uns des autres. Mais si on considère les hommes qui vivent dans des pays plus éloignés, on y rencontrera des différences encore bien plus étranges, comme entre un Italien, et un Flamand ou un Hollandais. Enfin il y a des lieux renommés de tout temps pour la sagesse de leurs habitants, comme Theman * et Athènes ; et d'autres pour leur stupidité, comme Thèbes, Abdère, et quelques autres.

*Athenis tenue coelum, ex quo acutiores etiam putantur Attici, crassum Thebis*. Cic. de fato.

*Abderitanae pectora plebis habes*. Mart.

*Boeotum in crasso jurares aëre natum*. Hor.[2]

* *Nunquid non ultra est sapientia in Themam* (Jér., XLIX, 7[1]).

1. Jérémie, ch. 49, v. 7 (« N'y a-t-il plus de sagesse à Themam ? »).

2. Cicéron, *Du destin*, IV, 7 (« À Athènes, l'air est léger ; c'est pourquoi les Athéniens seraient plus subtils, pense-t-on ; en revanche, il est lourd à Thèbes »). Martial, *Épigrammes*, X, XXV, 4 (« Tu as le cœur d'un plébéien d'Abdère »). Horace, *Épîtres*, II, I, v. 244 (« On aurait juré qu'il était né dans l'air lourd de la Béotie »).

# CHAPITRE IV

I. *Du changement des esprits causé par les nerfs qui vont au cœur, et aux poumons.* II. *De celui qui est causé par les nerfs qui vont au foie, à la rate, et dans les viscères.* III. *Que tout cela se fait contre notre volonté, mais que cela ne se peut faire sans une providence.*

La troisième cause des changements qui arrivent aux esprits animaux, est la plus ordinaire et la plus agissante de toutes ; parce que c'est elle qui produit, qui entretient, et qui fortifie toutes les passions. Pour la bien comprendre, il faut savoir que la cinquième, la sixième, et la huitième paire des nerfs envoient la plupart de leurs rameaux dans la poitrine, et dans le ventre, où ils ont des usages bien utiles pour la conservation du corps, mais extrêmement dangereux pour l'âme ; parce que ces nerfs ne dépendent point dans leur action de la volonté des hommes, comme ceux qui servent à remuer les bras, les jambes, et les autres parties extérieures du corps, et qu'ils agissent beaucoup plus sur l'âme, que l'âme n'agit sur eux.

## I. DU CHANGEMENT DES ESPRITS CAUSÉ PAR LES NERFS QUI VONT AU CŒUR ET AU POUMON

Il faut donc savoir, que plusieurs branches de la huitième paire des nerfs se jettent entre les fibres du principal de tous les muscles, qui est le cœur ; qu'ils environnement ses ouvertures, ses oreillettes, et ses artères ; qu'ils se répandent même dans la substance du poumon, et qu'ainsi par leurs différents mouvements ils produisent des changements fort considérables dans le sang. Car les nerfs qui sont répandus entre les fibres du cœur, le faisant quelquefois étendre et raccourcir avec trop de force et de promptitude, poussent avec une violence extraordinaire quantité de sang vers la tête, et vers toutes les parties extérieures du corps. Quelquefois aussi ces mêmes nerfs font un effet tout contraire. Pour les nerfs qui environnent les ouvertures du cœur, ses oreillettes, et ses artères, ils font à peu près le même effet, que les registres[1] avec lesquels les chimistes modèrent la chaleur de leurs fourneaux, et que les robinets dont on se sert dans les fontaines pour régler le cours de leurs eaux. Car l'usage de ces nerfs est de serrer, et d'élargir diversement les ouvertures du cœur ; de hâter, et de retarder de cette manière l'entrée, et la sortie du sang ; et d'en augmenter ainsi, et d'en diminuer la chaleur. Enfin, les nerfs qui sont répandus dans le poumon, ont aussi le même usage : car le poumon n'étant composé que des branches de la trachée-artère, de la veine artérieuse, et de l'artère veineuse entrelacées les unes dans les autres, il est visible que les nerfs qui sont répandus dans sa substance, empêchent par leur contraction, que l'air ne passe avec assez de liberté des branches de la trachée-artère, et le sang de celles de la veine artérieuse dans l'artère veineuse pour se rendre dans le cœur. Ainsi ces nerfs, selon leur différente agitation, augmentent, ou diminuent encore la chaleur et le mouvement du sang.

Nous avons dans toutes nos passions des expériences fort sensibles de ces différents degrés de chaleur de notre cœur. Nous l'y sentons manifestement diminuer, et s'augmenter quelquefois tout d'un coup : et comme nous jugeons faussement que nos sensations sont dans les parties de notre corps, à l'occasion desquelles elles s'excitent en notre âme, ainsi qu'il a été expliqué dans le premier Livre ; presque tous les philosophes se sont imaginé, que le cœur était le siège principal des passions de l'âme ; et c'est même encore aujourd'hui l'opinion la plus commune[2].

1. Il s'agit des volets destinés au réglage de l'arrivée d'air.
2. C'est la thèse péripatécienne et stoïcienne critiquée par Descartes (*Passions*, art. 33).

Or, parce que la faculté d'imaginer reçoit de grands changements par ceux qui arrivent aux esprits animaux, et que les esprits animaux sont fort différents selon la différente fermentation ou agitation du sang qui se fait dans le cœur ; il est facile de reconnaître ce qui fait que les personnes passionnées imaginent les choses tout autrement, que ceux qui les considèrent de sang-froid.

## II. DU CHANGEMENT DES ESPRITS CAUSÉ PAR LES NERFS QUI VONT AU FOIE, À LA RATE ET AUX AUTRES VISCÈRES

L'autre cause, qui contribue fort à diminuer, et à augmenter ces fermentations extraordinaires du sang, consiste dans l'action de plusieurs autres rameaux des nerfs, desquels nous venons de parler.

Ces rameaux se répandent dans le *foie*, qui contient la plus subtile partie du sang, ou ce qu'on appelle ordinairement la bile ; dans la *rate* qui contient la plus grossière, ou la mélancolie, dans le *pancréas*, qui contient un suc acide très propre, ce semble, pour la fermentation ; dans l'estomac, les boyaux, et les autres parties, qui contiennent le chyle ; enfin ils se répandent dans tous les endroits, qui peuvent contribuer quelque chose pour varier la fermentation ou le mouvement du sang. Il n'y a pas même jusqu'aux artères, et aux veines qui ne soient liées de ces nerfs, comme M. Willis l'a découvert du tronc inférieur de la grande artère qui en est liée proche du cœur, de l'artère *axillaire* du côté droit, de la veine *émulgente*[1], et de quelques autres.

Ainsi l'usage des nerfs étant d'agiter diversement les parties, auxquelles ils sont attachés, il est facile de concevoir, comment par exemple, le nerf qui environne le foie, peut en le serrant faire couler grande quantité de bile dans les veines, et dans le canal de la bile, laquelle s'étant mêlée avec le sang dans les veines, et avec le chyle par le canal de la bile, entre dans le cœur, et y produise une chaleur bien

1. « Émulgent » qualifie les vaisseaux appartenant aux reins (voir Littré).

plus ardente qu'à l'ordinaire. Ainsi lorsqu'on est ému de certaines passions, le sang bout dans les artères et dans les veines ; l'ardeur se répand dans tout le corps ; le feu monte à la tête ; et elle se remplit d'un si grand nombre d'esprits animaux trop vifs, et trop agités, que par leurs cours impétueux ils empêchent l'imagination de se représenter d'autres choses, que celles dont ils forment des images dans le cerveau, c'est-à-dire, de penser à d'autres objets qu'à ceux de la passion qui domine.

Il en est de même des petits nerfs qui vont à la rate, ou à d'autres parties qui contiennent une matière plus grossière, et moins susceptible de chaleur et de mouvement : ils rendent l'imagination toute languissante, et tout assoupie, en faisant couler dans le sang quelque matière grossière, et difficile à mettre en mouvement.

Pour les nerfs qui environnent les artères et les veines, leur usage est d'empêcher le sang de passer, et de l'obliger en les serrant de s'écouler dans les lieux, où il trouve le passage libre. Ainsi la partie de la grande artère, qui fournit du sang à toutes les parties qui sont au-dessous du cœur, étant liée et serrée par ces nerfs, le sang doit nécessairement entrer dans la tête en plus grande abondance, et produire ainsi du changement dans les esprits animaux, et par conséquent dans l'imagination.

### III. QUE CES CHANGEMENTS ARRIVENT CONTRE NOTRE VOLONTÉ PAR L'ORDRE D'UNE PROVIDENCE

Or il faut bien remarquer, que tout cela ne se fait que par machine, je veux dire, que tous les différents mouvements de ces nerfs dans toutes les passions différentes n'arrivent point par le commandement de la volonté, mais se font au contraire sans ses ordres, et même contre ses ordres : de sorte qu'un corps sans âme disposé comme celui d'un homme sain, serait capable de tous les mouvements qui accompagnent nos passions. Ainsi les bêtes même en peuvent avoir de semblables quand elles ne seraient que de pures machines.

C'est ce qui nous doit faire admirer la sagesse incompréhensible, de celui qui a si bien rangé tous ces ressorts, qu'il suffit qu'un objet remue légèrement le nerf optique d'une telle ou telle manière, pour produire tant de divers mouvements dans le cœur, dans les autres parties intérieures du corps, et même sur le visage. Car on a découvert depuis peu, que le même nerf, qui répand quelques rameaux dans le cœur, et dans les autres parties intérieures, communique aussi quelques-unes de ses branches aux yeux, à la bouche, et aux autres parties du visage[1]. De sorte qu'il ne peut s'élever aucune passion au-dedans, qui ne paraisse au-dehors, parce qu'il ne peut y avoir de mouvement dans les branches qui vont au cœur, qu'il n'en arrive quelqu'un dans celles qui sont répandues sur le visage.

La correspondance et la sympathie qui se trouve entre les nerfs du visage, et quelques autres, qui répondent à d'autres endroits du corps, qu'on ne peut nommer, est encore bien plus remarquable : et ce qui fait cette grande sympathie, c'est comme dans les autres passions, que les petits nerfs, qui vont au visage, ne sont encore que des branches de celui qui descend plus bas.

Lorsqu'on est surpris de quelque passion violente, si l'on prend soin de faire réflexion sur ce que l'on sent dans les entrailles, et dans les autres parties du corps où les nerfs s'insinuent, comme aussi aux changements de visage qui l'accompagnent : et si on considère que toutes ces diverses agitations de nos nerfs sont entièrement involontaires, et qu'elles arrivent même malgré toute la résistance que notre volonté y apporte, on n'aura pas grande peine à se laisser persuader de la simple exposition que l'on vient de faire de tous ces rapports entre les nerfs.

Mais si l'on examine les raisons et la fin de toutes ces choses, on y trouvera tant d'ordre et de sagesse, qu'une attention un peu sérieuse sera capable de convaincre les personnes les plus attachées à Épicure, et à Lucrèce, qu'il y a une providence qui régit le monde[2]. Quand je vois une montre, j'ai raison de conclure, qu'il y a une intelligence, puisqu'il est impossible que le hasard ait pu produire et

1. Voir Willis, *Cerebri anatome*, ch. XVII, §1.

2. Ce finalisme est celui de Gassendi (*Syntagma philosophicum*, II a *pars*).

arranger toutes ses roues. Comment donc serait-il possible que le hasard, et la rencontre des atomes, fût capable d'arranger dans tous les hommes, et dans tous les animaux tant de ressorts divers, avec la justesse et la proportion que je viens d'expliquer ; et que les hommes, et les animaux en engendrassent d'autres qui leur fussent tout à fait semblables. Ainsi il est ridicule de penser ou de dire comme Lucrèce, que le hasard a formé toutes les parties qui composent l'homme ; que les yeux n'ont point été faits pour voir, mais qu'on s'est avisé de voir, parce qu'on avait des yeux, et ainsi des autres parties du corps. Voici ses paroles :

*Lumina ne facias oculorum clara creata*
*Prospicere ut possimus, et ut proferre viai*
*Proceros passus, ideo fastigia posse*
*Surarum ac feminum pedibus fundata plicari,*
*Brachia tum porro validis exapta lacertis*
*Esse, manusque datas utrâque ex parte ministras*
*Ut facere ad vitam possimus, quae foret usus.*
*Caetera de genere boc inter quaecumque pretantur*
*Omnia perversâ praepostera sunt ratione.*
*Nil ideo natu'est in nostro corpore ut uti*
*Possimus, sed quod natum est id procreat usum*[1].

Ne faut-il pas avoir une étrange aversion d'une providence pour s'aveugler ainsi volontairement de peur de la reconnaître, et pour tâcher de se rendre insensible à des preuves aussi fortes et aussi convaincantes, que celles que la nature nous en fournit. Il est vrai que quand on affecte une fois de faire l'esprit fort, ou plutôt l'impie, ainsi que

1. Lucrèce, *De la nature*, IV, v. 825-835 (« Ne crois pas que la claire lumière des yeux ait été créée pour que nous puissions voir au loin ; ne crois pas que les jambes et les cuisses soient articulées aux pieds pour que nous avancions sur la route à grands pas ; ni que les bras, attachés aux épaules solides, et les mains, de chaque côté à notre disposition, nous aient été donnés pour que nous puissions faire ce qui est nécessaire à la vie. Toutes les explications de ce genre vont contre le bon sens et s'opposent à la raison. Car rien n'est né dans notre corps pour que nous puissions en faire usage ; mais c'est une fois né que l'organe crée l'usage »).

faisaient les épicuriens, on se trouve incontinent tout couvert de ténèbres, et on ne voit plus que de fausses lueurs : on nie hardiment les choses les plus claires, et on assure fièrement et magistralement les plus fausses et les plus obscures.

Le poète que je viens de citer, peut servir de preuve de cet aveuglement des esprits forts : car il prononce hardiment et contre toute apparence de vérité, sur les questions les plus difficiles et les plus obscures, et il semble qu'il n'aperçoive pas les idées même les plus claires, et les plus évidentes. Si je m'arrêtais à rapporter des passages de cet auteur pour justifier ce que je dis, je ferais une digression trop longue et trop ennuyeuse. S'il est permis de faire quelques réflexions, qui arrêtent pour un moment l'esprit sur les vérités essentielles, il n'est jamais permis de faire des digressions qui détournent l'esprit pendant un temps considérable de l'attention à son principal sujet, pour l'appliquer à des choses de peu d'importance.

On vient d'expliquer les causes générales tant extérieures qu'intérieures, qui produisent du changement dans les esprits animaux, et par conséquent dans la faculté d'imaginer. On a fait voir que les extérieures sont les viandes dont on se nourrit, et l'air que l'on respire : et que l'intérieure consiste dans l'agitation involontaire de certains nerfs. On ne sait point d'autres causes générales, et l'on assure même qu'il n'y en a point. De sorte que la faculté d'imaginer ne dépendant de la part du corps que de ces deux choses, savoir des esprits animaux, et de la disposition du cerveau sur lequel ils agissent, il ne reste plus ici pour donner quelque connaissance de l'imagination, que d'exposer les différents changements qui peuvent arriver dans la substance du cerveau. Mais avant que d'examiner ces changements, il est à propos d'expliquer la liaison de nos pensées avec les traces du cerveau, et la liaison réciproque de ces traces. Il faudra aussi donner quelque idée de la mémoire, et des habitudes : c'est-à-dire, de cette facilité que nous avons de penser à des choses auxquelles nous avons déjà pensé, et de faire des choses que nous avons déjà faites.

# CHAPITRE V

I. *De la liaison des idées de l'esprit avec les traces du cerveau.* II. *De la liaison réciproque qui est entre ces traces.* III. *De la mémoire* IV. *Des habitudes.*

De toutes les choses matérielles, il n'y en a point de plus digne de l'application des hommes que la structure de leur corps, et que la correspondance qui est entre toutes les parties qui le composent : et de toutes les choses spirituelles, il n'y en a point dont la connaissance leur soit plus nécessaire que celle de leur âme, et de tous les rapports qu'elle a indispensablement avec Dieu, et naturellement avec le corps.

Il ne suffit pas de sentir ou de connaître confusément, que les traces du cerveau sont liées les unes avec les autres, et qu'elles sont suivies du mouvement des esprits animaux : que les traces réveillées dans le cerveau réveillent des idées dans l'esprit ; et que des mouvements excités dans les esprits animaux excitent ces passions dans la volonté. Il faut autant qu'on le peut, savoir distinctement la cause de toutes ces liaisons différentes, et principalement les effets qu'elles sont capables de produire.

Il en faut connaître la cause, parce qu'il faut connaître celui qui seul est capable d'agir en nous, et de nous rendre heureux ou malheureux : et il en faut connaître les effets, parce qu'il faut nous connaître nous-mêmes autant que nous le pouvons, et les autres hommes avec qui nous devons vivre. Alors nous saurons les moyens de nous conduire et de nous conserver nous-mêmes, dans l'état le plus heureux et le plus parfait où l'on puisse parvenir, selon l'ordre de la nature et selon les règles de l'Évangile ; et nous pourrons vivre avec les autres hommes, en connaissant exactement et les moyens de nous en servir dans nos besoins, et ceux de les aider dans leurs misères.

Je ne prétends pas expliquer dans ce chapitre, un sujet si vaste et si étendu. Je ne prétends pas même de le faire entièrement dans tout cet ouvrage. Il y a beaucoup de choses que je ne connais pas encore, et que je n'espère pas de bien connaître : et il y en a quelques-unes que je crois savoir, et que je ne puis expliquer. Car il n'y a point d'esprit si petit qu'il soit, qui ne puisse en méditant découvrir plus de vérités que l'homme du monde le plus éloquent n'en pourrait déduire.

## I. DE L'UNION DE L'ÂME AVEC LE CORPS

Il ne faut pas s'imaginer comme la plupart des philosophes, que l'esprit devient corps, lorsqu'il s'unit au corps ; et que le corps devient esprit, lorsqu'il s'unit à l'esprit. L'âme n'est point répandue dans toutes les parties du corps, afin de lui donner la vie et le mouvement, comme l'imagination se le figure : et le corps ne devient point capable de sentiment par l'union qu'il a avec l'esprit, comme nos sens faux et trompeurs semblent nous en convaincre. Chaque substance demeure ce qu'elle est, et comme l'âme n'est point capable d'étendue et de mouvements, le corps n'est point capable de sentiment et d'inclinations. Toute l'alliance de l'esprit et du corps qui nous est connue, consiste dans une correspondance naturelle et mutuelle des pensées de l'âme avec les traces du cerveau, et des émotions de l'âme avec les mouvements des esprits animaux.

Dès que l'âme reçoit quelques nouvelles idées, il s'imprime dans le cerveau de nouvelles traces, et dès que les objets produisent de nouvelles traces, l'âme reçoit de nouvelles idées. Ce n'est pas qu'elle considère ces traces, puisqu'elle n'en a aucune connaissance ; ni que ces traces renferment ces idées, puisqu'elles n'y ont aucun rapport ; ni enfin qu'elle reçoive ses idées de ces traces : car comme nous expliquerons dans le troisième Livre, il n'est pas concevable que l'esprit reçoive quelque chose du corps[1], et qu'il devienne plus éclairé qu'il n'est, en se tournant vers lui, ainsi que les philosophes le prétendent, qui veulent que ce soit par *conversion* aux fantômes, ou aux traces du cerveau, *per conversionem ad phantasmata*, que l'esprit aperçoive toutes choses. Mais tout cela se fait en conséquence des lois générales de l'union de l'âme et du corps, ce que j'expliquerai au même endroit.

De même dès que l'âme veut que les bras soit mû, le bras est mû, quoiqu'elle ne sache pas seulement ce qu'il faut faire pour le remuer : et dès que les esprits animaux sont agités, l'âme se trouve émue, quoiqu'elle ne sache pas seulement s'il y a dans son corps des esprits animaux.

Lorsque je traiterai des passions je parlerai de la liaison qu'il y a entre les traces du cerveau, et les mouvements des esprits, et de celle qui est entre les idées et les émotions de l'âme, car toutes les passions en dépendent. Je dois seulement parler ici de la liaison des idées avec les traces, et de la liaison des traces les unes avec les autres.

*Trois causes de la liaison des idées et des traces*

Il y a trois causes fort considérables de la liaison des idées avec les traces. La première et que les autres supposent est la nature, ou la volonté constante, et immuable du Créateur. Il y a par exemple une liaison naturelle, et qui ne dépend point de notre volonté, entre les traces que produisent un arbre ou une montagne que nous voyons, et les idées d'arbre ou de montagne ; entre les traces que produisent dans notre cerveau le cri d'un homme, ou d'un animal qui souffre et que nous entendons se plaindre, l'air du visage d'un homme qui nous menace ou qui nous craint, et les idées de douleur, de force, de faiblesse, et même entre les sentiments de compassion, de crainte et de courage qui se produisent en nous.

Ces liaisons naturelles sont les plus fortes de toutes ; elles sont semblables généralement dans tous les hommes ; et elles sont absolument nécessaires à la conservation de la

1. Voir l'introduction de la présente édition, pp. 9-11.

vie. C'est pourquoi elles ne dépendent point de notre volonté. Car, si la liaison des idées avec les sons et certains caractères est faible, et fort différente dans différents pays ; c'est qu'elle dépend de la volonté faible, et changeante des hommes : et la raison pour laquelle elle en dépend, c'est parce que cette liaison n'est point absolument nécessaire pour vivre, mais seulement pour vivre comme des hommes qui doivent former entre eux une société raisonnable.

La seconde cause de la liaison des idées avec les traces, c'est l'*identité* du temps. Car il suffit souvent que nous ayons eu certaines pensées dans le temps qu'il y avait dans notre cerveau quelques nouvelles traces, afin que ces traces ne puissent plus se produire sans que nous ayons de nouveau ces mêmes pensées[1]. Si l'idée de Dieu s'est présentée à mon esprit dans le même temps que mon cerveau a été frappé de la vue de ces trois caractères *iah*, ou du son de ce même mot ; il suffira que les traces que ces caractères, ou leur son, auront produites se réveillent afin que je pense à Dieu ; et je ne pourrai penser à Dieu qu'il ne se produise dans mon cerveau quelques traces confuses des caractères, ou des sons qui auront accompagné les pensées que j'aurai eues de Dieu, car le cerveau n'étant jamais sans traces, il a toujours celles qui ont quelque rapport à ce que nous pensons, quoique souvent ces traces soient fort imparfaites, et fort confuses.

La troisième cause de la liaison des idées avec les traces, et qui suppose toujours les deux autres, c'est la volonté des hommes. Cette volonté est nécessaire afin que cette liaison des idées avec les traces soit réglée et accommodée à l'usage. Car, si les hommes n'avaient pas naturellement de l'inclination à convenir entre eux pour attacher leurs idées à des signes sensibles : non seulement cette liaison des idées serait entièrement inutile pour la société, mais elle serait encore fort déréglée et fort imparfaite.

Premièrement parce que les idées ne se lient fortement avec les traces, que lorsque les esprits étant agités, ils rendent ces traces profondes et durables. De sorte que les

1. Sur la distinction entre les traces naturelles et les traces acquises, voir Descartes, Lettres à Mersenne, 18 décembre 1629 ; à Morus, 5 février 1649 et, de Cordemoy, le *Discours physique de la parole*.

esprits n'étant agités que par les passions, si les hommes n'en avaient aucune pour communiquer leurs sentiments et pour entrer dans ceux des autres, il est évident que la liaison exacte de leurs idées à certaines traces serait bien faible ; puisqu'ils ne s'assujettissent à ces liaisons exactes et régulières que pour se communiquer leurs pensées.

Secondement, la répétition de la rencontre des mêmes idées avec les mêmes traces étant nécessaire pour former une liaison qui se puisse conserver longtemps, puisqu'une première rencontre, si elle n'est accompagnée d'un mouvement violent d'esprits animaux, ne peut faire de fortes liaisons ; il est clair que si les hommes ne voulaient pas convenir, ce serait le plus grand hasard du monde, s'il arrivait de ces rencontres des mêmes idées et des mêmes traces. Ainsi la volonté des hommes est nécessaire pour régler la liaison des mêmes idées avec les mêmes traces ; quoique cette volonté de convenir ne soit pas tant un effet de leur choix et de leur raison, qu'une impression de l'Auteur de la nature qui nous a tous faits les uns pour les autres, et avec une inclination très forte à nous unir par l'esprit, autant que nous le sommes par le corps.

Il faut bien remarquer ici que la liaison des idées, qui nous représentent des choses spirituelles distinguées de nous avec les traces de notre cerveau, n'est point naturelle et ne le peut être ; et par conséquent qu'elle est, ou qu'elle peut être différente dans tous les hommes ; puisqu'elle n'a point d'autre cause que leur volonté et l'identité du temps, dont j'ai parlé auparavant. Au contraire la liaison des idées de toutes les choses matérielles avec certaines traces particulières est naturelle, et par conséquent il y a certaines traces qui réveillent la même idée dans tous les hommes. On ne peut douter par exemple que tous les hommes n'aient l'idée d'un carré à la vue d'un carré, parce que cette liaison est naturelle. Mais ils n'ont pas tous l'idée d'un carré lorsqu'ils entendent prononcer ce mot *carré*, parce que cette liaison est entièrement volontaire. Il faut penser la même chose de toutes les traces qui sont liées avec les idées des choses spirituelles.

Mais, parce que les traces qui ont une liaison naturelle avec les idées touchent et appliquent l'esprit, et le rendent par conséquent attentif, la plupart des hommes ont assez de facilité pour comprendre et retenir les vérités sensibles et palpables, c'est-à-dire, les rapports qui sont entre les corps. Et au contraire, parce que les traces qui n'ont point d'autre liaison avec les idées, que celle que la volonté y a mises, ne frappent point vivement l'esprit ; tous les hommes ont assez de peine à comprendre, et encore plus à retenir les vérités abstraites, c'est-à-dire, les rapports qui sont entre les choses qui ne tombent point sous l'imagination. Mais lorsque ces rapports sont un peu composés, ils paraissent absolument incompréhensibles, principalement à ceux qui n'y sont point accoutumés ; parce qu'ils n'ont point fortifié la liaison de ces idées abstraites avec leurs traces par une méditation continuelle. Et quoique les autres les aient parfaitement comprises, il les oublient en peu de temps, parce que cette liaison n'est presque jamais aussi forte que les naturelles.

Il est si vrai que toute la difficulté que l'on a à comprendre et à retenir les choses spirituelles et abstraites, vient de la difficulté que l'on a à fortifier la liaison de leurs idées avec les traces du cerveau, que lorsqu'on trouve moyen d'expliquer par les rapports des choses matérielles, ceux qui se trouvent entre les choses spirituelles, on les fait aisément comprendre ; et on les imprime de telle sorte dans l'esprit, que non seulement on en est fortement persuadé, mais encore qu'on les retient avec beaucoup de facilité. L'idée générale que l'on a donnée de l'esprit dans le premier chapitre de cet ouvrage est peut-être une assez bonne preuve de ceci[1].

Au contraire lorsqu'on exprime les rapports qui se trouvent entre les choses matérielles, de telle manière qu'il n'y a point de liaison nécessaire entre les idées de ces choses et les traces de leurs expressions, on a beaucoup de peine à les comprendre, et on les oublie facilement.

Ceux par exemple qui commencent l'étude de l'algèbre ou de l'analyse ne peuvent comprendre les démonstrations algébraïques qu'avec beaucoup de peine : et lorsqu'ils les ont une fois comprises, ils ne s'en souviennent pas longtemps. Parce que les carrés, par exemple, les parallélo-

1. L. I, ch. 1.

grammes, les cubes, les solides, etc. étant exprimés par *aa*, *ab*, *a*, *abc*, etc. dont les traces n'ont point de liaison naturelle avec leurs idées, l'esprit ne trouve point de prise pour s'en fixer les idées et pour en examiner les rapports.

Mais ceux qui commencent la géométrie commune, conçoivent très clairement et très promptement les petites démonstrations qu'on leur explique, pourvu qu'ils entendent très distinctement les termes dont on se sert : parce que les idées de carré, de cercle, etc. sont liées naturellement avec les traces des figures qu'ils voient devant leurs yeux[1]. Il arrive même souvent que la seule exposition de la figure qui sert à la démonstration, la leur fait plutôt comprendre que les discours qui l'expliquent. Parce que les mots n'étant liés aux idées que par une institution arbitraire, ils ne réveillent pas ces idées avec assez de promptitude et de netteté pour en reconnaître facilement les rapports, car c'est principalement à cause de cela qu'il y a de la difficulté à apprendre les sciences.

On peut en passant reconnaître par ce que je viens de dire, que ces écrivains qui fabriquent un grand nombre de mots et de caractères nouveaux pour expliquer leurs sentiments, font souvent des ouvrages assez inutiles. Ils croient se rendre intelligibles, lorsqu'en effet ils se rendent incompréhensibles. Nous définissons tous nos termes et tous nos caractères, disent-ils[2], et les autres en doivent convenir. Il est vrai : les autres en conviennent de volonté ; mais leur nature y répugne. Leurs idées ne sont point attachées à ces termes nouveaux, parce qu'il faut pour cela de l'usage et un grand usage. Les auteurs ont peut-être cet usage, mais les lecteurs ne l'ont pas. Lorsqu'on prétend instruire l'esprit, il est nécessaire de le connaître, parce qu'il faut suivre la nature, et ne pas l'irriter ni la choquer.

On ne doit pas cependant condamner le soin que prennent les mathématiciens de définir leurs termes, car il est évident qu'il les faut définir pour ôter les équivoques. Mais autant qu'on le peut il faut se servir de termes qui soient reçus ou dont la signification ordinaire ne soit pas

1. Voir l'introduction de la présente édition, p. 21 et note 4.

2. Arnauld et Nicole (*Logique*, I^re^ partie, ch. XII-XIV) après Pascal (*De l'esprit géométrique*, I).

fort éloignée de celle qu'on prétend introduire, et c'est ce qu'on n'observe pas toujours dans les mathématiques.

On ne prétend pas aussi par ce qu'on vient de dire, condamner l'algèbre, telle principalement que M. Descartes l'a rétablie[1] : car encore que la nouveauté de quelques expressions de cette science fasse d'abord quelque peine à l'esprit, il y a si peu de variété et de confusion dans ces expressions, et le secours que l'esprit en reçoit surpasse si fort la difficulté qu'il y a trouvée, qu'on ne croit pas qu'il se puisse inventer une manière de raisonner et d'exprimer ses raisonnements qui s'accommode mieux avec la nature de l'esprit, et qui puisse le porter plus avant dans la découverte des vérités inconnues. Les expressions de cette science ne partagent point la capacité de l'esprit, elles ne chargent point la mémoire, elles abrègent d'une manière merveilleuse toutes nos idées et tous nos raisonnements, et elles les rendent même en quelque manière sensibles par l'usage. Enfin leur utilité est beaucoup plus grande que celle des expressions quoique naturelles des figures dessinées de triangles, de carrés et autres semblables qui ne peuvent servir à la recherche et à l'exposition des vérités un peu cachées. Mais c'est assez parler de la liaison des idées avec les traces du cerveau : il est à propos de dire quelque chose de la liaison des traces les unes avec les autres, et par conséquent de celle qui est entre les idées qui répondent à ces traces.

## II. DE LA LIAISON MUTUELLE DES TRACES

Cette liaison consiste en ce que les traces du cerveau se lient si bien les unes avec les autres, qu'elles ne peuvent plus se réveiller sans toutes celles qui ont été imprimées dans le même temps. Si un homme par exemple se trouve dans quelque cérémonie publique, s'il en remarque toutes les circonstances, et toutes les principales personnes qui y assistent, le temps, le lieu, le jour et toutes les autres particularités, il suffira qu'il se souvienne du lieu, ou même d'une autre circonstance moins remarquable de la

1. Dans la *Géométrie* de 1637.

cérémonie pour se représenter toutes les autres. C'est pour cela que quand nous ne nous souvenons pas du nom principal d'une chose, nous le désignons suffisamment en nous servant d'un nom, qui signifie quelque circonstance de cette chose : comme ne pouvant pas nous souvenir du nom propre d'une église, nous pouvons nous servir d'un autre nom qui signifie une chose, qui y a quelque rapport. Nous pouvons dire : c'est cette église, où il y avait tant de presse, où M... prêchait, où nous allâmes dimanche. Et ne pouvant trouver le nom propre d'une personne, ou étant plus à propos de le désigner d'une autre manière, on le peut marquer par ce visage picoté de vérole, ce grand homme bien fait, ce petit bossu, selon les inclinations qu'on a pour lui, quoiqu'on ait tort de se servir des paroles de mépris.

Or la liaison mutuelle des traces et par conséquent des idées les unes avec les autres n'est pas seulement le fondement de toutes les figures de la rhétorique : mais encore d'une infinité d'autres choses de plus grande conséquence dans la morale, dans la politique, et généralement dans toutes les sciences, qui ont quelque rapport à l'homme, et par conséquent de beaucoup de choses dont nous parlerons dans la suite.

La cause de cette liaison de plusieurs traces est l'*identité* du temps auquel elles ont été imprimées dans le cerveau ; car il suffit que plusieurs traces aient été produites dans le même temps, afin qu'elles ne puissent plus se réveiller que toutes ensemble : parce que les esprits animaux trouvant le chemin de toutes les traces qui se sont faites dans le même temps, entrouvert, ils y continuent leur chemin à cause qu'ils y passent plus facilement que par les autres endroits du cerveau. C'est là la cause de la mémoire, et des habitudes corporelles qui nous sont communes avec les bêtes[1].

Ces liaisons des traces ne sont pas toujours jointes avec les émotions des esprits, parce que toutes les choses que nous voyons, ne nous paraissent pas toujours ou bonnes ou

1. Sur la question des traces mnésiques, voir Descartes, Lettres à Meyssonnier, 29 janvier 1640 ; à Mersenne, 1er avril 1640 ; à Mesland, 2 mai 1644.

mauvaises. Ces liaisons peuvent aussi changer et se rompre, parce que n'étant pas toujours nécessaires à la conservation de la vie, elles ne doivent pas toujours être les mêmes.

Mais il y a dans notre cerveau des traces qui sont liées naturellement les unes avec les autres, et encore avec certaines émotions des esprits, parce que cela est nécessaire à la conservation de la vie : et leur liaison ne peut se rompre, ou ne peut se rompre facilement ; parce qu'il est bon qu'elle soit toujours la même. Par exemple, la trace d'une grande hauteur que l'on voit au-dessous de soi, et de laquelle on est en danger de tomber, ou la trace de quelque grand corps qui est prêt à tomber sur nous et à nous écraser, est naturellement liée avec celle qui nous représente la mort ; et avec une émotion des esprits qui nous dispose à la fuite, et au désir de fuir. Cette liaison ne change jamais, parce qu'il est nécessaire qu'elle soit toujours la même ; et elle consiste dans une disposition des fibres du cerveau, que nous avons dès notre naissance.

Toutes les liaisons qui ne sont point naturelles se peuvent et se doivent rompre, parce que les différentes circonstances des temps et des lieux les doivent changer, afin qu'elles soient utiles à la conservation de la vie. Il est bon que les perdrix, par exemple, fuient les hommes qui ont des fusils, dans les lieux ou dans les temps où l'on leur fait la chasse : mais il n'est pas nécessaire qu'elles les fuient en d'autres lieux, et en d'autres temps. Ainsi, pour la conservation de tous les animaux, il est nécessaire qu'il y ait de certaines liaisons de traces, qui se puissent former et détruire facilement ; qu'il y en ait d'autres qui ne se puissent rompre que difficilement ; et d'autres enfin qui ne se puissent jamais rompre.

Il est très utile de rechercher avec soin les différents effets que ces différentes liaisons sont capables de produire : car ces effets sont en très grand nombre, et de très grande conséquence pour la connaissance de l'homme.

## III. DE LA MÉMOIRE

Pour l'explication de la *mémoire*, il suffit de bien comprendre cette vérité : Que toutes nos différentes perceptions sont attachées aux changements, qui arrivent aux fibres de la partie principale du cerveau dans laquelle l'âme réside plus particulièrement ; parce que ce seul principe supposé, la nature de la mémoire est expliquée. Car de même que les branches d'un arbre, qui ont demeuré quelque temps ployées d'une certaine façon, conservent quelque facilité pour être ployées de nouveau de la même manière : ainsi les fibres du cerveau ayant une fois reçu certaines impressions par le cours des esprits animaux, et par l'action des objets, gardent assez longtemps quelque facilité pour recevoir ces mêmes dispositions. Or la mémoire ne consiste que dans cette facilité ; puisque l'on pense aux mêmes choses, lorsque le cerveau reçoit les mêmes impressions.

Comme les esprits animaux agissent tantôt plus, et tantôt moins fort sur la substance du cerveau, et que les objets sensibles font des impressions bien plus grandes que l'imagination toute seule, il est facile de là de reconnaître, pourquoi on ne se souvient pas également de toutes les choses que l'on a aperçues. Pourquoi, par exemple, ce que l'on a aperçu plusieurs fois se présente d'ordinaire à l'âme plus nettement, que ce que l'on n'a aperçu qu'une ou deux fois. Pourquoi on se souvient plus distinctement des choses qu'on a vues, que de celles qu'on a seulement imaginées : et ainsi pourquoi on saura mieux, par exemple, la distribution des veines dans le foie, après l'avoir vue une seule fois dans la dissection de cette partie, qu'après l'avoir lue plusieurs fois dans un livre d'anatomie, et d'autres choses semblables.

Que si on veut faire réflexion sur ce qu'on a dit auparavant de l'imagination, et sur le peu que l'on vient de dire de la mémoire, et si l'on est délivré de ce préjugé : que notre cerveau est trop petit pour conserver des vestiges, et des impressions en fort grand nombre ; on aura le plaisir de découvrir la cause de tous ces effets surprenants de la mémoire, dont parle saint Augustin avec tant d'admiration dans le dixième Livre de ses *Confessions*[1]. Et l'on ne veut pas expliquer ces choses plus au long, parce que l'on croit qu'il est plus à propos que chacun se les explique à soi-même par quelque effort d'esprit ; à cause que les

1. Chap. VIII-XX (voir le dossier de la présente édition).

choses qu'on découvre par cette voie sont toujours plus agréables, et font davantage d'impression sur nous que celles qu'on apprend des autres.

## IV. DES HABITUDES

Pour l'explication des *habitudes*, il est nécessaire de savoir la manière dont on a sujet de penser que l'âme remue les parties du corps auquel elle est unie : la voici. Selon toutes les apparences du monde, il y a toujours dans quelques endroits du cerveau, quels qu'ils soient, un assez grand nombre d'esprits animaux très agités par la chaleur du cœur d'où ils sont sortis, et tout prêts de couler dans les lieux où ils trouvent le passage ouvert. Tous les nerfs aboutissent au réservoir de ces esprits, et l'âme a le pouvoir* de déterminer leur mouvement, et de les conduire par ces nerfs dans tous les muscles du corps. Ces esprits y étant entrés, ils les enflent, et par conséquent ils les raccourcissent. Ainsi ils remuent les parties, auxquelles ces muscles sont attachés.

On n'aura pas de peine à se persuader que l'âme remue le corps de la manière qu'on vient d'expliquer, si on prend garde, que lorsqu'on a été longtemps sans manger, on a beau vouloir donner de certains mouvements à son corps, on n'en peut venir à bout, et même l'on a quelque peine à se soutenir sur ses pieds. Mais si on trouve moyen de faire couler dans son cœur quelque chose de fort spiritueux, comme du vin ou quelque autre pareille nourriture, on sent aussitôt que le corps obéit avec beaucoup plus de facilité, et l'on se remue en toutes les manières qu'on souhaite. Car cette seule expérience fait ce me semble assez voir que l'âme ne pouvait donner de mouvement à son corps faute d'esprits animaux, et que c'est par leur moyen qu'elle a recouvré son empire sur lui.

Or les enflures des muscles sont si visibles et si sensibles dans les agitations de nos bras et de toutes les parties de notre corps ; et il est si raisonnable de croire que ces muscles ne se peuvent enfler, que parce qu'il y entre

* J'expliquerai ailleurs en quoi consiste ce pouvoir.

quelque corps, de même qu'un ballon ne peut se grossir, ni s'enfler, que parce qu'il y entre de l'air ou autre chose ; qu'il semble qu'on ne puisse douter, que les esprits animaux ne soient poussés du cerveau par les nerfs jusque dans les muscles pour les enfler, et pour y produire tous les mouvements que nous souhaitons. Car un muscle étant plein, il est nécessairement plus court que s'il était vide, ainsi il tire et remue la partie, à laquelle il est attaché, comme on le peut voir expliqué plus au long dans les livres des *Passions*, et de *L'Homme* de M. Descartes. On ne donne pas cependant cette explication, comme parfaitement démontrée dans toutes ses parties. Pour la rendre entièrement évidente, il y a encore plusieurs choses à désirer, desquelles il est presque impossible de s'éclaircir. Mais il est aussi assez inutile de les savoir pour notre sujet : car que cette explication soit vraie ou fausse, elle ne laisse pas d'être également utile pour faire connaître la nature des habitudes ; parce que si l'âme ne remue point le corps de cette manière elle le remue nécessairement de quelque autre qui lui est assez semblable, pour en tirer les conséquences que nous en tirons.

Mais afin de suivre notre explication, il faut remarquer que les esprits ne trouvent pas toujours les chemins, par où ils doivent passer, assez ouverts et assez libres ; et que cela fait que nous avons, par exemple, de la difficulté à remuer les doigts avec la vitesse qui est nécessaire pour jouer des instruments de musique ou les muscles qui servent à la prononciation, pour prononcer les mots d'une langue étrangère : mais que peu à peu les esprits animaux par leur cours continuel ouvrent et aplanissent ces chemins, en sorte qu'avec le temps ils n'y trouvent plus de résistance. Or c'est dans cette facilité que les esprits animaux ont de passer dans les membres de notre corps, que consistent les *habitudes*[1].

Il est très facile selon cette explication, de résoudre une infinité de questions qui regardent les habitudes, comme par exemple, pourquoi les enfants sont plus capables d'acquérir de nouvelles habitudes, que les personnes plus âgées. Pourquoi il est très difficile de perdre de vieilles

1. Voir l'introduction de la présente édition, p. 13, note 1.

habitudes. Pourquoi les hommes à force de parler ont acquis une si grande facilité à cela, qu'ils prononcent leurs paroles avec une vitesse incroyable, et même sans y penser : comme il n'arrive que trop souvent à ceux qui disent des prières, qu'ils ont accoutumé de faire depuis plusieurs années. Cependant pour prononcer un seul mot, il faut remuer dans un certain temps, et dans un certain ordre, plusieurs muscles à la fois, comme ceux de la langue, des lèvres, du gosier et du diaphragme. Mais on pourra avec un peu de méditation se satisfaire sur ces questions, et sur plusieurs autres très curieuses et assez utiles, et il n'est pas nécessaire de s'y arrêter.

Il est visible par ce que l'on vient de dire, qu'il y a beaucoup de rapport entre la *mémoire* et les *habitudes*, et qu'en un sens la mémoire peut passer pour une espèce d'habitude. Car de même que les habitudes corporelles consistent dans la facilité que les esprits ont acquise de passer par certains endroits de notre corps, ainsi la mémoire consiste dans les traces, que les mêmes esprits ont imprimées dans le cerveau, lesquelles sont causes de la facilité que nous avons de nous souvenir des choses. De sorte que s'il n'y avait point de perceptions attachées aux cours des esprits animaux, ni à ces traces, il n'y aurait aucune différence entre la mémoire et les autres habitudes*. Il n'est pas aussi plus difficile de concevoir que les bêtes, quoique sans âme et incapables d'aucune perception, se souviennent en leur manière des choses qui ont fait impression dans leur cerveau, que de concevoir qu'elles soient capables d'acquérir différentes habitudes. Et après ce que je viens de dire des habitudes, je ne vois pas qu'il y ait beaucoup plus de difficulté à se représenter, comment les membres de leur corps acquièrent peu à peu différentes habitudes, qu'à concevoir comment une machine nouvellement faite ne joue pas si facilement, que lorsqu'on en a fait quelque usage.

* Voyez les Éclaircissements[1] sur la mémoire et les habitudes spirituelles.

1. Notamment l'Éclaircissement VII.

## CHAPITRE VI

I. *Que les fibres du cerveau ne sont pas sujettes à des changements si prompts que les esprits.* II. *Trois différents changements dans les trois différents âges.*

### I. QUE LES FIBRES DU CERVEAU NE SONT PAS SUJETTES À DES CHANGEMENTS SI PROMPTS QUE LES ESPRITS

Toutes les parties des corps vivants sont dans un mouvement continuel, les parties solides et les fluides, la chair aussi bien que le sang. Il y a seulement cette différence entre le mouvement des unes et des autres, que celui des parties du sang est visible et sensible, et que celui des fibres de notre chair est tout à fait imperceptible. Il y a donc cette différence entre les esprits animaux et la substance du cerveau, que les esprits animaux sont très agités et très fluides, et que la substance du cerveau a quelque solidité et quelque consistance. De sorte que les esprits se divisent en petites parties, et se dissipent en peu d'heures, en transpirant par les pores des vaisseaux qui les contiennent ; et il en vient souvent d'autres en leur place qui ne leur sont point du tout semblables. Mais les fibres du cerveau ne sont pas si faciles à se dissiper ; il ne leur arrive pas souvent des changements considérables ; et toute leur substance ne peut changer qu'après plusieurs années.

## II. TROIS CHANGEMENTS CONSIDÉRABLES QUI ARRIVENT DANS LES TROIS DIFFÉRENTS ÂGES

Les différences les plus considérables qui se trouvent dans le cerveau d'un même homme pendant toute sa vie, sont dans l'enfance, dans l'âge d'un homme fait, et dans la vieillesse.

Les fibres du cerveau dans l'enfance sont molles, flexibles et délicates. Avec l'âge elles deviennent plus sèches, plus dures, et plus fortes. Mais dans la vieillesse elles sont tout à fait inflexibles, ou n'obéissent que difficilement au cours des esprits animaux, et de plus elles sont grossières, et mêlées quelquefois avec des humeurs superflues, que la chaleur très faible de cet âge ne peut plus dissiper. Car de même que nous voyons que les fibres qui composent la chair, se durcissent avec le temps, et que la chair d'un perdreau est sans contestation plus tendre que celle d'une vieille perdrix : ainsi les fibres du cerveau d'un enfant ou d'un jeune homme doivent être beaucoup plus molles et plus délicates que celles des personnes plus avancées en âge.

L'on reconnaîtra la raison de ces changements, si on considère, que ces fibres sont continuellement agitées par les esprits animaux, qui coulent à l'entour d'elles en plusieurs différentes manières. Car de même que les vents sèchent la terre, sur laquelle ils soufflent, ainsi les esprits animaux par leur agitation continuelle rendent peu à peu la plupart des fibres du cerveau de l'homme plus sèches, plus comprimées, et plus solides, en sorte que les personnes plus âgées les doivent avoir presque toujours plus inflexibles, que ceux qui sont moins avancés en âge. Et pour ceux qui sont de même âge, les ivrognes qui pendant plusieurs années ont fait excès de vin, ou de semblables boissons capables d'enivrer, doivent les avoir aussi plus solides, et plus inflexibles, que ceux qui se sont privés de ces boissons pendant toute leur vie.

Or les différentes constitutions du cerveau dans les enfants, dans les hommes faits, et dans les vieillards, sont des causes fort considérables de la différence qui se remarque dans la faculté d'imaginer de ces trois âges desquels nous allons parler dans la suite. Commençons par l'examen de ce qui arrive au cerveau d'un enfant, lorsqu'il est dans le sein de sa mère.

# CHAPITRE VII

I. *De la communication qui est entre le cerveau d'une mère et celui de son enfant.* II. *De la communication qui est entre notre cerveau et les autres parties de notre corps, laquelle nous porte à l'imitation et à la compassion.* III. *Explication de la génération des enfants monstrueux, et de la propagation des espèces.* IV. *Explication de quelques dérèglements d'esprit et de quelques inclinations de la volonté.* V. *De la concupiscence et du péché originel.* VI. *Objections et réponses.*

Il est, ce me semble, assez évident que nous tenons à toutes choses, et que nous avons des rapports naturels à tout ce qui nous environne, lesquels nous sont très utiles pour la conservation et pour la commodité de la vie : mais tous ces rapports ne sont pas égaux. Nous tenons bien davantage à la France qu'à la Chine, au soleil qu'à quelque étoile, à notre propre maison qu'à celle de nos voisins. Il y a des liens invisibles qui nous attachent bien plus étroitement aux hommes qu'aux bêtes ; à nos parents et à nos amis qu'à des étrangers ; à ceux de qui nous dépendons pour la conservation de notre être, qu'à ceux de qui nous ne craignons et n'espérons rien.

Ce qu'il y a principalement à remarquer dans cette union naturelle qui est entre nous et les autres hommes, c'est qu'elle est d'autant plus grande, que nous avons davantage besoin d'eux. Les parents et les amis sont unis étroitement les uns aux autres : on peut dire que leurs douleurs et leurs misères sont communes, aussi bien que leurs plaisirs et leur félicité ; car toutes les passions et tous les sentiments de nos amis se communiquent à nous par l'impression de leur manière, et par l'air de leur visage. Mais parce qu'absolument nous pouvons vivre sans eux, l'union naturelle qui est entre eux et nous n'est pas la plus grande qui puisse être.

## I. DE LA COMMUNICATION QUI EST ENTRE LE CERVEAU DE LA MÈRE ET CELUI DE SON ENFANT

Les enfants dans le sein de leurs mères, le corps desquels n'est point encore entièrement formé, et qui sont par eux-mêmes dans un état de faiblesse et de disette la plus grande qui se puisse concevoir, doivent aussi être unis avec leurs mères de la manière la plus étroite qui se puisse imaginer. Et quoique leur âme soit séparée de celle de leur mère, leur corps n'étant point détaché du sien, on doit penser qu'ils ont les mêmes sentiments et les mêmes passions, en un mot toutes les mêmes pensées qui s'excitent dans l'âme à l'occasion des mouvements qui se produisent dans le corps.

Ainsi les enfants voient ce que leurs mères voient, ils entendent les mêmes cris, ils reçoivent les mêmes impressions des objets ; et ils sont agités des mêmes passions. Car puisque l'air du visage d'un homme passionné pénètre ceux qui le regardent, et imprime naturellement en eux une passion semblable à celle qui l'agite, quoique l'union de cet homme avec ceux qui le considèrent ne soit pas fort grande, on a, ce me semble, raison de penser que les mères sont capables d'imprimer dans leurs enfants tous les mêmes sentiments dont elles sont touchées, et toutes les mêmes passions dont elles sont agitées. Car enfin le corps de l'enfant ne fait qu'un même corps avec celui de la mère, le sang et les esprits sont communs à l'un et à l'autre : les sentiments et les passions sont des suites naturelles des mouvements des esprits et du sang, et ces mouvements se communiquent nécessairement de la mère à l'enfant. Donc les passions et les sentiments et généralement toutes les pensées dont le corps est l'occasion sont communes à la mère et à l'enfant.

Ces choses me paraissent incontestables pour plusieurs raisons. Car si l'on considère seulement qu'une mère fort effrayée à la vue d'un chat, engendre un enfant, que l'horreur surprend toutes les fois que cet animal se présente à lui[1], il est aisé d'en conclure qu'il faut donc que cet enfant ait vu avec horreur et avec émotion d'esprits ce que sa mère voyait, lorsqu'elle le portait dans son sein : puisque la vue d'un chat qui ne lui fait aucun mal, produit encore en lui de si étranges effets. Cependant je n'avance tout ceci que comme une supposition, qui selon ma pensée se trouvera suffisamment démontrée par la suite. Car toute supposition qui peut satisfaire à la résolution de toutes les difficultés que l'on peut former, doit passer pour un principe incontestable.

### II. DE LA COMMUNICATION QUI EST ENTRE NOTRE CERVEAU ET LES PARTIES DE NOTRE CORPS, LAQUELLE NOUS PORTE À L'IMITATION ET À LA COMPASSION

Les liens invisibles par lesquels l'Auteur de la nature unit tous ces ouvrages, sont dignes de la sagesse de Dieu et de l'admiration des hommes ; il n'y a rien de plus surprenant ni de plus instructif tout ensemble : mais nous n'y pensons pas. Nous nous laissons conduire sans considérer celui qui nous conduit, ni comment il nous conduit : la nature nous est cachée aussi bien que son Auteur ; et nous sentons les mouvements qui se produisent en nous, sans en considérer les ressorts. Cependant il y a peu de choses qu'il nous soit plus nécessaire de connaître ; car c'est de leur connaissance que dépend l'explication de toutes les choses qui ont rapport à l'homme.

Il y a certainement dans notre cerveau des ressorts qui nous portent naturellement à l'imitation[2], car cela est nécessaire à la société civile. Non seulement il est nécessaire que les enfants croient leurs pères ; les disciples, leurs maîtres ; et les inférieurs, ceux qui sont au-dessus d'eux : il faut encore que tous les hommes aient quelque disposition

1. Voir Descartes, *Passions*, art. 136.
2. Voir l'introduction de la présente édition, p. 16 et suivantes.

à prendre les mêmes manières, et à faire les mêmes actions de ceux avec qui ils veulent vivre. Car afin que les hommes se lient, il est nécessaire qu'ils se ressemblent et par le corps et par l'esprit. Ceci est le principe d'une infinité de choses dont nous parlerons dans la suite. Mais pour ce que nous avons à dire dans ce chapitre, il est encore nécessaire, que l'on sache qu'il y a dans le cerveau des dispositions naturelles qui nous portent à la compassion aussi bien qu'à l'imitation.

Il faut donc savoir que non seulement les esprits animaux se portent naturellement dans les parties de notre corps pour faire les mêmes actions, et les mêmes mouvements que nous voyons faire aux autres ; mais encore pour recevoir en quelque manière leurs blessures, et pour prendre part à leurs misères. Car l'expérience nous apprend que lorsque nous considérons avec beaucoup d'attention quelqu'un que l'on frappe rudement, ou qui a quelque grande plaie, les esprits se transportent avec effort dans les parties de notre corps qui répondent à celles que l'on voit blesser dans un autre : pourvu que l'on ne détourne point ailleurs le cours de ces esprits, en se chatouillant volontairement avec quelque force une autre partie que celle que l'on voit blesser ; ou que le cours naturel des esprits vers le cœur et les viscères, qui est ordinaire aux émotions subites, n'entraîne ou ne change point celui dont nous parlons ; ou enfin que quelque liaison extraordinaire des traces du cerveau et des mouvements des esprits ne fasse pas le même effet.

Ce transport des esprits dans les parties de notre corps, qui répondent à celles que l'on voit blesser dans les autres, se fait bien sentir dans les personnes délicates, qui ont l'imagination vive et les chairs fort tendres et fort molles. Car ils ressentent fort souvent comme une espèce de frémissement dans leurs jambes, par exemple, s'ils regardent attentivement quelqu'un qui y ait un ulcère, ou qui y reçoive actuellement quelque coup. Voici ce qu'un de mes amis m'écrit, qui pourra confirmer ma pensée. *Un homme d'âge, qui demeure chez une de mes sœurs, étant malade, une jeune servante de la maison tenait la chandelle comme on le saignait au pied. Quand elle lui vit donner le coup de lancette, elle fut saisie d'une telle appréhension, qu'elle sentit trois ou quatre jours ensuite, une douleur si vive au même endroit du pied, qu'elle fut obligée de garder le lit pendant ce temps*. La raison de cet accident est donc selon mon principe, que les esprits se répandent avec force dans les parties de notre corps, qui répondent à celles que nous voyons blesser dans les autres ; et cela, afin que les tenant plus bandées, ils les rendent plus sensibles à notre âme, et qu'elle soit sur ses gardes pour éviter les maux que nous voyons arriver aux autres.

Cette compassion dans les corps produit la compassion dans les esprits. Elle nous excite à soulager les autres, parce qu'en cela nous nous soulageons nous-mêmes. Enfin, elle arrête notre malice et notre cruauté. Car l'horreur du sang, la frayeur de la mort, en un mot l'impression sensible de la compassion empêche souvent de massacrer des bêtes, les personnes même les plus persuadées que ce ne sont que des machines : parce que la plupart des hommes ne les peuvent tuer sans se blesser par le contre-coup de la compassion.

Ce qu'il faut principalement remarquer ici, c'est que la vue sensible de la blessure qu'une personne reçoit, produit dans ceux qui le voient une autre blessure d'autant plus grande, qu'ils sont plus faibles et plus délicats. Parce que cette vue sensible poussant avec effort les esprits animaux dans les parties du corps qui répondent à celles que l'on voit blesser, ils font une plus grande impression dans les fibres d'un corps délicat que dans celles d'un corps fort et robuste.

Ainsi les hommes qui sont pleins de force et de vigueur ne sont point blessés par la vue de quelque massacre : et ils ne sont pas tant portés à la compassion, à cause que cette vue choque leur corps, que parce qu'elle choque leur raison. Ces personnes n'ont point de compassion pour les criminels ; ils sont inflexibles et inexorables. Mais pour les femmes et les enfants, ils souffrent beaucoup de peine par les blessures qu'ils voient recevoir à d'autres. Ils ont machinalement beaucoup de compassion des misérables : et ils ne peuvent même voir battre ni entendre crier une bête sans quelque inquiétude d'esprit.

Pour les enfants qui sont encore dans le sein de leur mère, la délicatesse des fibres de leur chair étant infiniment plus grande, que celle des femmes, et des enfants, le cours des esprits y doit produire des changements plus considérables, comme on le verra dans la suite.

On regardera encore ce que je viens de dire comme une simple supposition si on le souhaite ainsi : mais on doit tâcher de la bien comprendre, si on veut concevoir distinctement les choses que je prétends expliquer dans ce chapitre. Car les deux suppositions que je viens de faire sont les principes d'une infinité de choses que l'on croit ordinairement fort difficiles et fort cachées, et qu'il me paraît en effet impossible d'éclaircir sans recevoir ces suppositions. Voici des exemples qui pourront servir d'éclaircissement et même de preuve des deux suppositions que je viens de faire.

### III. EXPLICATION DE LA GÉNÉRATION DES ENFANTS MONSTRUEUX ET DE LA PROPAGATION DE L'ESPÈCE

Il y a environ sept ou huit ans, que l'on voyait aux Incurables un jeune homme, qui était né fou, et dont le corps était rompu dans les mêmes endroits, dans lesquels on rompt les criminels. Il a vécu près de vingt ans en cet état : plusieurs personnes l'ont vu, et la feue Reine mère allant visiter cet hôpital eut la curiosité de le voir, et même de toucher les bras et les jambes de ce jeune homme aux endroits où ils étaient rompus[1].

Selon les principes que je viens d'établir, la cause de ce funeste accident fut, que sa mère ayant su qu'on allait rompre un criminel, l'alla voir exécuter. Tous les coups que l'on donna à ce misérable, frappèrent avec force l'imagination de cette mère, et par une espèce de contre-coup* le cerveau tendre et délicat de son enfant. Les fibres du cerveau de cette femme furent étrangement ébranlées, et peut-être rompues en quelques endroits par le cours violent des esprits produit à la vue d'une action si terrible,

1. Il s'agit de la reine mère, Anne d'Autriche.
* Selon la première supposition.

mais elles eurent assez de consistance pour empêcher leur bouleversement entier. Les fibres au contraire du cerveau de l'enfant ne pouvant résister au torrent de ces esprits furent entièrement dissipées, et le ravage fut assez grand pour lui faire perdre l'esprit pour toujours. C'est là la raison pour laquelle il vint au monde privé de sens. Voici celle pour laquelle il était rompu aux mêmes parties du corps que le criminel, que sa mère avait vu mettre à mort. À la vue de cette exécution si capable d'effrayer une femme, le cours violent des esprits animaux de la mère, alla avec force de son cerveau vers tous les endroits de son corps, qui répondaient à ceux du criminel*, et la même chose se passa dans l'enfant. Mais, parce que les os de la mère étaient capables de résister à la violence de ces esprits, ils n'en furent point blessés. Peut-être même qu'elle ne ressentit pas la moindre douleur, ni le moindre frémissement dans les bras ni dans les jambes, lorsqu'on les rompait au criminel. Mais ce cours rapide des esprits fut capable d'entraîner les parties molles et tendres des os de l'enfant. Car les os sont les dernières parties du corps qui se forment, et ils ont très peu de consistance dans les enfants qui sont encore dans le sein de leur mère. Et il faut remarquer, que si cette mère eût déterminé le mouvement de ces esprits vers quelques autres parties de son corps en se chatouillant avec force, son enfant n'aurait point eu les os rompus ; mais la partie, qui eût répondu à celle vers laquelle la mère aurait déterminé ces esprits, eût été fort blessée, selon ce que j'ai déjà dit.

Les raisons de cet accident sont générales pour expliquer comment les femmes, qui voient durant leur grossesse des personnes marquées en certaines parties du visage, impriment à leurs enfants les mêmes marques, et dans les mêmes parties du corps : et l'on peut juger de là, que c'est avec raison qu'on leur dit, qu'elles se frottent à quelque partie cachée du corps, lorsqu'elles aperçoivent quelque chose qui les surprend, et qu'elles sont agitées de quelque passion violente ; car cela peut faire que les marques se tracent plutôt sur ces parties cachées que sur le visage de leurs enfants.

* Selon la seconde supposition.

Nous aurions souvent des exemples pareils à celui que nous venons de rapporter, si les enfants pouvaient vivre après avoir reçu de si grandes plaies, mais d'ordinaire ce sont des avortons. Car on peut dire que presque tous les enfants, qui meurent dans le ventre de leurs mères sans qu'elles soient malades, n'ont point d'autre cause de leur malheur, que l'épouvante, quelque désir ardent, ou quelque autre passion violente de leurs mères. Voici un autre exemple assez particulier.

Il n'y a pas un an qu'une femme ayant considéré avec trop d'application le tableau de saint Pie, dont on célébrait la fête de la canonisation, accoucha d'un enfant qui ressemblait parfaitement à la représentation de ce saint. Il avait le visage d'un vieillard, autant qu'en est capable un enfant qui n'a point de barbe. Ses bras étaient croisés sur sa poitrine, ses yeux tournés vers le ciel, et il avait très peu de front, parce que l'image de ce saint étant élevée vers la voûte de l'église en regardant le ciel, n'avait aussi presque point de front. Il avait une espèce de mitre renversée sur ses épaules, avec plusieurs marques rondes aux endroits où les mitres sont couvertes de pierreries. Enfin cet enfant ressemblait fort au tableau, sur lequel sa mère l'avait formé par la force de son imagination. C'est une chose que tout Paris a pu voir aussi bien que moi, parce qu'on l'a conservé assez longtemps dans de l'esprit-de-vin[1].

Cet exemple a cela de particulier, que ce ne fut pas la vue d'un homme vivant et agité de quelque passion, qui émut les esprits et le sang de la mère pour produire un si étrange effet, mais seulement la vue d'un tableau : laquelle cependant fut fort sensible et accompagnée d'une grande émotion d'esprits, soit par l'ardeur et par l'application de la mère, soit par l'agitation que le bruit de la fête causait en elle.

Cette mère regardant donc avec application et avec émotion d'esprits ce tableau, l'enfant selon la première

1. Avec des variations, cet exemple est fréquent : voir Montaigne, *Essais*, L. I, ch. XXI ; Del Rio, *Les Controverses et Recherches magiques*, Paris, 1611, liv. I, quest. 3 ; Gaffarel, *Curiosités inouïes*, 1629, ch. VI, § 20. Dans l'exemple rapporté par Malebranche, il est intéressant de noter que l'accent est mis sur la ressemblance avec le « tableau », non avec le modèle qu'il représente.

supposition, le voyait comme elle avec application et avec émotion d'esprits. La mère en étant vivement frappée, l'imitait au moins dans la posture, selon la deuxième supposition : car son corps étant entièrement formé, et les fibres de sa chair assez dures pour résister au cours des esprits, elle ne pouvait pas l'imiter ou se rendre semblable à lui en toutes choses. Mais les fibres de la chair de l'enfant étant extrêmement molles, et par conséquent susceptibles de toutes sortes d'arrangements, le cours rapide des esprits, produisit dans sa chair tout ce qui était nécessaire pour le rendre entièrement semblable à l'image qu'il voyait ; et l'imitation à laquelle les enfants sont les plus disposés fut presque aussi parfaite qu'elle le pouvait être. Mais cette imitation ayant donné au corps de cet enfant une figure trop extraordinaire, elle lui causa la mort.

Il y a bien d'autres exemples de la force de l'imagination des mères dans les auteurs, et il n'y a rien de si bizarre dont elles n'avortent quelquefois. Car non seulement elles font des enfants difformes, mais encore des fruits dont elles ont souhaité de manger ; des pommes, des poires, des grappes de raisin et d'autres choses semblables. Les mères imaginant et désirant fortement de manger des poires, par exemple, les enfants si le *fœtus* est animé, les imaginent et les désirent de même avec ardeur : et (que le fœtus soit ou ne soit pas animé) le cours des esprits excité par l'image du fruit désiré, se répandant dans un petit corps fort capable de changer de figure à cause de sa mollesse ; ces pauvres enfants deviennent semblables aux choses qu'ils souhaitent avec trop d'ardeur. Mais les mères n'en souffrent point de mal, parce que leur corps n'est pas assez mou pour prendre la figure des choses qu'elles imaginent : ainsi elles ne peuvent pas les imiter ou se rendre entièrement semblables à elles.

Or il ne faut pas s'imaginer que cette correspondance que je viens d'expliquer, et qui est quelquefois cause de si grands désordres, soit une chose inutile ou mal ordonnée dans la nature. Au contraire, elle semble très utile à la propagation du corps humain ou à la formation du *fœtus*, et elle est absolument nécessaire à la transmission de certaines dispositions du cerveau, qui doivent être différentes en différents temps et en différents pays : car il est nécessaire par exemple que les agneaux aient dans de certains pays le cerveau tout à fait disposé à fuir les loups, à cause qu'il y en a beaucoup en ces lieux, et qu'ils sont fort à craindre pour eux.

Il est vrai que cette communication du cerveau de la mère avec celui de son enfant, a quelquefois de mauvaises suites, lorsque les mères se laissent surprendre par quelque passion violente. Cependant il me semble que sans cette communication, les femmes et les animaux ne pourraient pas facilement engendrer des petits de même espèce. Car encore que l'on puisse donner quelque raison de la formation du *fœtus* en général, comme M. Descartes l'a tenté assez heureusement[1] ; cependant il est très difficile sans cette communication du cerveau de la mère avec celui de l'enfant, d'expliquer comment une cavale n'engendre point un bœuf, et une poule un œuf qui contienne une petite perdrix, ou quelque oiseau d'une nouvelle espèce : et je crois que ceux qui ont médité sur la formation du fœtus seront de ce sentiment.

Il est vrai que la pensée la plus raisonnable, et la plus conforme à l'expérience sur cette question très difficile de la formation du fœtus, c'est que les enfants sont déjà presque tout formés avant même l'action par laquelle ils sont conçus ; et que leurs mères ne font que leur donner l'accroissement ordinaire dans le temps de la grossesse. Cependant cette communication des esprits animaux et du cerveau de la mère avec les esprits, et le cerveau de l'enfant, semble encore servir à régler cet accroissement, et à déterminer les parties qui servent à sa nourriture, à se ranger à peu près de la même manière que dans le corps de la mère ; c'est-à-dire à rendre l'enfant semblable à la mère, ou de même espèce qu'elle. Cela paraît assez par les accidents qui arrivent, lorsque l'imagination de la mère se dérègle, et que quelque passion violente change la disposition naturelle de son cerveau : car alors comme nous venons d'expliquer, cette communication change la conformation du corps de l'enfant, et les mères avortent

1. « De la formation du foetus », titre courant de *La Description du corps humain* qui, dans l'édition de Clerselier, suit le *Traité de l'homme*.

quelquefois des *fœtus* d'autant plus semblables aux fruits qu'elles ont désirés, que les esprits trouvent moins de résistance dans les fibres du corps de l'enfant.

On ne nie pas cependant, que Dieu, sans cette communication dont nous venons de parler, n'ait pu disposer d'une manière si exacte et si régulière toutes les choses qui sont nécessaires à la propagation de l'espèce pour des siècles infinis, que les mères n'eussent jamais avorté, et même qu'elles eussent toujours eu des enfants de même grandeur, de même couleur, en un mot tels qu'on les eût pris l'un pour l'autre : car nous ne devons pas mesurer la puissance de Dieu par notre faible imagination, et nous ne savons point les raisons qu'il a pu avoir dans la construction de son ouvrage.

Nous voyons tous les jours que sans le secours de cette communication, les plantes et les arbres produisent assez régulièrement leurs semblables, et que les oiseaux, et beaucoup d'autres animaux n'en ont pas besoin, pour faire croître et éclore d'autres petits, lorsqu'ils couvent des œufs de différente espèce, comme lorsqu'une poule couve des œufs de perdrix. Car quoique l'on ait raison de penser que les graines et les œufs contiennent déjà les plantes et les oiseaux qui en sortent, et qu'il se puisse faire que les petits corps de ces oiseaux aient reçu leur conformation par la communication dont on a parlé, et les plantes la leur par le moyen d'une autre communication équivalente : cependant c'est peut-être deviner. Mais quand même on ne devinerait pas, on ne doit pas tout à fait juger par les choses que Dieu a faites, quelles sont celles qu'il peut faire.

Si on considère toutefois que les plantes, qui reçoivent leur accroissement par l'action de leur mère, lui ressemblent beaucoup plus que celles qui viennent de graine : que les tulipes par exemple, qui viennent de cayeux[1] sont ordinairement de même couleur que leur mère, et que celles qui viennent de graine en sont presque toujours fort différentes ; on ne pourra douter, que si la communication de la mère avec le fruit n'est pas absolument nécessaire, afin qu'il soit de même espèce, elle est toujours nécessaire, afin que ce fruit lui soit entièrement semblable.

1. Oignon de fleur.

De sorte, qu'encore que Dieu ait prévu que cette communication du cerveau de la mère avec celui de son enfant, ferait quelquefois mourir des *fœtus* et engendrer des monstres à cause du dérèglement de l'imagination de la mère ; cependant cette communication est si admirable, et si nécessaire par les raisons que je viens de dire, et pour plusieurs autres que je pourrais encore ajouter, que cette connaissance que Dieu a eue de ces inconvénients, ne lui a pas dû empêcher d'exécuter son dessein. On peut dire en un sens que Dieu n'a pas eu dessein de faire des monstres : car il me paraît évident que si Dieu ne faisait qu'un animal, il ne le ferait jamais monstrueux. Mais ayant eu dessein de produire un ouvrage admirable par les voies les plus simples, et de lier toutes ses créatures les unes avec les autres, il a prévu certains effets qui suivraient nécessairement de l'ordre, et de la nature des choses, et cela ne l'a pas détourné de son dessein. Car enfin quoique un monstre tout seul soit un ouvrage imparfait, toutefois lorsqu'il est joint avec le reste des créatures, il ne rend point le monde imparfait, ou indigne de la sagesse du Créateur, en comparant l'ouvrage avec la simplicité des voies par lesquelles il est produit[1].

Nous avons suffisamment expliqué ce que l'imagination d'une mère peut faire sur le corps de son enfant. Examinons présentement le pouvoir qu'elle a sur son esprit, et tâchons ainsi de découvrir les premiers dérèglements de l'esprit et de la volonté des hommes dans leur origine : car c'est là notre principal dessein.

## IV. EXPLICATION DE QUELQUES DÉRÈGLEMENTS D'ESPRIT ET D'INCLINATIONS DE LA VOLONTÉ

Il est certain que les traces du cerveau sont accompagnées des sentiments et des idées de l'âme ; et que les émotions des esprits animaux ne se font point dans le corps, qu'il n'y ait dans l'âme des mouvements qui leur

1. Ébauche du principe de la simplicité des voies que Descartes admettait dans le *Traité de l'homme* : « la Nature agit toujours par les moyens qui sont les plus faciles de tous et les plus simples... ».

répondent. En un mot, il est certain que toutes les passions et tous les sentiments corporels sont accompagnés de véritables sentiments et de véritables passions de l'âme. Or selon notre première supposition, les mères communiquent à leurs enfants les traces de leur cerveau, et ensuite les mouvements de leurs esprits animaux. Donc elles font naître dans l'esprit de leurs enfants les mêmes passions et les mêmes sentiments dont elles sont touchées : et par conséquent elles leur corrompent le cœur et la raison en plusieurs manières.

S'il se trouve tant d'enfants qui portent sur leur visage des marques, ou des traces de l'idée qui a frappé leur mère, quoique les fibres de la peau fassent beaucoup plus de résistance au cours des esprits que les parties molles du cerveau, et que les esprits soient beaucoup plus agités dans le cerveau que vers la peau ; on ne peut pas raisonnablement douter, que les esprits animaux de la mère ne produisent dans le cerveau de leurs enfants beaucoup de traces de leurs émotions déréglées. Or les grandes traces du cerveau, et les émotions des esprits qui leur répondent, se conservant longtemps et quelquefois toute la vie, il est évident que comme il n'y a guère de femmes qui n'aient quelques faiblesses, et qui n'aient été émues de quelque passion pendant leur grossesse, il ne doit y avoir que très peu d'enfants qui n'aient l'esprit mal tourné en quelque chose, et qui n'aient quelque passion dominante.

On n'a que trop d'expériences de ces choses, et tout le monde sait assez qu'il y a des familles entières, qui sont affligées de grandes faiblesses d'imagination, qu'elles ont héritées de leurs parents : mais il n'est pas nécessaire d'en donner ici des exemples particuliers. Au contraire il est plus à propos d'assurer pour la consolation de quelques personnes, que ces faiblesses des parents n'étant point naturelles, ou propres à la nature de l'homme, les traces et les vestiges du cerveau qui en sont cause, se peuvent effacer avec le temps.

On peut toutefois rapporter ici l'exemple du roi Jacques d'Angleterre, duquel parle le chevalier d'Igby, dans le livre *De la poudre de sympathie*[1] qu'il a donné au public. Il

1. *Discours touchant la guérison des plaies par la poudre de sympathie*, Paris, 1658.

assure dans ce livre, que Marie Stuart étant grosse du roi Jacques, quelques seigneurs d'Écosse entrèrent dans sa chambre, et tuèrent en sa présence son secrétaire qui était italien, quoiqu'elle se fût jetée au-devant de lui pour les en empêcher ; que cette princesse y reçut quelques légères blessures ; et que la frayeur qu'elle eut fit de si grandes impressions dans son imagination, qu'elles se communiquèrent à l'enfant qu'elle portait dans son sein : de sorte que le roi Jacques son fils, demeura toute sa vie sans pouvoir regarder une épée nue. Il dit qu'il l'expérimenta lui-même, lorsqu'il fut fait chevalier : car ce prince lui devant toucher l'épaule de l'épée, il la lui porta droit au visage, et l'en eût même blessé, si quelqu'un ne l'eût conduite adroitement où il fallait. Il y a tant de semblables exemples, qu'il est inutile d'en aller chercher dans les auteurs. On ne croit pas qu'il se trouve quelqu'un qui conteste ces choses. Car enfin on voit un très grand nombre de personnes qui ne peuvent souffrir la vue d'un rat, d'une souris, d'un chat, d'une grenouille, et principalement des animaux qui rampent comme les serpents et les couleuvres ; et qui ne connaissent point d'autres causes de ces aversions extraordinaires, que la peur que leurs mères ont eue de ces divers animaux pendant leur grossesse.

## V. EXPLICATION DE LA CONCUPISCENCE, ET DU PÉCHÉ ORIGINEL

Mais ce que je souhaite principalement que l'on remarque, c'est qu'il y a toutes les apparences possibles que les hommes gardent encore aujourd'hui dans leur cerveau des traces et des impressions de leurs premiers parents. Car de même que les animaux produisent leurs semblables, et avec des vestiges semblables dans leur cerveau, lesquels sont cause que les animaux de même espèce ont les mêmes sympathies, et antipathies, et qu'ils font les mêmes actions dans les mêmes rencontres : ainsi nos premiers parents après leur péché ont reçu dans leur cerveau de si grands vestiges, et des traces si profondes par l'impression des objets sensibles, qu'ils pourraient bien les avoir communiqués à leurs enfants. De sorte que cette grande attache, que nous avons dès le ventre de nos mères à toutes les choses sensibles, et ce grand éloignement de Dieu où nous sommes en cet état, pourrait être expliqué en quelque manière par ce que nous venons de dire.

Car, comme il est nécessaire selon l'ordre établi de la nature, que les pensées de l'âme soient conformes aux traces qui sont dans le cerveau ; on pourrait dire que dès que nous sommes formés dans le ventre de nos mères, nous sommes dans le péché, et infectés de la corruption de nos parents, puisque dès ce temps-là nous sommes très fortement attachés aux plaisirs de nos sens. Ayant dans notre cerveau des traces semblables à celles des personnes qui nous donnent l'être, il est nécessaire que nous ayons aussi les mêmes pensées et les mêmes inclinations qui ont rapport aux objets sensibles.

*Ainsi nous devons naître avec la concupiscence, et avec le péché originel. Nous devons naître avec la concupiscence, si la concupiscence n'est que l'effort naturel, que les traces du cerveau font sur l'esprit pour l'attacher aux choses sensibles : et nous devons naître dans le péché originel, si** le péché originel n'est autre chose que le règne de la concupiscence, et que ces efforts comme victorieux et comme maîtres de l'esprit et du cœur de l'enfant. Or il y a grande apparence, que le règne de la concupiscence ou la victoire de la concupiscence, est ce qu'on appelle péché originel dans les enfants, et péché actuel dans les hommes libres.

Si l'on fait une sérieuse attention à ces deux vérités, la première que c'est par le corps, par la génération, que le péché originel se transmet, et que l'âme ne s'engendre pas, la seconde que le corps ne peut agir sur l'âme et la corrompre, que par les traces de la partie du cerveau dont ses pensées sont naturellement dépendantes ; j'espère qu'on demeurera convaincu que le péché originel se transmet de la manière que je viens d'expliquer[2].

* Voyez encore l'Éclaircissement sur le péché originel[1].

1. Éclaircissement VIII.

** Rom., vi, 12, 14, etc.

2. La génération ne s'effectue que dans la concupiscence. Voir Saint-Augustin, *Contre Julien*, L.V., ch. XVI, § 62.

### VI. OBJECTIONS ET RÉPONSES

Il semble seulement, qu'on pourrait conclure des principes que je viens d'établir, une chose contraire à l'expérience, savoir, que la mère devrait toujours communiquer à son enfant des habitudes et des inclinations semblables à celles qu'elle a, et la facilité d'imaginer et d'apprendre les mêmes choses qu'elle connaît : car toutes ces choses ne dépendent, comme l'on a dit, que des traces et des vestiges du cerveau. Or il est certain, que les traces et les vestiges du cerveau des mères se communiquent aux enfants. On a prouvé ce fait par les exemples qu'on a rapportés touchant les hommes ; et il est encore confirmé par l'exemple des animaux, dont les petits ont le cerveau rempli des mêmes vestiges, que ceux dont ils sont sortis : ce qui fait que tous ceux qui sont d'une même espèce, ont la même voix, la même manière de remuer leurs membres, et enfin les mêmes ruses pour prendre leur proie et pour se défendre de leurs ennemis. Il devrait donc suivre de là, que puisque toutes les traces des mères se gravent, et s'impriment dans le cerveau des enfants, les enfants devraient naître avec les mêmes habitudes, et les autres qualités qu'ont leurs mères, et même les conserver ordinairement toute leur vie, puisque les habitudes qu'on a dès sa plus tendre jeunesse, sont celles qui se conservent plus longtemps ; ce qui néanmoins est contraire à l'expérience.

Pour répondre à cette objection, il faut savoir qu'il y a de deux sortes de traces dans le cerveau. Les unes sont naturelles ou propres à la nature de l'homme : les autres sont acquises. Les naturelles sont très profondes, et il est impossible de les effacer tout à fait : les acquises au contraire se peuvent perdre facilement, parce que d'ordinaire elles ne sont pas si profondes. Or quoique les naturelles et les acquises ne diffèrent que du plus ou du moins, et que souvent les premières aient moins de force que les secondes, puisque l'on accoutume tous les jours des animaux à faire des choses tout à fait contraires à celles auxquelles ils sont portés par ces traces naturelles ; (on accoutume par exemple un chien à ne point toucher à du pain, et à ne point courir après une perdrix qu'il voit et qu'il sent[1] ;) cependant il y a cette différence entre ces traces, que les naturelles ont pour ainsi dire de secrètes alliances avec les autres parties du corps : car tous les ressorts de notre machine s'aident les uns les autres, pour se conserver dans leur état naturel. Toutes les parties de notre corps contribuent mutuellement à toutes les choses nécessaires pour la conservation, ou pour le rétablissement des traces naturelles. Ainsi on ne les peut tout à fait effacer, et elles commencent à revivre, lorsqu'on croit les avoir détruites.

Au contraire les traces acquises, quoique plus grandes, plus profondes, et plus fortes que les naturelles, se perdent peu à peu, si l'on n'a soin de les conserver par l'application continuelle des causes qui les ont produites : parce que les autres parties du corps ne contribuent point à leur conservation, et qu'au contraire elles travaillent continuellement à les effacer et à les perdre. On peut comparer ces traces aux plaies ordinaires du corps ; ce sont des blessures que notre cerveau a reçues, lesquelles se referment d'elles-mêmes, comme les autres plaies, par la construction admirable de la machine. Si on faisait dans la joue une incision plus grande même que la bouche, cette ouverture se refermerait peu à peu. Mais l'ouverture de la bouche étant naturelle, elle ne se peut jamais rejoindre. Il en est de même des traces du cerveau ; les naturelles ne s'effacent point, mais les autres se guérissent avec le temps. Vérité dont les conséquences sont infinies par rapport à la morale.

Comme donc il n'y a rien dans tout le corps qui ne soit conforme aux traces naturelles, elles se transmettent dans les enfants avec toute leur force. Ainsi les perroquets font des petits qui ont les mêmes cris, ou les mêmes chants naturels, qu'ils ont eux-mêmes. Mais parce que les traces acquises ne sont que dans le cerveau, et qu'elles ne rayonnent pas dans le reste du corps, si ce n'est quelque peu, comme lorsqu'elles ont été imprimées par les émotions qui accompagnent les passions violentes, elles ne doivent pas se transmettre dans les enfants. Ainsi un perroquet qui donne le bonjour et le bonsoir à son maître, ne fera pas des petits aussi savants que lui, et des personnes

1. Voir Descartes, *Passions*, art. 50.

doctes et habiles n'auront pas des enfants qui leur ressemblent.

Ainsi quoiqu'il soit vrai que tout ce qui se passe dans le cerveau de la mère, se passe aussi en même temps dans celui de son enfant ; que la mère ne puisse rien voir, rien sentir, rien imaginer, que l'enfant ne le voie, ne le sente, et ne l'imagine, et enfin que toutes les fausses traces des mères corrompent l'imagination des enfants : néanmoins ces traces n'étant pas naturelles dans le sens que nous venons d'expliquer, il ne faut pas s'étonner si elles se referment d'ordinaire, aussitôt que les enfants sont sortis du sein de leur mère. Car alors, la cause qui formait ces traces, et qui les entretenait, ne subsistant plus, la constitution naturelle de tout le corps contribue à leur destruction ; et les objets sensibles en produisent d'autres toutes nouvelles, très profondes, et en très grand nombre, qui effacent presque toutes celles que les enfants ont eues dans le sein de leur mère. Car puisqu'il arrive tous les jours qu'une grande douleur fait qu'on oublie celles qui ont précédé, il n'est pas possible que des sentiments aussi vifs que sont ceux des enfants, qui reçoivent pour la première fois l'impression des objets sur les organes délicats de leurs sens, n'effacent la plupart des traces, qu'ils n'ont reçues des mêmes objets que par une espèce de contrecoup, lorsqu'ils en étaient comme à couvert dans le sein de leur mère.

Toutefois lorsque ces traces sont formées par une forte passion, et accompagnées d'une agitation très violente de sang et d'esprits dans la mère, elles agissent avec tant de force sur le cerveau de l'enfant et sur le reste de son corps, qu'elles y impriment des vestiges aussi profonds et aussi durables que les traces naturelles : comme dans l'exemple du chevalier d'Igby ; dans celui de cet enfant né fou et tout brisé, dans le cerveau et dans tous les membres duquel l'imagination de la mère avait produit de si grands ravages, et enfin dans l'exemple de la corruption générale de la nature de l'homme.

Et il ne faut pas s'étonner, si les enfants du roi d'Angleterre n'ont pas eu la même faiblesse que leur père. Premièrement, parce que ces sortes de traces ne s'impriment jamais si avant dans le reste du corps que les naturelles. Secondement, parce que la mère n'ayant pas la même faiblesse que le père, elle a empêché par sa bonne constitution que cela n'arrivât. Et enfin parce que la mère agit infiniment plus sur le cerveau de l'enfant que le père, comme il est évident par les choses que l'on a dites.

Mais il faut remarquer que toutes ces raisons qui montrent que les enfants du roi Jacques d'Angleterre ne pouvaient participer à la faiblesse de leur père, ne font rien contre l'explication du péché originel, ou de cette inclination dominante pour les choses sensibles, ni de ce grand éloignement de Dieu que nous tenons de nos parents : parce que les traces, que les objets sensibles ont imprimées dans le cerveau des premiers hommes, ont été très profondes : qu'elles ont été accompagnées, et augmentées par des passions violentes : qu'elles ont été fortifiées par l'usage continuel des choses sensibles et nécessaires à la conservation de la vie, non seulement dans Adam et dans Ève, mais même, ce qu'il faut bien remarquer, dans les plus grands saints, dans tous les hommes et dans toutes les femmes de qui nous descendons ; de sorte qu'il n'y a rien qui ait pu arrêter cette corruption de la nature. Ainsi tant s'en faut que ces traces de nos premiers pères se doivent effacer peu à peu, qu'au contraire elles doivent s'augmenter de jour en jour ; et sans la grâce de Jésus-Christ, qui s'oppose continuellement à ce torrent, il serait absolument vrai de dire ce qu'a dit un poète païen.

*Aetas parentum pejor avis tulit*
*Nos nequiores, mox daturos*
*Progeniem vitiosiorem*[1].

Car il faut bien prendre garde que les vestiges qui réveillent des sentiments de piété dans les plus saintes mères, ne communiquent point de piété aux enfants qu'elles ont dans leur sein ; et que les traces au contraire qui réveillent les idées des choses sensibles et qui sont suivies de passions, ne manquent point de communiquer aux enfants le sentiment et l'amour des choses sensibles.

1. Horace, *Odes*, III, 6, v. 46-48 (« Pires que nos ancêtres, nos parents ont engendré en nous des enfants plus mauvais qu'eux qui donneront bientôt une descendance encore plus corrompue »).

Une mère par exemple qui est excitée à l'amour de Dieu, par le mouvement des esprits qui accompagne la trace de l'image d'un vénérable vieillard, à cause que cette mère a attaché l'idée de Dieu à cette trace de vieillard : car comme nous avons vu dans le chapitre de la liaison des idées, cela se peut facilement faire, quoiqu'il n'y ait point de rapport entre Dieu et l'image d'un vieillard ; cette mère, dis-je, ne peut produire dans le cerveau de son enfant que la trace d'un vieillard, et que de l'inclination pour les vieillards, ce qui n'est point l'amour de Dieu dont elle était touchée. Car enfin il n'y a point de traces dans le cerveau, qui puissent par elles-mêmes réveiller d'autres idées que celles des choses sensibles : parce que le corps n'est pas fait pour instruire l'esprit, et qu'il ne parle à l'âme que pour lui-même.

Ainsi une mère, dont le cerveau est rempli de traces, qui par leur nature ont rapport aux choses sensibles, ce qu'elle ne peut effacer à cause que la concupiscence demeure en elle, et que son corps ne lui est point soumis, les communiquant nécessairement à son enfant, l'engendre pécheur quoiqu'elle soit juste. Cette mère est juste, parce qu'aimant actuellement ou qu'ayant aimé Dieu par un amour de choix, cette concupiscence ne la rend point criminelle, quoiqu'elle en suive les mouvements dans le sommeil. Mais l'enfant qu'elle engendre n'ayant point aimé Dieu par un amour de choix, et son cœur n'ayant point été tourné vers Dieu, il est évident qu'il est dans le désordre et dans le dérèglement, et qu'il n'y a rien dans lui qui ne soit digne de la colère de Dieu.

Mais lorsqu'ils ont été régénérés par le baptême, et qu'ils ont été justifiés ou par une disposition du cœur semblable à celle qui demeure dans les justes durant les illusions de la nuit : ou peut-être par un acte libre d'amour de Dieu qu'ils ont fait étant prévenus par un secours actuel et infaillible, et délivrés pour quelques moments de la domination du corps par la force du Sacrement (car comme Dieu les a faits pour l'aimer, on ne peut concevoir qu'ils soient actuellement dans la justice et dans l'ordre de Dieu, s'ils ne l'aiment ou s'ils ne l'ont aimé ; ou si leur cœur n'est disposé de la même manière qu'il serait s'ils l'avaient actuellement aimé) : alors quoiqu'ils obéissent à la concupiscence pendant leur enfance, leur concupiscence n'est plus péché : elle ne les rend plus coupables et dignes de colère : ils ne laissent pas d'être justes et agréables à Dieu, par la même raison que l'on ne perd point la grâce, quoique l'on suive en dormant les mouvements de la concupiscence : car les enfants ont le cerveau si mou, et ils reçoivent de si vives et de si fortes impressions des objets les plus faibles, qu'ils n'ont pas assez de liberté d'esprit pour y résister. Mais je me suis arrêté trop longtemps à des choses qui ne sont pas tout à fait du sujet que je traite. C'est assez que je puisse conclure ici de ce que je viens d'expliquer dans ce chapitre, que toutes ces fausses traces que les mères impriment dans le cerveau de leurs enfants, leur rendent l'esprit faux, et leur corrompent l'imagination : et qu'ainsi la plupart des hommes sont sujets à imaginer les choses autrement qu'elles ne sont, en donnant quelque fausse couleur, et quelque trait irrégulier aux idées des choses qu'ils aperçoivent. Que si l'on veut s'éclaircir plus à fond de ce que je pense sur le péché originel, et sur la manière dont je crois qu'il se transmet dans les enfants, on peut lire tout d'un temps l'Éclaircissement qui répond à ce chapitre.

## CHAPITRE VIII

I. *Changements qui arrivent à l'imagination d'un enfant, qui sort du sein de sa mère, par la conversation qu'il a avec sa nourrice, sa mère, et d'autres personnes.* II. *Avis pour les bien élever.*

[I] Dans le chapitre précédent nous avons considéré le cerveau d'un enfant dans le sein de sa mère, examinons maintenant ce qui lui arrive dès qu'il en est sorti. En même temps qu'il quitte les ténèbres et qu'il voit pour la première fois la lumière, le froid de l'air extérieur le saisit : les embrassements les plus caressants de la femme qui le reçoit, offensent ses membres délicats : tous les objets extérieurs le surprennent ; ils lui sont tous des sujets de crainte, parce qu'il ne les connaît pas encore, et qu'il n'a de lui-même aucune force pour se défendre ou pour fuir. Les larmes et les cris par lesquels il se console, sont des marques infaillibles de ses peines et de ses frayeurs : car ce sont en effet des prières que la nature fait pour lui aux assistants, afin qu'ils le défendent des maux qu'il souffre et de ceux qu'il appréhende.

Pour bien concevoir l'embarras où se trouve son esprit en cet état, il faut se souvenir que les fibres de son cerveau sont très molles et très délicates, et par conséquent que tous les objets de dehors font sur elles des impressions très profondes. Car, puisque les plus petites choses se trouvent quelquefois capables de blesser une imagination faible, un si grand nombre d'objets surprenants ne peut manquer de blesser, et de brouiller celle d'un enfant.

Mais afin d'imaginer encore plus vivement les agitations

et les peines, où sont les enfants dans le temps qu'ils viennent au monde, et les blessures que leur imagination doit recevoir : représentons-nous quel serait l'étonnement des hommes, s'ils voyaient devant leurs yeux des géants cinq ou six fois plus hauts qu'eux, qui s'approcheraient sans rien leur faire connaître de leur dessein : ou s'ils voyaient quelque nouvelle espèce d'animaux, qui n'eussent aucun rapport avec ceux qu'ils ont déjà vus, ou seulement si un cheval ailé, ou quelque autre chimère de nos poètes descendait subitement des nues sur la terre. Que ces prodiges feraient de profondes traces dans les esprits, et que de cervelles se brouilleraient pour les avoir vus seulement une fois.

Tous les jours il arrive, qu'un événement inopiné et qui a quelque chose de terrible, fait perdre l'esprit à des hommes faits, dont le cerveau n'est pas fort susceptible de nouvelles impressions, qui ont de l'expérience, qui peuvent se défendre, ou au moins qui peuvent prendre quelque résolution. Les enfants en venant au monde souffrent quelque chose de tous les objets qui frappent leurs sens, auxquels ils ne sont pas accoutumés. Tous les animaux qu'ils voient, sont des animaux d'une nouvelle espèce pour eux, puisqu'ils n'ont rien vu au-dehors de tout ce qu'ils voient pour lors : ils n'ont ni force, ni expérience ; les fibres de leur cerveau sont très délicates et très flexibles. Comment donc se pourrait-il faire, que leur imagination ne demeurât point blessée par tant d'objets différents ?

Il est vrai, que les mères ont déjà un peu accoutumé leurs enfants aux impressions des objets, puisqu'elles les ont déjà tracées dans les fibres de leur cerveau, quand ils étaient encore dans leur sein ; et qu'ainsi ils en sont beaucoup moins blessés, lorsqu'ils voient de leurs propres yeux, ce qu'ils avaient déjà aperçu en quelque manière par ceux de leurs mères. Il est encore vrai que les fausses traces et les blessures que leur imagination a ressenties à la vue de tant d'objets terribles pour eux, se ferment et se guérissent avec le temps ; parce que n'étant pas naturelles, tout le corps y est contraire, et les efface comme nous avons vu dans le chapitre précédent ; et c'est ce qui empêche que généralement tous les hommes ne soient fous dès leur enfance. Mais cela n'empêche pas qu'il n'y ait toujours quelques traces si fortes et si profondes, qu'elles ne se puissent effacer, de sorte qu'elles durent autant que la vie.

Si les hommes faisaient de fortes réflexions sur ce qui se passe au-dedans d'eux-mêmes et sur leurs propres pensées, ils ne manqueraient pas d'expériences qui prouvent ce que l'on vient de dire. Ils reconnaîtraient ordinairement en eux-mêmes des inclinations et des aversions secrètes, que les autres n'ont pas, desquelles il semble qu'on ne puisse donner d'autre cause, que ces traces de nos premiers jours. Car puisque les causes de ces inclinations et aversions nous sont particulières, elles ne sont point fondées dans la nature de l'homme : et puisqu'elles nous sont inconnues, il faut qu'elles aient agi en un temps où notre mémoire n'était pas encore capable de retenir les circonstances des choses qui auraient pu nous en faire souvenir : et ce temps ne peut être que celui de notre plus tendre enfance.

Descartes a écrit dans une de ses lettres[1], qu'il avait une amitié particulière pour toutes les personnes louches ; et qu'en ayant recherché la cause avec soin, il avait enfin reconnu que ce défaut se rencontrait en une jeune fille qu'il aimait, lorsqu'il était encore enfant ; l'affection qu'il avait pour elle se répandant à toutes les personnes qui lui ressemblaient en quelque chose.

Mais ce ne sont pas ces petits dérèglements de nos inclinations, lesquels nous jettent le plus dans l'erreur : c'est que nous avons tous, ou presque tous l'esprit faux en quelque chose ; et que nous sommes presque tous sujets à quelque espèce de folie, quoique nous ne le pensions pas. Quand on examine avec soin le génie de ceux avec lesquels on converse, on se persuade facilement de ceci ; et quoiqu'on soit peut-être original soi-même, et que les autres en jugent ainsi, on trouve que tous les autres sont aussi des originaux, et qu'il n'y a de différence entre eux que du plus et du moins. Voilà donc une source assez ordinaire des erreurs des hommes, que ce bouleversement de leur cerveau causé par l'impression des objets extérieurs

1. Il s'agit de la célèbre Lettre à Chanut, du 6 juin 1647.

dans le temps qu'ils viennent au monde : mais cette cause ne cesse pas si tôt, qu'on pourrait s'imaginer.

La conversation ordinaire que les enfants sont obligés d'avoir avec leurs nourrices, ou même avec leurs mères, lesquelles n'ont souvent aucune éducation, achève de leur perdre et de leur corrompre entièrement l'esprit. Ces femmes ne les entretiennent que de niaiseries, que de contes ridicules, ou capables de leur faire peur. Elles ne leur parlent que des choses sensibles, et d'une manière propre à les confirmer dans les faux jugements des sens. En un mot, elles jettent dans leurs esprits les semences de toutes les faiblesses qu'elles ont elles-mêmes, comme de leurs appréhensions extravagantes, de leurs superstitions ridicules, et d'autres semblables faiblesses. Ce qui fait que n'étant pas accoutumés à rechercher la vérité, ni à la goûter, ils deviennent enfin incapables de la discerner, et de faire quelque usage de leur raison. De là leur vient une certaine timidité et bassesse d'esprit, qui leur demeure fort longtemps ; car il y en a beaucoup, qui à l'âge de quinze et de vingt ans, ont encore tout l'esprit de leur nourrice.

Il est vrai que les enfants ne paraissent pas fort propres pour la méditation de la vérité, et pour les sciences abstraites et relevées ; parce que les fibres de leur cerveau étant très délicates, elles sont très facilement agitées par les objets même les plus faibles, et les moins sensibles ; et leur âme ayant nécessairement des sensations proportionnées à l'agitation de ces fibres, elle laisse là les pensées métaphysiques, et de pure intellection, pour s'appliquer uniquement à ses sensations. Ainsi il semble que les enfants ne peuvent pas considérer avec assez d'attention les idées pures de la vérité, étant si souvent et si facilement distraits par les idées confuses des sens.

Cependant on peut répondre, premièrement, qu'il est plus facile à un enfant de sept ans de se délivrer des erreurs, où les sens le portent, qu'à une personne de soixante, qui a suivi toutes sa vie les préjugés de l'enfance. Secondement, que si un enfant n'est pas capable des idées claires et distinctes de la vérité, il est du moins capable d'être averti, que ses sens le trompent en toutes sortes d'occasions ; et si on ne lui apprend pas la vérité, du moins ne doit-on pas l'entretenir, ni le fortifier dans ses erreurs. Enfin les plus jeunes enfants tout accablés qu'ils sont de sentiments agréables et pénibles, ne laissent pas d'apprendre en peu de temps ce que des personnes avancées en âge ne peuvent faire en beaucoup davantage; comme la connaissance de l'ordre et des rapports, qui se trouvent entre tous les mots et toutes les choses qu'ils voient et qu'ils entendent. Car quoique ces choses ne dépendent guère que de la mémoire, cependant il paraît assez qu'ils font beaucoup d'usage de leur raison, dans la manière dont ils apprennent leur langue.

### II. AVIS POUR BIEN ÉLEVER LES ENFANTS

Mais puisque la facilité, qu'ont les fibres du cerveau des enfants pour recevoir les impressions touchantes des objets sensibles, est la cause pour laquelle on les juge incapables des sciences abstraites, il est facile d'y remédier. Car il faut qu'on avoue, que si on tenait les enfants sans crainte, sans désirs, et sans espérances; si on ne leur faisait point souffrir de douleur; si on les éloignait autant qu'il se peut de leurs petits plaisirs, on pourrait leur apprendre, dès qu'ils sauraient parler, les choses les plus difficiles et les plus abstraites, ou tout au moins les mathématiques sensibles, la mécanique, et d'autres choses semblables, qui sont nécessaires dans la suite de la vie. Mais ils n'ont garde d'appliquer leur esprit à des sciences abstraites, lorsqu'on les agite par des désirs, et qu'on les trouble par des frayeurs, ce qu'il est très nécessaire de bien considérer.

Car comme un homme ambitieux, qui viendrait de perdre son bien et son honneur, ou qui aurait été élevé tout d'un coup à une grande dignité qu'il n'espérait pas, ne serait point en état de résoudre des questions de métaphysique, ou des *équations* d'algèbre, mais seulement de faire les choses que la passion présente lui inspirerait, ainsi les enfants, dans le cerveau desquels une pomme et des dragées font des impressions aussi profondes, que les charges et les grandeurs en font dans celui d'un homme de quarante ans, ne sont pas en état d'écouter des vérités abstraites, qu'on leur enseigne. De sorte qu'on peut dire, qu'il n'y a rien si contraire à l'avancement des enfants dans les sciences, que les divertissements continuels dont on les récompense, et que les peines, dont on les punit et dont on les menace sans cesse.

Mais ce qui est infiniment plus considérable, c'est que ces craintes de châtiments, et ces désirs de récompenses sensibles, dont on remplit l'esprit des enfants, les éloigne entièrement de la piété. La dévotion est encore plus abstraite que la science, elle est encore moins du goût de la nature corrompue. L'esprit de l'homme est assez porté à l'étude, mais il n'est point porté à la piété. Si donc les grandes agitations ne nous permettent pas d'étudier, quoiqu'il y ait naturellement du plaisir, comment se pourrait-il faire, que des enfants, qui sont tout occupés des plaisirs sensibles dont on les récompense, et des peines dont on les effraie, se conservassent encore assez de liberté d'esprit pour goûter les choses de piété?

La capacité de l'esprit est fort limitée ; il ne faut pas beaucoup de choses pour la remplir, et dans le temps que l'esprit est plein, il est incapable de nouvelles pensées, s'il ne se vide auparavant. Mais lorsque l'esprit est rempli des idées sensibles, il ne se vide pas comme il lui plaît. Pour concevoir ceci, il faut considérer, que nous sommes tous incessamment portés vers le bien par des inclinations de la nature ; et que le plaisir étant le caractère, par lequel nous le distinguons du mal, il est nécessaire que le plaisir nous touche, et nous occupe plus que tout le reste. Le plaisir étant donc attaché à l'usage des choses sensibles, parce qu'elles sont le bien du corps de l'homme, il y a une espèce de nécessité, que ces biens remplissent la capacité de notre esprit, jusqu'à ce que Dieu répande sur eux une certaine amertume, qui nous en donne du dégoût et de l'horreur, ou en nous faisant sentir par sa grâce cette douceur du ciel, qui efface toutes les douceurs de la terre : *Dando menti cœlestem delectationem qua omnis terrena delectatio superetur*[*][2].

* Saint Augustin.

2. Saint Augustin, *Sermons*, XLII, ch. III, §3 (« En donnant à l'esprit la délectation céleste, qui surpasse toute délectation terrestre »).

Mais, parce que nous sommes autant portés à fuir le mal, qu'à aimer le bien, et que la douleur est le caractère que la nature a attaché au mal, tout ce que nous venons de dire du plaisir, se doit dans un sens contraire, entendre de la douleur.

Puis donc que les choses qui nous font sentir du plaisir et de la douleur, remplissent la capacité de l'esprit, et qu'il n'est pas en notre pouvoir de les quitter et de n'en être pas touchés, quand nous le voulons, il est visible, qu'on ne peut faire goûter la piété aux enfants, non plus qu'au reste des hommes, si on ne commence selon les préceptes de l'Évangile, par la privation de toutes les choses qui touchent les sens, et qui excitent de grands désirs et de grandes craintes ; puisque toutes les passions offusquent et éteignent la grâce, ou cette délectation intérieure, que Dieu nous fait sentir dans notre devoir.

Les plus petits enfants ont de la raison aussi bien que les hommes faits, quoiqu'ils n'aient pas d'expérience : ils ont aussi les mêmes inclinations naturelles, quoiqu'ils se portent à des objets bien différents. Il faut donc les accoutumer à se conduire par la raison, puisqu'ils en ont ; et il faut les exciter à leur devoir en ménageant adroitement leurs bonnes inclinations. C'est éteindre leur raison, et corrompre leurs meilleurs inclinations, que de les tenir dans leur devoir par des impressions sensibles. Ils paraissent alors être dans leur devoir : mais il n'y sont qu'en apparence. La vertu n'est pas dans le fond de leur esprit, ni dans le fond de leur cœur ; ils ne la connaissent presque pas, et ils l'aiment encore beaucoup moins. Leur esprit n'est plein que de frayeurs et de désirs, d'aversions et d'amitiés sensibles, desquelles il ne se peut dégager pour se mettre en liberté, et pour faire usage de sa raison. Ainsi les enfants qui sont élevés de cette manière basse et servile, s'accoutument peu à peu à une certaine insensibilité pour tous les sentiments d'un honnête homme et d'un chrétien, laquelle leur demeure toute leur vie : et quand ils espèrent se mettre à couvert des châtiments par leur autorité, ou par leur adresse, ils s'abandonnent à tout ce qui flatte la concupiscence et les sens, parce qu'en effet ils ne connaissent point d'autres biens que les biens sensibles.

Il est vrai qu'il y a des rencontres, où il est nécessaire d'instruire les enfants par leurs sens ; mais il ne le faut faire que lorsque la raison ne suffit pas. Il faut d'abord les persuader par la raison de ce qu'ils doivent faire ; et s'ils n'ont pas assez de lumière pour reconnaître leurs obligations, il semble qu'il faille les laisser en repos pour quelque temps. Car ce ne serait pas les instruire, que de les forcer de faire extérieurement ce qu'ils ne croient pas devoir faire, puisque c'est l'esprit qu'il faut instruire, et non pas le corps. Mais s'ils refusent de faire ce que la raison leur montre qu'ils doivent faire, il ne le faut jamais souffrir, et il faut plutôt en venir à quelque sorte d'excès : car en ces rencontres celui qui épargne son fils, a pour lui selon le Sage*, plus de haine que d'amour.

Si les châtiments n'instruisent pas l'esprit, et s'ils ne font point aimer la vertu, ils instruisent au moins en quelque manière le corps ; et ils empêchent que l'on ne goûte le vice, et par conséquent, que l'on ne s'en rende esclave. Mais ce qu'il faut principalement remarquer, c'est que les peines ne remplissent pas la capacité de l'esprit, comme les plaisirs. On cesse facilement d'y penser, dès qu'on cesse de les souffrir, et qu'il n'y a plus de sujet de les craindre. Car alors elles ne sollicitent point l'imagination ; elles n'excitent point les passions ; elles n'irritent point la concupiscence ; enfin elles laissent à l'esprit toute la liberté de penser à ce qu'il lui plaît. Ainsi on peut s'en servir envers les enfants pour les retenir dans leur devoir, ou dans l'apparence de leur devoir.

Mais, s'il est quelquefois utile d'effrayer et de punir les enfants par des châtiments sensibles, il ne faut pas conclure qu'on doive les attirer par des récompenses sensibles, il ne faut se servir de ce qui touche les sens avec quelque force, que dans la dernière nécessité. Or il n'y en a aucune de leur donner des récompenses sensibles, et de leur représenter ces récompenses comme la fin de leurs occupations. Ce serait au contraire corrompre toutes leurs meilleures actions, et les porter plutôt à la sensualité qu'à la vertu. Les traces des plaisirs qu'on a une fois goûtés, demeurent fortement imprimées dans l'imagination ; elles réveillent continuellement les idées des biens sensibles ; elles excitent toujours des désirs importuns, qui troublent la paix de l'esprit ; enfin elles irritent la concupiscence en toutes rencontres, et c'est un levain qui corrompt tout : mais ce n'est pas ici le lieu d'expliquer ces choses, comme elles le méritent.

* *Qui parcit virgae odit filium suum* (Prov., XIII, 24).

# DEUXIÈME PARTIE

# DE L'IMAGINATION

## CHAPITRE PREMIER

I. *De l'imagination des femmes*. II. *De celle des hommes*. III. *De celle des vieillards*.

Nous avons donné quelque idée des causes physiques du dérèglement de l'imagination des hommes dans l'autre partie : nous tâcherons dans celle-ci de faire quelque application de ces causes aux erreurs les plus générales, et nous parlerons encore des causes de nos erreurs que l'on peut appeler morales.

On a pu voir par les choses qu'on a dites dans le chapitre précédent, que la délicatesse des fibres du cerveau est une des principales causes qui nous empêchent de pouvoir apporter assez d'application pour découvrir les vérités un peu cachées.

### I. DE L'IMAGINATION DES FEMMES

Cette délicatesse des fibres se rencontre ordinairement dans les femmes, et c'est ce qui leur donne cette grande intelligence, pour tout ce qui frappe les sens. C'est aux femmes à décider des modes, à juger de la langue, à discerner le bon air et les belles manières. Elles ont plus de science, d'habileté et de finesse que les hommes sur ces choses. Tout ce qui dépend du goût est de leur ressort, mais pour l'ordinaire elles sont incapables de pénétrer les vérités un peu difficiles à découvrir. Tout ce qui est abstrait leur est incompréhensible. Elles ne peuvent se servir de leur imagination pour développer des questions composées, et embarrassées. Elles ne considèrent que l'écorce des choses ; et leur imagination n'a point assez de force et d'étendue pour en percer le fond, et pour en comparer toutes les parties sans se distraire. Une bagatelle est capable de les détourner : le moindre cri les effraie : le plus petit mouvement les occupe. Enfin la manière, et non la réalité des choses, suffit pour remplir toute la capacité de leur esprit : parce que les moindres objets produisant de grands mouvements dans les fibres délicates de leur cerveau, elles excitent par une suite nécessaire dans leur âme, des sentiments assez vifs et assez grands pour l'occuper tout entière.

S'il est certain que cette délicatesse des fibres du cerveau est la principale cause de tous ces effets, il n'est pas de même certain qu'elle se rencontre généralement dans toutes les femmes. Ou si elle s'y rencontre, leurs esprits animaux ont quelquefois une telle proportion avec les fibres du cerveau, qu'il se trouve des femmes qui ont plus de solidité d'esprit que quelques hommes. C'est dans une certain tempérament de la grosseur, et de l'agitation des esprits animaux avec les fibres du cerveau, que consiste la force de l'esprit, et les femmes ont quelquefois ce juste tempérament. Il y a des femmes fortes et constantes, et il y a des hommes faibles et inconstants. Il y a des femmes savantes, des femmes courageuses, des femmes capables de tout ; et il se trouve au contraire des hommes mous et efféminés, incapables de rien pénétrer et de rien exécuter. Enfin quand nous attribuons quelques défauts à un sexe, à certains âges, à certaines conditions, nous ne l'entendons que pour l'ordinaire, en supposant toujours, qu'il n'y a point de règle générale sans exception.

Car il ne faut pas s'imaginer, que tous les hommes, ou toutes les femmes de même âge, ou de même pays, ou de même famille, aient le cerveau de même constitution. Il est plus à propos de croire, que comme on ne peut trouver deux visages qui se ressemblent entièrement, on ne peut trouver deux imaginations tout à fait semblables ; et que tous les hommes, les femmes, et les enfants ne diffèrent entre eux que du plus et du moins dans la délicatesse des fibres de leur cerveau. Car de même qu'il ne faut pas supposer trop vite une *identité* essentielle entre des choses entre lesquelles on ne voit point de différence, il ne faut pas mettre aussi des différences essentielles, où on ne trouve pas de parfaite *identité*[1]. Car ce sont là des défauts où l'on tombe ordinairement.

Ce qu'on peut donc dire des fibres du cerveau, c'est que d'ordinaire elles sont très molles, et très délicates dans les enfants ; qu'avec l'âge elles se durcissent, et se fortifient ; que cependant la plupart des femmes, et quelques hommes les ont toute leur vie extrêmement délicates. On ne saurait rien déterminer davantage. Mais c'est assez parler des femmes et des enfants : ils ne se mêlent pas de rechercher la vérité et d'en instruire les autres : ainsi leurs erreurs ne portent pas beaucoup de préjudice, car on ne les croit guère dans les choses qu'ils avancent[2]. Parlons des hommes faits, de ceux dont l'esprit est dans sa force et dans sa vigueur, et que l'on pourrait croire capables de trouver la vérité, et de l'enseigner aux autres.

## II. DE L'IMAGINATION DES HOMMES DANS LA PERFECTION DE LEUR ÂGE

Le temps ordinaire de la plus grande perfection de l'esprit est depuis trente jusqu'à cinquante ans. Les fibres du cerveau en cet âge ont acquis pour l'ordinaire une consistance médiocre. Les plaisirs et les douleurs des sens ne font plus sur nous tant d'impression. De sorte qu'on n'a plus à se défendre, que des passions violentes qui arrivent rarement, et desquelles on peut se mettre à couvert, si on en évite avec soin toutes les occasions. Ainsi l'âme n'étant plus divertie par les choses sensibles, elle peut contempler facilement la vérité.

Un homme dans cet état, et qui ne serait point rempli

1. Principe de différenciation individuelle déjà notée par Montaigne (*Essais*, liv. II, ch. XXXVII) et développé plus tard par Leibniz (il n'y a pas d'« indiscernables »).

2. Sur « l'infériorité des femmes », voir Cureau de la Chambre, *L'Art de connaître les hommes* ; Poulain de La Barre, *De l'égalité des deux sexes* et, de Molière, *Les Femmes savantes*, de Marguerite Buffet, les *Éloges des illustres savantes*.

des préjugés de l'enfance ; qui dès sa jeunesse aurait acquis de la facilité pour la méditation ; qui ne voudrait s'arrêter qu'aux notions claires et distinctes de l'esprit ; qui rejetterait soigneusement toutes les idées confuses des sens, et qui aurait le temps et la volonté de méditer, ne tomberait sans doute que difficilement dans l'erreur. Mais ce n'est pas de cet homme dont il faut parler : c'est des hommes du commun, qui n'ont pour l'ordinaire rien de celui-ci.

Je dis donc, que la solidité et la consistance qui se rencontre avec l'âge dans les fibres du cerveau des hommes, fait la solidité et la consistance de leurs erreurs, s'il est permis de parler ainsi. C'est le sceau, qui scelle leurs préjugés, et toutes leurs fausses opinions, et qui les met à couvert de la force de la raison. Enfin autant que cette constitution des fibres du cerveau est avantageuse aux personnes bien élevées, autant est-elle désavantageuse à la plus grande partie des hommes, puisqu'elle confirme les uns et les autres dans les pensées où ils sont.

Mais les hommes ne sont pas seulement confirmés dans leurs erreurs, quand ils sont venus à l'âge de quarante ou de cinquante ans. Ils sont encore plus sujets à tomber dans de nouvelles : parce que se croyant alors capables de juger de tout, comme en effet ils le devraient être, ils décident avec présomption, et ne consultent que leurs préjugés ; car les hommes ne raisonnent des choses, que par rapport aux idées qui leur sont les plus familières. Quand un chimiste veut raisonner de quelque corps naturel, ses trois principes lui viennent d'abord en l'esprit. Un péripatéticien pense d'abord aux quatre éléments, et aux quatre premières qualités[1] ; et un autre philosophe rapporte tout à d'autres principes. Ainsi il ne peut entrer dans l'esprit d'un homme rien qui ne soit incontinent infecté des erreurs, auxquelles il est sujet, et qui n'en augmente le nombre.

Cette consistance des fibres du cerveau a encore un très mauvais effet, principalement dans les personnes plus âgées, qui est de les rendre incapables de méditation. Ils ne peuvent apporter d'attention à la plupart des choses qu'ils veulent savoir, et ainsi ils ne peuvent pénétrer les vérités

1. La théorie des quatre éléments est solidaire de celle des humeurs (voir Aristote, *De la génération et de la corruption*, liv. II, ch. II-III).

un peu cachées. Ils ne peuvent goûter les sentiments les plus raisonnables, lorsqu'ils sont appuyés sur des principes qui leur paraissent nouveaux, quoiqu'ils soient d'ailleurs fort intelligents dans les choses dont l'âge leur a donné beaucoup d'expérience. Mais tout ce que je dis ici, ne s'entend que de ceux qui ont passé leur jeunesse, sans faire usage de leur esprit, et sans s'appliquer.

Pour éclaircir ces choses, il faut savoir que nous ne pouvons apprendre quoi que ce soit, si nous n'y apportons de l'attention ; et que nous ne saurions guère être attentifs à quelque chose, si nous ne l'imaginons, et nous ne la représentons vivement dans notre cerveau. Or afin que nous puissions imaginer quelques objets, il est nécessaire que nous fassions plier quelque partie de notre cerveau, ou que nous lui imprimions quelque autre mouvement pour pouvoir former les traces, auxquelles sont attachées les idées, qui nous représentent ces objets. De sorte que si les fibres du cerveau se sont un peu durcies, elles ne seront capables que de l'inclination et des mouvements qu'elles auront eus autrefois. Et ainsi l'âme ne pourra imaginer, ni par conséquent être attentive à ce qu'elle voulait, mais seulement aux choses qui lui sont familières.

De là il faut conclure, qu'il est très avantageux de s'exercer à méditer sur toutes sortes de sujets, afin d'acquérir une certaine facilité de penser à ce qu'on veut. Car de même que nous acquérons une grande facilité de remuer les doigts de nos mains en toutes manières, et avec une très grande vitesse par le fréquent usage que nous en faisons en jouant des instruments, ainsi les parties de notre cerveau, dont le mouvement est nécessaire pour imaginer ce que nous voulons, acquièrent par l'usage une certaine facilité à se plier, qui fait que l'on imagine les choses que l'on veut avec beaucoup de facilité, de promptitude, et même de netteté.

Or le meilleur moyen d'acquérir cette habitude qui fait la principale différence d'un homme d'esprit d'avec un autre, c'est de s'accoutumer dès sa jeunesse à chercher la vérité des choses même fort difficiles, parce qu'en cet âge les fibres du cerveau sont capables de toutes sortes d'inflexions.

Je ne prétends pas néanmoins que cette facilité se puisse acquérir par ceux qu'on appelle gens d'étude, qui ne s'appliquent qu'à lire sans méditer, et sans rechercher par eux-mêmes la résolution des questions avant que de la lire dans les auteurs [1]. Il est assez visible que par cette voie l'on n'acquiert que la facilité de se souvenir des choses qu'on a lues. On remarque tous les jours que ceux qui ont beaucoup de lecture, ne peuvent apporter d'attention aux choses nouvelles dont on leur parle : et que la vanité de leur érudition les portant à en vouloir juger avant que de les concevoir, les fait tomber dans des erreurs grossières, dont les autres hommes ne sont pas capables.

Mais quoique le défaut d'attention soit la principale cause de leurs erreurs, il y en a encore une qui leur est particulière. C'est que trouvant toujours dans leur mémoire une infinité d'espèces confuses, ils en prennent d'abord quelqu'une qu'ils considèrent comme celle dont il est question ; et parce que les choses qu'on dit ne lui conviennent point, ils jugent ridiculement qu'on se trompe. Quand on veut leur représenter qu'ils se trompent eux-mêmes, et qu'ils ne savent pas seulement l'état de la question, ils s'irritent, et ne pouvant concevoir ce qu'on leur dit, ils continuent de s'attacher à cette fausse espèce que leur mémoire leur a présentée. Si on leur en montre trop manifestement la fausseté, ils en substituent une seconde et une troisième, qu'ils défendent quelquefois contre toute apparence de vérité, et même contre leur propre conscience ; parce qu'ils n'ont guère de respect ni d'amour pour la vérité, et qu'ils ont beaucoup de confusion et de honte à reconnaître, qu'il y a des choses qu'on sait mieux qu'eux.

### III. DE L'IMAGINATION DES VIEILLARDS

Tout ce qu'on a dit des personnes de quarante et de cinquante ans, se doit encore entendre avec plus de raison des vieillards ; parce que les fibres de leur cerveau sont encore plus inflexibles, et que manquant d'esprits ani-

1. Voir Descartes, *Regulae*, 10.

maux pour y tracer de nouveaux vestiges, leur imagination est toute languissante. Et comme d'ordinaire les fibres de leur cerveau sont mêlées avec beaucoup d'humeurs superflues, ils perdent peu à peu la mémoire des choses passées, et tombent dans les faiblesses ordinaires aux enfants. Ainsi dans l'âge décrépit, ils ont les défauts qui dépendent de la constitution des fibres du cerveau, lesquels se rencontrent dans les enfants et dans les hommes faits : quoique l'on puisse dire qu'ils sont plus sages que les uns et les autres, à cause qu'ils ne sont plus si sujets à leurs passions, qui viennent de l'émotion des esprits animaux.

On n'expliquera pas ces choses davantage, parce qu'il est facile de juger de cet âge par les autres dont on a parlé auparavant, et de conclure que les vieillards ont encore plus de difficulté que tous les autres à concevoir ce qu'on leur dit ; qu'ils sont plus attachés à leurs préjugés et à leurs anciennes opinions ; et par conséquent, qu'ils sont encore plus confirmés dans leurs erreurs et dans leurs mauvaises habitudes, et autres choses semblables. On avertit seulement, que l'état du vieillard n'arrive pas précisément à soixante, ou à soixante et dix ans ; que tous les vieillards ne radotent pas ; que tous ceux qui ont passé soixante ans ne sont pas toujours délivrés des passions des jeunes gens : et qu'il ne faut pas tirer des conséquences trop générales des principes que l'on a établis.

## CHAPITRE II

*Que les esprits animaux vont d'ordinaire dans les traces des idées qui nous sont les plus familières, ce qui fait qu'on ne juge point sainement des choses.*

Je crois avoir suffisamment expliqué dans les chapitres précédents les divers changements qui se rencontrent dans les esprits animaux, et dans la constitution des fibres du cerveau, selon les différents âges. Ainsi pourvu qu'on médite un peu de ce que j'en ai dit, on aura bientôt une connaissance assez distincte de l'imagination, et des causes physiques les plus ordinaires des différences que l'on remarque entre les esprits ; puisque tous les changements qui arrivent à l'imagination et à l'esprit ne sont que des suites de ceux qui se rencontrent dans les esprits animaux, et dans les fibres dont le cerveau est composé.

Mais il y a plusieurs causes particulières, et qu'on pourrait appeler morales, des changements qui arrivent à l'imagination des hommes ; savoir leurs différentes conditions, leurs différents emplois, en un mot leurs différentes manières de vivre, à la considération desquelles il faut s'attacher : parce que ces sortes de changements sont cause d'un nombre presque infini d'erreurs, chaque personne jugeant des choses par rapport à sa condition. On ne croit pas devoir s'arrêter à expliquer les effets de quelques causes moins ordinaires, comme des grandes maladies, des malheurs surprenants, et des autres accidents inopinés, qui font des impressions très violentes dans le cerveau, et même qui le bouleversent entièrement, parce que ces choses arrivent rarement ; et que les erreurs où tombent ces sortes de personnes sont si grossières, qu'elles ne sont point contagieuses, puisque tout le monde les reconnaît sans peine.

Afin de comprendre parfaitement tous les changements, que les différentes conditions produisent dans l'imagination, il est absolument nécessaire de se souvenir que nous n'imaginons les objets qu'en nous en formant des images ; et que ces images ne sont autres choses que les traces que les esprits animaux font dans le cerveau : que nous imaginons les choses d'autant plus fortement, que ces traces sont plus profondes et mieux gravées, et que les esprits animaux y ont passé plus souvent et avec plus de violence : et que lorsque les esprits y ont passé plusieurs fois, ils y entrent avec plus de facilité, que dans d'autres endroits tout proches, par lesquels ils n'ont jamais passé, ou par lesquels ils n'ont point passé si souvent. Ceci est la cause la plus ordinaire de la confusion et de la fausseté de nos idées. Car les esprits animaux qui ont été dirigés par l'action des objets extérieurs, ou même par les ordres de l'âme, pour produire dans le cerveau de certaines traces, en produisent souvent d'autres, qui à la vérité leur ressemblent en quelque chose, mais qui ne sont point tout à fait les traces de ces mêmes objets, ni celles que désirait l'âme de se représenter : parce que les esprits animaux trouvant quelque résistance dans les endroits du cerveau par où il fallait passer, ils se détournent facilement pour entrer en foule dans les traces profondes des idées, qui nous sont plus familières. Voici des exemples fort grossiers, et très sensibles de tout ceci.

Lorsque ceux qui ont la vue un peu courte, regardent la lune, ils y voient ordinairement deux yeux, un nez, une bouche ; en un mot, il leur semble qu'ils y voient un visage[1]. Cependant il n'y a rien dans la lune de ce qu'ils pensent y voir. Plusieurs personnes y voient tout autre chose. Et ceux qui croient que la lune est telle qu'elle leur paraît, se détromperont facilement s'ils la regardent avec des lunettes d'approche si petites qu'elles soient ; ou s'ils consultent les descriptions qu'Hevelius, Riccioli[2], et

1. Il existe un traité de Plutarque intitulé « De la face qui apparaît dans le rond de la lune » (traité LXXI).

2. Hevelius, *Selenographia, sive Lunae descriptio*, 1647 ; Riccioli, *Almagestum novum astronomiam veterem novamque complectens*, 1651.

d'autres en ont données au public. Or la raison pour laquelle on voit ordinairement un visage dans la lune, et non pas les taches irrégulières qui y sont, c'est que les traces du visage qui sont dans notre cerveau sont très profondes, à cause que nous regardons souvent des visages et avec beaucoup d'attention. De sorte que les esprits animaux trouvant de la résistance dans les autres endroits du cerveau, ils se détournent facilement de la direction, que la lumière de la lune leur imprime quand on la regarde, pour entrer dans ces traces auxquelles les idées de visage sont attachées par la nature. Outre que la grandeur apparente de la lune n'étant pas fort différente de celle d'une tête ordinaire dans une certaine distance, elle forme par son impression des traces, qui ont beaucoup de liaison avec celles qui représentent un nez, une bouche, et des yeux, et ainsi elle détermine les esprits à prendre leur cours dans les traces d'un visage. Il y en a qui voient dans la lune un homme à cheval, ou quelque autre chose qu'un visage ; parce que leur imagination ayant été vivement frappée de certains objets, les traces de ces objets se rouvrent par la moindre chose qui y a rapport.

C'est aussi pour cette même raison, que nous nous imaginons voir des chariots, des hommes, des lions, ou d'autres animaux dans les nues, quand il y a quelque peu de rapport entre leurs figures, et ces animaux ; et que tout le monde, et principalement ceux qui ont coutume de dessiner, voient quelquefois des têtes d'hommes sur des murailles, où il y a plusieurs taches irrégulières[1].

C'est encore pour cette raison, que les esprits de vin entrant sans direction de la volonté dans les traces les plus familières, font découvrir les secrets de la plus grande importance : et que quand on dort on songe ordinairement aux objets que l'on a vus pendant le jour, qui ont formé de plus grandes traces dans le cerveau ; parce que l'âme se représente toujours les choses dont elle a des traces plus grandes et plus profondes. Voici d'autres exemples plus composés.

Une maladie est nouvelle : elle fait des ravages qui surprennent le monde. Cela imprime des traces si pro-

1. Voir l'introduction de la présente édition, pp. 18-19 et note 1, p.19.

fondes dans le cerveau, que cette maladie est toujours présente à l'esprit. Si cette maladie est appelée par exemple le scorbut, toutes les maladies seront le scorbut. Le scorbut est nouveau, toutes les maladies nouvelles seront le scorbut. Le scorbut est accompagné d'une douzaine de symptômes, dont il y en aura beaucoup de communs à d'autres maladies : cela n'importe. S'il arrive qu'un malade ait quelqu'un de ces symptômes, il sera malade du scorbut ; et on ne pensera pas seulement aux autres maladies, qui ont les mêmes symptômes. On s'attendra, que tous les accidents qui sont arrivés à ceux qu'on a vus malades du scorbut, lui arriveront aussi. On lui donnera les mêmes médecines ; et on sera surpris de ce qu'elles n'ont pas le même effet, qu'on a vu dans les autres.

Un auteur s'applique à un genre d'étude, les traces du sujet de son occupation s'impriment si profondément, et rayonnent si vivement dans tout son cerveau, qu'elles confondent et qu'elles effacent quelquefois les traces des choses même fort différentes. Il y en a eu un, par exemple, qui a fait plusieurs volumes sur la Croix : cela lui a fait voir des croix partout ; et c'est avec raison que le Père Morin le raille de ce qu'il croyait, qu'une médaille représentait une croix, quoiqu'elle représentât tout autre chose. C'est par un semblable tour d'imagination, que Gilbert, et plusieurs autres, après avoir étudié l'aimant, et admiré ses propriétés, ont voulu rapporter à des qualités *magnétiques*[1], un très grand nombre d'effets naturels, qui n'y ont pas le moindre rapport.

Les exemples qu'on vient d'apporter, suffisent pour prouver que cette grande facilité, qu'a l'imagination à se représenter les objets qui lui sont familiers, et la difficulté qu'elle éprouve à imaginer ceux qui lui sont nouveaux, fait que les hommes se forment presque toujours des idées, qu'on peut appeler mixtes et impures ; et que l'esprit ne juge des choses que par rapport à soi-même et à ses premières pensées. Ainsi les différentes passions des hommes, leurs inclinations, leurs conditions, leurs emplois, leurs qualités, leurs études, enfin toutes les

1. Gilbert, *De magnete*, 1600. Malebranche connaissait une œuvre inédite du père Jean Morin dont on ne possède pas la référence.

différentes manières de vivre, mettant de fort grandes différences dans leurs idées, cela les fait tomber dans un nombre infini d'erreurs, que nous expliquerons dans la suite. Et c'est ce qui a fait dire au chancelier Bacon ces paroles fort judicieuses : *Omnes perceptiones tam sensus quam mentis sunt ex analogia hominis, non ex analogia universi : estque intellectus humanus instar speculi inaequalis ad radios rerum qui suam naturam naturae rerum immiscet, eamque distorquet, et inficit*[1].

1. *Novum organum sive judicia vera de interpretatione naturae*, I, 41 (« Toutes les perceptions, celles des sens comme celles de l'esprit, sont en analogie avec l'homme et non avec l'univers ; et, tel un miroir inégal devant les choses, l'intellect humain mêle sa nature à la nature des choses qu'il déforme et qu'il imprègne de sa propre couleur »).

## CHAPITRE III

I. *Que les personnes d'étude sont les plus sujettes à l'erreur.* II. *Raisons pour lesquelles on aime mieux suivre l'autorité que de faire usage de son esprit.*

Les différences qui se trouvent dans les manières de vivre des hommes, sont presque infinies. Il y a un très grand nombre de différentes conditions, de différents emplois, de différentes charges, de différentes communautés. Ces différences font que presque tous les hommes agissent pour des desseins tous différents, et qu'ils raisonnent sur de différents principes. Il serait même assez difficile de trouver plusieurs personnes, qui eussent entièrement les mêmes vues dans une même communauté, dans laquelle les particuliers ne doivent avoir qu'un même esprit, et que les mêmes desseins. Leurs différents emplois et leurs différentes liaisons mettent nécessairement quelque différence dans le tour et la manière qu'ils veulent prendre, pour exécuter les choses même dont ils conviennent. Cela fait bien voir que ce serait entreprendre l'impossible, que de vouloir expliquer en détail les causes morales de l'erreur ; mais aussi il serait assez inutile de le faire ici. On veut seulement parler des manières de vivre, qui portent à un plus grand nombre d'erreurs, et à des erreurs de plus grande importance. Quand on les aura expliquées, on aura donné assez d'ouverture à l'esprit pour aller plus loin ; et chacun pourra voir tout d'une vue, et avec grande facilité les causes très cachées de plusieurs erreurs particulières, qu'on ne pourrait expliquer qu'avec beaucoup de temps et de peine. Quand l'esprit voit clair, il se plaît à courir à la vérité ; et il y court d'une vitesse qui ne se peut exprimer.

## I. QUE LES PERSONNES D'ÉTUDE SONT LES PLUS SUJETTES À L'ERREUR

L'emploi duquel il semble le plus nécessaire de parler ici à cause qu'il produit dans l'imagination des hommes, des changements plus considérables, et qui conduisent davantage à l'erreur, c'est l'emploi des personnes d'étude, qui font plus d'usage de leur mémoire que de leur esprit. Car l'expérience a toujours fait connaître, que ceux qui se sont appliqués avec plus d'ardeur à la lecture des livres, et à la recherche de la vérité, sont ceux-là mêmes qui nous ont jetés dans un plus grand nombre d'erreurs.

Il en est de même de ceux qui étudient, que de ceux qui voyagent. Quand un voyageur a pris par malheur un chemin pour un autre, plus il avance, plus il s'éloigne du lieu où il veut aller. Il s'égare d'autant plus, qu'il est plus diligent, et qu'il se hâte davantage d'arriver au lieu qu'il souhaite. Ainsi ces désirs ardents, qu'ont les hommes pour la vérité, font qu'ils se jettent dans la lecture des livres où ils croient la trouver : ou bien ils se forment un système chimérique des choses qu'ils souhaitent de savoir, duquel ils s'entêtent ; et qu'ils tâchent même par de vains efforts d'esprit de faire goûter aux autres, afin de recevoir l'honneur qu'on rend d'ordinaire aux inventeurs des systèmes. Expliquons ces deux défauts.

Il est assez difficile de comprendre, comment il se peut faire que des gens qui ont de l'esprit, aiment mieux se servir de l'esprit des autres dans la recherche de la vérité, que de celui que Dieu leur a donné. Il y a sans doute infiniment plus de plaisir et plus d'honneur à se conduire par ses propres yeux, que par ceux des autres ; et un homme qui a de bons yeux ne s'avisa jamais de se les fermer, ou de se les arracher, dans l'espérance d'avoir un conducteur. *Sapientis* oculi in capite ejus, stultus in tenebris ambulat*[2]. Pourquoi le fou marche-t-il dans les ténèbres ?

* Eccl., II, 14.

2. « Les yeux du sage sont dans sa tête ; l'insensé marche dans les ténèbres. »

C'est qu'il ne voit que par les yeux d'autrui, et que ne voir que de cette manière, à proprement parler, c'est ne rien voir. L'usage de l'esprit est à l'usage des yeux, ce que l'esprit est aux yeux ; et de même que l'esprit est infiniment au-dessus des yeux, l'usage de l'esprit est accompagné de satisfactions bien plus solides, et qui le contentent bien autrement, que la lumière et les couleurs ne contentent la vue. Les hommes toutefois se servent toujours de leurs yeux pour se conduire, et ils ne se servent presque jamais de leur esprit pour découvrir la vérité.

### II. RAISONS POUR LESQUELLES ON AIME MIEUX SUIVRE L'AUTORITÉ, QUE DE FAIRE USAGE DE SON ESPRIT

Mais il y a plusieurs causes qui contribuent à ce renversement d'esprit. Premièrement, la paresse naturelle des hommes, qui ne veulent pas se donner la peine de méditer.

Secondement, l'incapacité de méditer, dans laquelle on est tombé, pour ne s'être pas appliqué dès la jeunesse, lorsque les fibres du cerveau étaient capables de toutes sortes d'inflexions.

En troisième lieu, le peu d'amour qu'on a pour les vérités abstraites, qui font le fondement de tout ce que l'on peut connaître ici-bas.

En quatrième lieu, la satisfaction qu'on reçoit dans la connaissance des vraisemblances, qui sont fort agréables et fort touchantes, parce qu'elles sont appuyées sur les notions sensibles.

En cinquième lieu, la sotte vanité qui nous fait souhaiter d'être estimés savants ; car on appelle savants ceux qui ont le plus de lecture. La connaissance des opinions est bien plus d'usage pour la conversation, et pour étourdir les esprits du commun, que la connaissance de la véritable philosophie qu'on apprend en méditant.

En sixième lieu, parce qu'on s'imagine sans raison, que les Anciens ont été plus éclairés que nous ne pouvons l'être, et qu'il n'y a rien à faire où ils n'ont pas réussi.

En septième lieu, parce qu'un respect mêlé d'une sotte curiosité fait qu'on admire davantage les choses les plus éloignées de nous, les choses les plus vieilles, celles qui viennent de plus loin, ou de pays plus inconnus, et même les livres les plus obscurs. Ainsi on estimait autrefois Héraclite* pour son obscurité. On recherche les médailles anciennes quoique rongées de la rouille, et on garde avec grand soin la lanterne et la pantoufle de quelque ancien, quoique mangées de vers : leur antiquité fait leur prix. Des gens s'appliquent à la lecture des rabbins, parce qu'ils ont écrit dans une langue étrangère, très corrompue et très obscure. On estime davantage les opinions les plus vieilles, parce qu'elles sont les plus éloignées de nous. Et sans doute, si Nembrot avait écrit l'histoire de son règne, toute la politique la plus fine, et même toutes les autres sciences y seraient contenues, de même que quelques-uns trouvent qu'Homère et Virgile avaient une connaissance parfaite de la nature. Il faut respecter l'antiquité, dit-on ; quoi Aristote, Platon, Épicure, ces grands hommes se seraient trompés ? On ne considère pas qu'Aristote, Platon, Épicure étaient hommes comme nous et de même espèce que nous : et de plus, qu'au temps où nous sommes, le monde est plus âgé de deux mille ans, qu'il a plus d'expérience**, qu'il doit être plus éclairé ; et que c'est la vieillesse du monde, et l'expérience, qui font découvrir la vérité.

En huitième lieu, parce que lorsqu'on estime une opinion nouvelle, et un auteur du temps, il semble que leur gloire efface la nôtre, à cause qu'elle en est trop proche ; mais on ne craint rien de pareil de l'honneur qu'on rend aux anciens.

En neuvième lieu, parce que la vérité, et la nouveauté ne peuvent pas se trouver ensemble dans les choses de la foi. Car les hommes ne voulant pas faire de discernement entre les vérités qui dépendent de la raison, et celles qui dépendent de la tradition, ne considèrent pas qu'on doit les apprendre d'une manière toute différente. Ils confondent la nouveauté avec l'erreur, et l'antiquité avec la vérité. Luther, Calvin, et les autres ont innové, et ils ont erré : donc, Galilée, Harvey, Descartes, se trompent dans

* *Clarus ob obscuram linguam* (Lucrèce).

** *Veritas filia temporis, non auctoritatis*[1].

1. Bacon, *Novum organum*, II, 84 (« La vérité est fille du temps, non de l'autorité »).

ce qu'ils disent de nouveau. L'impanation[2] de Luther estnouvelle et elle est fausse : donc la circulation d'Harvey est fausse, puisqu'elle est nouvelle. C'est pour cela aussi qu'ils appellent indifféremment du nom odieux de novateur, les hérétiques, et les nouveaux philosophes. Les idées et les mots de *vérité* et d'*antiquité*, de *fausseté* et de *nouveauté* ont été liés les uns avec les autres : c'en est fait, le commun des hommes ne les sépare plus, et les gens d'esprit sentent même quelque peine à les bien séparer.

En dixième lieu, parce qu'on est dans un temps, auquel la science des opinions anciennes est encore en vogue ; et qu'il n'y a que ceux qui font usage de leur esprit, qui puissent par la force de leur raison se mettre au-dessus des méchantes coutumes. Quand on est dans la presse et dans la foule, il est difficile de ne pas céder au torrent qui nous emporte.

En dernier lieu, parce que les hommes n'agissent que par intérêt : et c'est ce qui fait que ceux mêmes qui se détrompent, et qui reconnaissent la vanité de ces sortes d'études, ne laissent pas de s'y appliquer ; parce que les honneurs, les dignités, et même les bénéfices y sont attachés, et que ceux qui y excellent, les ont toujours plutôt que ceux qui les ignorent.

Toutes ces raisons font ce me semble assez comprendre, pourquoi les hommes suivent aveuglément les opinions anciennes comme vraies, et pourquoi ils rejettent sans discernement toutes les nouvelles comme fausses ; enfin pourquoi ils ne font point, ou presque point d'usage de leur esprit. Il y a sans doute encore un fort grand nombre d'autres raisons plus particulières qui contribuent à cela : mais si l'on considère avec attention celles que nous avons rapportées, on n'aura pas sujet d'être surpris de voir l'entêtement de certaines gens pour l'autorité des anciens.

2. Nom que certains théologiens catholiques donnent à la doctrine de Luther qui « joignait, à la croyance de la présence réelle et substancielle du corps et du sang de Jésus-Christ dans l'Eucharisties, l'affirmation de la permanence du pain et du vin... » (*Dictionnaire de théologie catholique*, t. VII, 2, art. « Impanation », col. 1265.

## CHAPITRE IV

*Deux mauvais effets de la lecture sur l'imagination.*

Ce faux et lâche respect, que les hommes portent aux anciens*, produit un très grand nombre d'effets très pernicieux qu'il est à propos de remarquer.

Le premier est, que les accoutumant à ne pas faire usage de leur esprit, il les met peu à peu dans une véritable impuissance d'en faire usage. Car il ne faut pas s'imaginer, que ceux qui vieillissent sur les livres d'Aristote et de Platon, fassent beaucoup d'usage de leur esprit. Ils n'emploient ordinairement tant de temps à la lecture de ces livres, que pour tâcher d'entrer dans les sentiments de leurs auteurs ; et leur but principal est de savoir au vrai les opinions qu'ils ont tenues, sans se mettre beaucoup en peine de ce qu'il en faut tenir, comme on le prouvera dans le chapitre suivant. Ainsi la science et la philosophie qu'ils apprennent, est proprement une science de mémoire, et non pas une science d'esprit. Ils ne savent que des histoires et des faits, et non pas des vérités évidentes ; et ce sont plutôt des historiens, que des véritables philosophes[1], des hommes qui ne pensent point, mais qui peuvent raconter les pensées des autres.

Le second effet que produit dans l'imagination la lecture des anciens, c'est qu'elle met une étrange confusion dans toutes les idées de la plupart de ceux qui s'y appliquent. Il y a deux différentes manières de lire les auteurs : l'une très bonne, et très utile, et l'autre fort inutile, et même dange-

* Voyez le premier article du chapitre précédent.

1. Voir Descartes, *Regulae*, 3.

reuse. Il est très utile de lire, quand on médite ce qu'on lit : quand on tâche de trouver par quelque effort d'esprit la résolution des questions, que l'on voit dans les titres des chapitres avant même que de commencer à les lire : quand on arrange, et quand on confère les idées des choses les unes avec les autres : en un mot, quand on use de sa raison. Au contraire, il est inutile de lire, quand on n'entend pas ce qu'on lit : mais il est dangereux de lire, et de concevoir ce qu'on lit, quand on ne l'examine pas assez pour en bien juger, principalement si l'on a assez de mémoire pour retenir ce qu'on a conçu, et assez d'imprudence pour y consentir. La première manière éclaire l'esprit : elle le fortifie, et elle en augmente l'étendue. La seconde en diminue l'étendue, et elle le rend peu à peu faible, obscur et confus.

Or la plupart de ceux qui font gloire de savoir les opinions des autres, n'étudient que de la seconde manière. Ainsi, plus ils ont de lecture, plus leur esprit devient faible et confus. La raison en est, que les traces de leur cerveau se confondent les unes les autres, parce qu'elles sont en très grand nombre, et que la raison ne les a pas rangées par ordre ; ce qui empêche l'esprit d'imaginer et de se représenter nettement les choses dont il a besoin. Quand l'esprit veut ouvrir certaines traces, d'autres plus familières se rencontrant à la traverse, il prend le change. Car la capacité du cerveau n'étant pas infinie, il est presque impossible que ce grand nombre de traces formées sans ordre ne se brouillent, et n'apportent de la confusion dans les idées. C'est pour cette même raison, que les personnes de grande mémoire ne sont pas ordinairement capables de bien juger des choses, où il faut apporter beaucoup d'attention.

Mais ce qu'il faut principalement remarquer, c'est que les connaissances qu'acquièrent ceux qui lisent sans méditer, et seulement pour retenir les opinions des autres, en un mot toutes les sciences qui dépendent de la mémoire, sont proprement de ces sciences qui* *enflent*, à cause qu'elles ont de l'éclat et qu'elles donnent beaucoup de vanité à ceux qui les possèdent. Ainsi ceux qui sont savants

* *Scientia inflat* (I Cor., VIII, I).

en cette manière, étant d'ordinaire remplis d'orgueil et de présomption, prétendent avoir droit de juger de tout, quoiqu'ils en soient très peu capables ; ce qui les fait tomber dans un très grand nombre d'erreurs.

Mais cette fausse science fait encore un plus grand mal. Car ces personnes ne tombent pas seules dans l'erreur, elles y entraînent avec elles presque tous les esprits du commun ; et un fort grand nombre de jeunes gens, qui croient comme des articles de foi toutes leurs décisions. Ces faux savants les ayant souvent accablés par le poids de leur profonde érudition, et étourdis tant par des opinions extraordinaires que par des noms d'auteurs anciens et inconnus, se sont acquis une autorité si puissante sur leurs esprits, qu'ils respectent, et qu'ils admirent comme des oracles tout ce qui sort de leur bouche, et qu'ils entrent aveuglément dans tous leurs sentiments. Des personnes même beaucoup plus spirituelles et plus judicieuses, qui ne les auraient jamais connus, et qui ne sauraient point d'autre part ce qu'ils sont, les voyant parler d'une manière si décisive, et d'un air si fier, si impérieux et si grave, auraient quelque peine à manquer de respect et d'estime pour ce qu'ils disent, parce qu'il est très difficile de ne rien donner à l'air et aux manières. Car de même qu'il arrive souvent, qu'un homme fier et hardi, en maltraite d'autres plus forts, mais plus judicieux et plus retenus que lui, ainsi ceux qui soutiennent des opinions qui ne sont ni vraies, ni même vraisemblables, font souvent perdre la parole à leurs adversaires, en leur parlant d'une manière impérieuse, fière, ou grave qui les surprend.

Or ceux de qui nous parlons ont assez d'estime d'eux-mêmes, et de mépris des autres, pour s'être fortifiés dans un certain air de fierté, mêlé de gravité et d'une feinte modestie, qui préoccupe et qui gagne ceux qui les écoutent.

Car il faut remarquer, que tous les différents airs des personnes de différentes conditions, ne sont que des suites naturelles de l'estime que chacun a de soi-même par rapport aux autres, comme il est facile de le reconnaître si l'on y fait un peu de réflexion. Ainsi l'air de fierté et de brutalité, est l'air d'un homme qui s'estime beaucoup, et qui néglige assez l'estime des autres. L'air modeste est l'air d'un homme qui s'estime peu, et qui estime assez les autres. L'air grave est l'air d'un homme qui s'estime beaucoup, et qui désire fort d'être estimé ; et l'air simple, celui d'un homme qui ne s'occupe guère de soi ni des autres. Ainsi tous les différents airs qui sont presque infinis ne sont que des effets que les différents degrés d'estime que l'on a de soi et de ceux avec qui l'on converse, produisent naturellement sur notre visage, et sur toutes les parties extérieures de notre corps. Nous avons déjà parlé dans le chapitre IV[1] de cette correspondance qui est entre les nerfs qui excitent les passions au-dedans de nous, et ceux qui les témoignent au-dehors par l'air qu'ils impriment sur le visage.

1. Voir Livre II, Ire partie, chapitre IV, § 3.

## CHAPITRE V

*Que les personnes d'étude s'entêtent ordinairement de quelque auteur, de sorte que leur but principal est de savoir ce qu'il a cru, sans se soucier de ce qu'il faut croire.*

Il y a encore un défaut de très grande conséquence, dans lequel les gens d'étude tombent ordinairement, c'est qu'ils s'entêtent de quelque auteur. S'il y a quelque chose de vrai, et de bon dans un livre, ils se jettent aussitôt dans l'excès : tout en est vrai, tout en est bon, tout en est admirable. Ils se plaisent même à admirer ce qu'ils n'entendent pas, et ils veulent que tout le monde l'admire avec eux. Ils tirent leur gloire des louanges qu'ils donnent à ces auteurs obscurs, parce qu'ils persuadent par là aux autres, qu'ils les entendent parfaitement, et cela leur est un sujet de vanité. Ils s'estiment au-dessus des autres hommes, à cause qu'ils croient entendre une impertinence d'un ancien auteur, ou d'un homme qui ne s'entendait peut-être pas lui-même. Combien de savants ont sué pour éclaircir des passages obscurs des philosophes et même de quelques poètes de l'antiquité : et combien y a-t-il encore de beaux esprits qui font leurs délices de la critique d'un mot, et du sentiment d'un auteur. Mais il est à propos d'apporter quelque preuve de ce que je dis.

La question de l'immortalité de l'âme est sans doute une question très importante. On ne peut trouver à redire, que des philosophes fassent tous leurs efforts pour la résoudre ; et quoiqu'ils composent de gros volumes pour prouver d'une manière assez faible une vérité qu'on peut démontrer en peu de mots, ou en peu de pages, cependant ils sont excusables. Mais ils sont bien plaisants de se mettre fort en peine pour décider ce qu'Aristote en a cru. Il est ce me semble assez inutile à ceux qui vivent présentement de savoir, s'il y a jamais eu un homme qui s'appelât Aristote ; si cet homme a écrit les livres qui portent son nom ; s'il entend une telle chose ou une autre dans un tel endroit de ses ouvrages : cela ne peut faire un homme ni plus sage ni plus heureux ; mais il est très important de savoir, si ce qu'il dit est vrai ou faux en soi.

Il est donc très inutile de savoir ce qu'Aristote a cru de l'immortalité de l'âme, quoiqu'il soit très utile de savoir que l'âme est immortelle. Cependant on ne craint point d'assurer, qu'il y a plusieurs savants qui se sont mis plus en peine de savoir le sentiment d'Aristote sur ce sujet, que la vérité de la chose en soi ; puisqu'il y en a qui ont fait des ouvrages exprès pour expliquer ce que ce philosophe a cru, et qu'ils n'en ont pas tant fait pour savoir ce qu'il en fallait croire.

Mais quoiqu'un très grand nombre de gens se soient fort fatigué l'esprit pour résoudre quel a été le sentiment d'Aristote, ils se le sont fatigué inutilement, puisqu'on n'est point encore d'accord sur cette question ridicule. Ce qui fait voir que les sectateurs d'Aristote sont bien malheureux d'avoir un homme si obscur pour les éclairer, et qui même affecte l'obscurité, comme il le témoigne dans une lettre qu'il a écrite à Alexandre[1].

Le sentiment d'Aristote sur l'immortalité de l'âme a donc été en divers temps une fort grande question, et fort considérable entre les personnes d'étude. Mais afin qu'on ne s'imagine pas que je le dise en l'air et sans fondement, je suis obligé de rapporter ici un passage de La Cerda, un peu long et un peu ennuyeux, dans lequel cet auteur a ramassé différentes autorités sur ce sujet ; comme sur une question bien importante. Voici ses paroles sur le second chapitre *De resurrectione carnis*, de Tertullien.

*Quaestio haec in scholis utrimque validis suspicionibus agitatur, num animam immortalem, mortalemve fecerit Aristoteles. Et quidem Philosophi haud ignobiles asseveraverunt Aristotelem posuisse nostros animos ab interitu alienos. Hi sunt*

1. Voir Gassendi, *Exercitationes adversus Aristotelem*, l. I, Ex. IV, §6.

*e Graecis et Latinis interpretibus Ammonius uterque, Olympiodorus, Philoponus, Simplicius, Avicenna, uti memorat Mirandula l. 4 de examine vanitatis cap. 9. Theodorus Metochytes, Themistius, S. Thomas 2. contra gentes cap. 79. et Phys. lect. 12. et praeterea 12. Metap. lect. 3 et quodlib. 10. qu. 5. art. 1. Albertus, tract. 2. de anima cap. 20. et tract. 3. cap. 13. Aegidius lib. 3. de anima ad cap. 4. Durandus in 2. dist. 18. qu. 3. Ferrarius loco citato contra gentes, et late Eugubinus l. 9. de perenni philosophia cap. 18. et quod pluris est, discipulus Aristotelis Theophrastus, magistri mentem et ore et calamo novisse penitus qui poterat.*

*In contrariam factionem abiere nonnulli Patres, nec infirmi Philosophi ; Justinius in sua Paroene si, Origenes in* φιλοσοφουμένω *et ut fertur Nazianz. in disp. contra Eunom. et Nyssenus p. 2. de anima cap. 4. Theodoretus de curandis Graecorum affectibus l. 3. Galenus in historia philosophica, Pomponatius l. de immortalitate animae, Simon Portius l. de mente humana, Caietanus 3. de anima cap. 2. In eum sensum, ut caducum animum nostrum putaret Aristoteles, sunt partim adducti ab Alexandro Aphrodis. auditore, qui sic solitus erat interpretari Aristotelicam mentem ; quamvis Eugubinus cap. 21. et 22. eum excuset. Et quidem unde collegisse videtur Alexander mortalitatem, nempe ex 12. Metaph. inde S. Thomas, Theodorus Metochytes immortalitatem collegerunt.*

*Porro Tertullianum neutram hanc opinionem amplexum credo ; sed putasse in hac parte ambiguum Aristotelem ; itaque ita citat illum pro utraque. Nam cum hic adscribat Aristoteli mortalitatem animae, tamen l. de anima c. 6. pro contraria opinione immortalitatis citat. Eadem mente fuit Plutarchus, pro utraque opinione advocans eundem philosophum in l. 5. de placitis philosop. Nam cap. 1. mortalitatem tribuit, et cap. 25. immortalitatem. Ex Scolasticis etiam, qui in neutram partem Aristotelem constantem judicant, sed dubium et ancipitem, sunt Scotus in 4 dist. 43. qu. 2. art. 2. Harveus quodlib. qu. II et I. senten. dist. I. qu. I. Niphus in opusculo de immortalitate animae cap. I. et recentes alii interpretes : quam mediam existimationem credo veriorem, sed scholii lex vetat, ut autoritatum pondere librato illud suadeam*[1].

On donne toutes ces citations pour vraies sur la foi de ce commentateur, parce qu'on croirait perdre son temps à les vérifier, et qu'on n'a pas tous ces beaux livres d'où elles sont tirées. On n'en ajoute point aussi de nouvelles, parce qu'on ne lui envie point la gloire de les avoir bien recueillies ; et que l'on perdrait encore bien plus de temps, si on le voulait faire, quand on ne feuilletterait pour cela que les tables de ceux qui ont commenté Aristote.

1. « Cette question est débattue dans les écoles, avec de fortes hypothèses de part et d'autre : Aristote a-t-il fait l'âme immortelle ou non ? Certes, des philosophes, et non des moindres, ont affirmé que selon Aristote nos âmes sont étrangères à la mort. Ainsi, parmi les interprètes grecs et latins, les deux Ammonius, Olympiodore, Philopon, Simplicius, Avicenne, comme le rapporte La Mirandole (*Discussion sur la vanité*, liv. IV, chap. IX), Théodore Métochyta, Thémistius, saint Thomas (*Somme contre les Gentils*, liv. II, chap. LXXIX ; *Commentaires sur la physique*, lecture 12 ; et encore *sur la métaphysique*, lect. 3 ; et *Questions quodlibétiques*, liv. X, quest. 5, art. 1), Albert (*De l'âme*, traité 2, chap. XX et traité 3, chap. XIII), Égide (*De l'âme*, liv. III, sur le chapitre IV), Durand (*Distinctions*, II, 18, quest. 3), [Sylvestre] de Ferrare (*Commentaire*, à l'endroit cité de la *Somme contre les Gentils*), et largement Eugubin (*De la philosophie éternelle*, liv. IX, chap. XVIII), et, ce qui est d'une grande importance, le disciple d'Aristote, Théophraste, qui pouvait connaître en profondeur l'esprit de son maître, de sa bouche et par ses écrits.

Dans le parti opposé figurent quelques Pères et des philosophes importants : Justin, dans son *Exhortation*, Origène, dans les *Propos philosophiques* et comme le rapporte Grégoire de Naziance dans sa discussion contre Eunome, et Grégoire de Nysse (*De l'âme*, II, chap. IV), Théodoret (*Des soins à donner aux maladies des Grecs*, liv. III), Galien (*Recueil philosophique*), Pomponace (*De l'immortalité de l'âme*), Simon Portius (*De l'esprit humain*), Cajetan (*De l'âme*, III, chap. II). La plupart de ces textes penchent vers l'idée qu'Aristote aurait jugé notre âme périssable, idée d'Alexandre d'Aphrodise qui avait coutume d'interpréter ainsi la pensée d'Aristote, même si Eugubin (chap. XXI et XXII) l'en disculpe. Il est vrai que cette hypothèse de la mortalité semble provenir, pour Alexandre, du même livre XII de la *Métaphysique* d'où saint Thomas et Théodore Métochyta ont conclu l'immortalité.

Toutefois, je ne pense pas que Tertullien ait adopté l'une ou l'autre opinion ; en revanche, il a jugé Aristote ambigu sur cette question. Ainsi le cite-t-il en faveur de l'une et de l'autre. En effet, alors qu'il attribue ici à Aristote la mortalité de l'âme, il le cite au contraire, au chapitre VI du livre *De l'âme*, pour l'opinion de l'immortalité. Plutarque alla dans le même sens en se réclamant du même philosophe pour les deux opinions (au livre V, sur les *Opinions des philosophes*). En effet, le chapitre I lui

On voit donc dans ce passage de La Cerda, que des personnes d'étude qui passent pour habiles, se sont bien donné de la peine pour savoir ce qu'Aristote croyait de l'immortalité de l'âme ; et qu'il y en a qui ont été capables de faire des livres exprès sur ce sujet ; comme Pomponace : car le principal but de cet auteur dans son livre est de montrer, qu'Aristote a cru que l'âme était mortelle. Et peut-être y a-t-il des gens qui ne se mettent pas seulement en peine de savoir ce qu'Aristote a cru sur ce sujet : mais regardent même, comme une question qu'il est très important de savoir, si par exemple, Tertullien, Plutarque, ou d'autres ont cru ou non, que le sentiment d'Aristote fût que l'âme était mortelle ; comme on a grand sujet de le croire de La Cerda même, si on fait réflexion sur la dernière partie du passage qu'on vient de citer. *Porro Tertullianum*, et le reste.

S'il n'est pas fort utile de savoir ce qu'Aristote a cru de l'immortalité de l'âme, ni ce que Tertullien et Plutarque ont pensé qu'Aristote en croyait, le fond de la question, l'immortalité de l'âme, est au moins une vérité qu'il est nécessaire de savoir. Mais il y a une infinité de choses qu'il est fort inutile de connaître, et desquelles par conséquent il est encore plus inutile de savoir ce que les anciens en ont pensé ; et cependant on se met fort en peine pour deviner les sentiments des philosophes sur de semblables sujets. On trouve des livres pleins de ces examens ridicules ; et ce sont des bagatelles qui ont excité tant de guerres d'érudition. Ces questions vaines et impertinentes, ces généalogies ridicules d'opinions inutiles, sont des sujets importants de critique aux savants. Ils croient avoir droit de mépriser ceux qui méprisent ces sottises, et de traiter

attribue la mortalité, et le chapitre XXV l'immortalité. Parmi les scolastiques, qui pensent qu'Aristote n'a pas vraiment pris ni l'un ni l'autre parti pour rester dans le doute et l'indécision, figurent Duns Scot (dans les *Distinctions*, IV, 43, quest. 2, art. 2), Hervé (*Questions quodlibétiques*, II, et *Sentences*, I, dist. I, quest. I), Niphus (dans l'opuscule sur *L'Immortalité de l'âme*, chap. I) et d'autres interprètes récents : c'est cette hypothèse intermédiaire que je crois la plus vraie, mais la loi de l'école s'y oppose pour conseiller de la mesurer au jugement des autorités. La Cerda, commentaire sur le chapitre II *De la résurrection de la chair*, édition des œuvres de Tertullien, *Opera*, Paris, 1624-1630, t. II, pp. 530-531.

d'ignorants ceux qui font gloire de les ignorer. Ils s'imaginent posséder parfaitement l'histoire généalogique des formes substantielles, et le siècle est ingrat s'il ne reconnaît leur mérite. Que ces choses font bien voir la faiblesse et la vanité de l'esprit de l'homme ; et que lorsque ce n'est point la raison qui règle les études, non seulement les études ne perfectionnent point la raison, mais même qu'elles l'obscurcissent, la corrompent, et la pervertissent entièrement.

Il est à propos de remarquer ici, que dans les questions de la foi ce n'est pas un défaut de chercher ce qu'en a cru par exemple saint Augustin, ou un autre Père de l'Église, ni même de rechercher si saint Augustin a cru ce que croyaient ceux qui l'ont précédé ; parce que les choses de la foi ne s'apprennent que par la tradition, et que la raison ne peut pas les découvrir. La croyance la plus ancienne étant la plus vraie, il faut tâcher de savoir quelle était celle des anciens ; et cela ne se peut qu'en examinant le sentiment de plusieurs personnes, qui se sont suivies en différents temps. Mais les choses qui dépendent de la raison leur sont toutes opposées, et il ne faut pas se mettre en peine de ce qu'en ont cru les anciens, pour savoir ce qu'il en faut croire. Cependant je ne sais par quel renversement d'esprit, certaines gens s'effarouchent, si l'on parle en philosophie autrement qu'Aristote ; et ne se mettent point en peine, si l'on parle en théologie autrement que l'Évangile, les Pères et les conciles. Il me semble, que ce sont d'ordinaire ceux qui crient le plus contre les nouveautés de philosophie qu'on doit estimer, qui favorisent et qui défendent même avec plus d'opiniâtreté certaines nouveautés de théologie qu'on doit détester. Car ce n'est point leur langage que l'on n'approuve pas : tout inconnu qu'il ait été à l'antiquité, l'usage l'autorise, ce sont les erreurs qu'ils répandent, ou qu'ils soutiennent à la faveur de ce langage équivoque et confus.

En matière de théologie on doit aimer l'antiquité, parce qu'on doit aimer la vérité, et que la vérité se trouve dans l'antiquité. Il faut que toute curiosité cesse, lorsqu'on tient une fois la vérité. Mais en matière de philosophie on doit au contraire aimer la nouveauté, par la même raison qu'il faut toujours aimer la vérité, qu'il faut la rechercher, et qu'il faut avoir sans cesse de la curiosité pour elle. Si l'on croyait qu'Aristote et Platon fussent infaillibles, il ne faudrait peut-être s'appliquer qu'à les entendre ; mais la raison ne permet pas qu'on le croie. La raison veut au contraire, que nous les jugions plus ignorants que les nouveaux philosophes, puisque dans le temps où nous vivons, le monde est plus vieux de deux mille ans, et qu'il a plus d'expérience que dans le temps d'Aristote et de Platon, comme l'on a déjà dit ; et que les nouveaux philosophes peuvent savoir toutes les vérités que les anciens nous ont laissées, et en trouver encore plusieurs autres. Toutefois la raison ne veut pas qu'on croie encore ces nouveaux philosophes sur leur parole plutôt que les anciens. Elle veut au contraire, qu'on examine avec attention leurs pensées, et qu'on ne s'y rende, que lorsqu'on ne pourra plus s'empêcher d'en douter, sans se préoccuper ridiculement de leur grande science, ni des autres qualités de leur esprit.

## CHAPITRE VI

*De la préoccupation des commentateurs.*

Cet excès de préoccupation paraît bien plus étrange dans ceux qui commentent quelque auteur ; parce que ceux qui entreprennent ce travail, qui semble de soi peu digne d'un homme d'esprit, s'imaginent que leurs auteurs méritent l'admiration de tous les hommes. Ils se regardent aussi comme ne faisant avec eux qu'une même personne : et dans cette vue l'amour-propre joue admirablement bien son jeu. Ils donnent adroitement des louanges avec profusion à leurs auteurs, ils les environnent de clartés et de lumière, il les comblent de gloire, sachant bien que cette gloire rejaillira sur eux-mêmes. Cette idée de grandeur n'élève pas seulement Aristote, ou Platon, dans l'esprit de beaucoup de gens, elle imprime aussi du respect pour tous ceux qui les ont commentés, et tel n'aurait pas fait l'apothéose de son auteur, s'il ne s'était imaginé comme enveloppé dans la même gloire.

Je ne prétends pas toutefois, que tous les commentateurs donnent des louanges à leurs auteurs dans l'espérance du retour : plusieurs en auraient quelque horreur s'ils y faisaient réflexion : ils les louent de bonne foi, et sans y entendre finesse, ils n'y pensent pas : mais l'amour-propre y pense pour eux, et sans qu'ils s'en aperçoivent. Les hommes ne sentent pas la chaleur qui est dans leur cœur, quoiqu'elle donne la vie et le mouvement à toutes les autres parties de leur corps ; il faut qu'ils se touchent et qu'ils se manient, pour s'en convaincre, parce que cette chaleur est naturelle. Il en est de même de la vanité, elle est si naturelle à l'homme qu'il ne la sent pas ; et quoique ce soit elle qui donne pour ainsi dire la vie et le mouvement à la plupart de ses pensées et de ses desseins, elle le fait souvent d'une manière qui lui est imperceptible. Il faut se tâter, se manier, se sonder, pour savoir qu'on est vain. On ne connaît point assez, que c'est la vanité, qui donne le branle à la plupart des actions ; et quoique l'amour-propre le sache, il ne le sait que pour le déguiser au reste de l'homme.

Un commentateur ayant donc quelque rapport et quelque liaison avec l'auteur qu'il commente, son amour-propre ne manque pas de lui découvrir de grands sujets de louange en cet auteur, afin d'en profiter lui-même. Et cela se fait d'une manière si adroite, si fine, et si délicate qu'on ne s'en aperçoit point. Mais ce n'est pas ici le lieu de découvrir les souplesses de l'amour-propre.

Les commentaires ne louent pas seulement leurs auteurs, parce qu'ils sont prévenus d'estime pour eux, et qu'ils se font honneur à eux-mêmes en les louant : mais encore, parce que c'est la coutume, et qu'il semble qu'il en faille ainsi user. Il se trouve des personnes qui n'ayant pas beaucoup d'estime pour certaines sciences ni pour certains auteurs, ne laissent pas de commenter ces auteurs, et de s'appliquer à ces sciences, parce que leur emploi, le hasard, ou même leur caprice les a engagés à ce travail ; et ceux-ci se croient obligés de louer d'une manière hyperbolique les sciences et les auteurs, sur lesquels ils travaillent, quand même ce serait des auteurs impertinents, et des sciences très basses et très inutiles.

En effet, il serait assez ridicule qu'un homme entreprît de commenter un auteur qu'il croirait être impertinent, et qu'il s'appliquât sérieusement à écrire d'une matière qu'il penserait être inutile. Il faut donc pour conserver sa réputation, louer son auteur, et le sujet de son livre, quand l'un et l'autre serait méprisable ; et que la faute qu'on a faite d'entreprendre un méchant ouvrage, soit réparée par une autre faute. C'est ce qui fait que des personnes doctes, qui commentent différents auteurs disent souvent des choses qui se contredisent.

C'est aussi pour cela que presque toutes les préfaces ne

sont point conformes à la vérité, ni au bon sens. Si l'on commente Aristote, c'est *le génie de la nature*. Si l'on écrit sur Platon, c'est *le divin Platon*. On ne commente guère les ouvrages des hommes tout court : ce sont toujours les ouvrages d'hommes tout divins, d'hommes qui ont été l'admiration de leur siècle, et qui ont reçu de Dieu des lumières toutes particulières. Il en est de même de la matière que l'on traite : c'est toujours la plus belle, la plus relevée, celle qu'il est nécessaire de savoir.

Mais afin qu'on ne me croie pas sur ma parole, voici la manière dont un commentateur fameux entre les savants, parle de l'auteur qu'il commente. C'est Averroès qui parle d'Aristote. Il dit dans sa préface sur la Physique de ce philosophe, qu'il a été l'inventeur de la logique, de la morale, et de la métaphysique, et qu'il les a mises dans leur perfection. *Complevit*, dit-il, *quia nullus eorum, qui secuti sunt eum usque ad hoc tempus, quod est mille et quingentorum annorum, quidquam addidit, nec invenies in ejus verbis errorem alicujus quantitatis, et talem esse virtutem in individuo uno miraculosum et extraneum existit, et haec dispositio cum in uno homine reperitur, dignus est esse divinus magis quam humanus*[1]. En d'autres endroits, il lui donne des louanges bien plus pompeuses et bien plus magnifiques, comme 1. *de generatione animalium. Laudemus Deum qui separavit hunc virum ab aliis in perfectione, appropriavitque ei ultimam dignitatem humanam, quam non omnis homo potest in quacumque aetate attingere*. Le même dit aussi *l*. 1. *destruc. disp*. 3. *Aristotelis doctrina est* SUMMA VERITAS, *quoniam ejus intellectus fuit finis humani intellectus : quare bene dicitur de illo, quod ipse fuit creatus, et datus nobis divina providentia, ut non ignoremus possibilia sciri*[2].

1. Averroès, *Commentaire sur la physique* (« Il les a portées à leur perfection, et nul de ses successeurs, depuis mille cinq cents ans, n'a rien ajouté. En ses paroles, on ne trouvera aucune erreur, aussi mince soit-elle, et c'est miraculeux et exceptionnel qu'un tel pouvoir réside en un seul individu. Quand on trouve cette disposition en un seul homme, celui-ci est digne d'être divin plutôt qu'humain »).

2. Averroès, commentaire *Sur la génération des animaux* (« Louons Dieu qui a distingué des autres cet homme par sa perfection et l'a doté de la plus haute dignité humaine, celle que nul homme ne peut atteindre à quelque époque que ce soit ») (cité par B. Pererius (Pereyra), *De communibus omnium rerum naturalium principiis et affectionibus*, 1576, liv. V, chap. I, « Des louanges d'Aristote ». Même source pour la citation

En vérité, ne faut-il pas être fou pour parler ainsi ; et ne faut-il pas que l'entêtement de cet auteur soit dégénéré en extravagance et en folie ? *La doctrine d'Aristote est la* SOUVERAINE VÉRITÉ. *Personne ne peut avoir de science qui égale, ni même qui approche de la sienne. C'est lui qui nous est donné de Dieu pour apprendre tout ce qui peut être connu. C'est lui qui rend tous les hommes sages, et ils sont d'autant plus savants qu'ils entrent mieux dans sa pensée*, comme il le dit en un autre endroit. *Aristoteles fuit Princeps, per quem perficiuntur omnes sapientes, qui fuerunt post eum : licet differant inter se in intelligendo verba ejus, et in eo quod sequitur ex eis*[1]. Cependant les ouvrages de ce commentateur se sont répandus dans toute l'Europe, et même en d'autres pays plus éloignés. Ils ont été traduits d'arabe en hébreu, d'hébreu en latin, et peut-être encore en bien d'autres langues, ce qui montre assez l'estime que les savants en ont fait. De sorte qu'on n'a pu donner d'exemple plus sensible que celui-ci, de la préoccupation des personnes d'étude. Car il fait assez voir que non seulement ils s'entêtent souvent de quelque auteur, mais aussi que leur entêtement se communique à d'autres, à proportion de l'estime qu'ils ont dans le monde ; et qu'ainsi les fausses louanges que les commentateurs lui donnent, sont souvent cause que des personnes peu éclairées, qui s'adonnent à la lecture, se préoccupent, et tombent dans une infinité d'erreurs. Voici un autre exemple.

Un illustre entre les savants, qui a fondé des chaires de géométrie, et d'astronomie dans l'Université d'Oxford, commence un livre, qu'il s'est avisé de faire sur les huit premières propositions d'Euclide, par ces paroles :* *Consilium meum, auditores, si vires et valetudo suffecerint, explicare definitiones, petitiones, communes sententias, et octo priores propositiones primi libri elementorum, caetera post me*

suivante : « La doctrine d'Aristote est la vérité suprême, puisque l'intellect de ce philosophe atteint la limite de l'intellect humain. C'est pourquoi on dit à juste titre qu'il fut créé et nous fut donné par la divine providence : pour que nous n'ignorions pas ce qu'il est possible de savoir. »

1. *Ibid.* (« Aristote fut le Prince à qui l'on doit tous les sages qui lui succédèrent, quand bien même ils diffèrent entre eux dans l'interprétation de ses écrits et dans les conséquences qui en dérivent »).

* *Praelectiones* 13, *in principium Elementorum Euclidis.*

*venientibus relinquere* : et il le finit par celles-ci : *Exolvi per Dei gratiam, Domini auditores, promissum, liberavi fidem meam, explicavi pro modulo meo definitiones, petitiones, communes sententias, et octo priores propositiones Elementorum Euclidis. Hic annis fessus cyclos artemque repono. Succedent in hoc munus alii fortasse magis vegeto corpore, vivido ingenio, etc.* [1] Il ne faut pas une heure à un esprit médiocre, pour apprendre par lui-même, ou par le secours du plus petit géomètre qu'il y ait, les définitions, les demandes, les axiomes, et les huit premières propositions d'Euclide : à peine ont-ils besoin de quelque explication ; et cependant voici un auteur qui parle de cette entreprise, comme si elle était fort grande et fort difficile. Il a peur que les forces lui manquent : *si vires, et valetudo suffecerint*. Il laisse à ses successeurs à pousser ces choses : *Caetera post me venientibus relinquere*. Il remercie Dieu de ce que par une grâce particulière, il a exécuté ce qu'il avait promis : *Exolvi per Dei gratiam promissum ; liberavi fidem meam ; explicavi pro modulo meo*. Quoi ? la quadrature du cercle ? la duplication du cube ? Ce grand homme a expliqué *pro modulo suo*, les définitions, les demandes, les axiomes, et les huit premières propositions du premier Livre des Éléments d'Euclide. Peut-être qu'entre ceux qui lui succéderont, il s'en trouvera qui auront plus de santé, et plus de force que lui pour continuer ce bel ouvrage. *Succedent in hoc munus alii* FORTASSE *magis vegeto corpore, et vivido ingenio*. Mais pour lui il est temps qu'il se repose, *hic annis fessus cyclos artemque repono*.

Euclide ne pensait pas être si obscur, ou dire des choses si extraordinaires en composant ses Éléments, qu'il fût nécessaire de faire un livre de près de trois cents pages*

* In-quarto.

1. *H. Savile*, *Praelectiones* (1620), Lectures sur le début des *Éléments* d'Euclide (« Si mes forces et ma santé me le permettent, mon dessein, auditeurs, est d'expliquer les définitions, les postulats, les sentences communes et les huit premières propositions du premier livre des *Éléments*, et de laisser le reste à ceux qui viendront après moi. » « Par la grâce de Dieu, Messieurs les auditeurs, j'ai exécuté ma promesse, j'ai tenu ma parole, j'ai expliqué avec mes moyens les définitions, postulats, sentences communes, et les huit premières propositions des *Éléments* d'Euclide. Fatigué par les ans, je laisse tomber les cercles et la science. D'autres me succéderont dans ce travail, de constitution physique peut-être plus solide, d'esprit plus vif, etc. »).

pour expliquer ses définitions, ses axiomes, ses demandes, et ses huit premières propositions. Mais ce savant Anglais sait bien relever la science d'Euclide ; et si l'âge le lui eût permis, et qu'il eût continué de la même force, nous aurions présentement douze ou quinze gros volumes sur les seuls éléments de géométrie, qui seraient fort utiles à tous ceux qui veulent apprendre cette science, et qui feraient bien de l'honneur à Euclide.

Voilà les desseins bizarres, dont la fausse érudition nous rend capables. Cet homme savait du grec, car nous lui avons l'obligation de nous avoir donné en grec les ouvrages de saint Chrysostome. Il avait peut-être lu les anciens géomètres. Il savait historiquement leurs propositions, aussi bien que leur généalogie. Il avait pour l'antiquité tout le respect que l'on doit avoir pour la vérité. Et que produit cette disposition d'esprit ? Un commentaire des définitions de nom, des demandes, des axiomes, et des huit premières propositions d'Euclide, beaucoup plus difficile à entendre et à retenir, je ne dis pas que ces propositions qu'il commente, mais que tout ce qu'Euclide a écrit de géométrie.

Il y a bien des gens que la vanité fait parler grec, et même quelquefois d'une langue qu'ils n'entendent pas ; car les dictionnaires aussi bien que les tables et les lieux communs, sont d'un grand secours à bien des auteurs : mais il y a peu de gens qui s'avisent d'entasser leur grec sur un sujet, où il est si mal à propos de s'en servir ; et c'est ce qui me fait croire que c'est la préoccupation, et une estime déréglée pour Euclide, qui a formé le dessein de ce livre dans l'imagination de son auteur.

Si cet homme eût fait autant d'usage de sa raison que de sa mémoire, dans une matière où la seule raison doit être employée ; ou s'il eût eu autant de respect et d'amour pour la vérité, que de vénération pour l'auteur qu'il a commenté, il y a grande apparence, qu'ayant employé tant de temps sur un sujet si petit, il serait tombé d'accord, que les définitions que donne Euclide de l'angle plan et des lignes parallèles sont défectueuses, et qu'elles n'en expliquent point assez la nature : et que la seconde proposition est impertinente, puisqu'elle ne se peut prouver que par la troisième demande, laquelle on ne devrait pas si tôt accorder que cette seconde proposition, puisqu'en accordant la troisième demande, qui est que l'on puisse décrire de chaque point un cercle de l'intervalle qu'on voudra, on n'accorde pas seulement que l'on tire d'un point une ligne égale à une autre, ce qu'Euclide exécute par de grands détours dans cette seconde proposition, mais on accorde que l'on tire de chaque point un nombre infini de lignes de la longueur que l'on veut.

Mais le dessein de la plupart des commentateurs, n'est pas d'éclaircir leurs auteurs, et de chercher la vérité ; c'est de faire montre de leur érudition, et de défendre aveuglément les défauts mêmes de ceux qu'ils commentent. Ils ne parlent pas tant pour se faire entendre ni pour faire entendre leur auteur, que pour le faire admirer et pour se faire admirer eux-mêmes avec lui. Si celui dont nous parlons n'avait rempli son livre de passages grecs, de plusieurs noms d'auteurs peu connus, et de semblables remarques assez inutiles pour entendre des notions communes, des définitions de noms, et des demandes de géométrie, qui aurait lu son livre, qui l'aurait admiré, et qui aurait donné à son auteur la qualité de savant homme, et d'homme d'esprit ?

Je ne crois pas que l'on puisse douter après ce que l'on a dit, que la lecture indiscrète des auteurs ne préoccupe souvent l'esprit. Or aussitôt qu'un esprit est préoccupé, il n'a plus tout à fait ce qu'on appelle le sens commun. Il ne peut plus juger sainement de tout ce qui a quelque rapport au sujet de la préoccupation ; il en infecte tout ce qu'il pense. Il ne peut même guère s'appliquer à des sujets entièrement éloignés de ceux dont il est préoccupé. Ainsi un homme entêté d'Aristote ne peut goûter qu'Aristote : il veut juger de tout par rapport à Aristote : ce qui est contraire à ce philosophe lui paraît faux : il aura toujours quelque passage d'Aristote à la bouche : il le citera en toutes sortes d'occasions, et pour toutes sortes de sujets ; pour prouver des choses obscures, et que personne ne conçoit, pour prouver aussi des choses très évidentes, et desquelles des enfants même ne pourraient pas douter ; parce qu'Aristote lui est ce que la raison et l'évidence sont aux autres.

De même si un homme est entêté d'Euclide et de géométrie, il voudra rapporter à des lignes, et à des propositions de son auteur tout ce que vous lui direz. Il ne vous parlera que par rapport à sa science. Le tout ne sera plus grand que sa partie que parce qu'Euclide l'a dit, et il n'aura point de honte de le citer pour le prouver, comme je l'ai remarqué quelquefois. Mais cela est encore bien plus ordinaire à ceux qui suivent d'autres auteurs que ceux de géométrie ; et on trouve très fréquemment dans leurs livres de grands passages grecs, hébreux, arabes, pour prouver des choses qui sont dans la dernière évidence.

Tout cela leur arrive, à cause que les traces, que les objets de leur préoccupation ont imprimées dans les fibres de leur cerveau, sont si profondes qu'elles demeurent toujours entrouvertes : et que les esprits animaux y passant continuellement, les entretiennent toujours sans leur permettre de se fermer. De sorte que l'âme étant contrainte d'avoir toujours les pensées qui sont liées avec ces traces, elle en devient comme esclave ; et elle en est toujours troublée et inquiétée, lors même que connaissant son égarement, elle veut tâcher d'y remédier. Ainsi elle est continuellement en danger de tomber dans un très grand nombre d'erreurs, si elle ne demeure toujours en garde, et dans une résolution inébranlable d'observer la règle dont on a parlé au commencement de cet ouvrage[1], c'est-à-dire de ne donner un consentement entier qu'à des choses entièrement évidentes.

Je ne parle point ici du mauvais choix que font la plupart du genre d'étude auquel ils s'appliquent. Cela se doit traiter dans la morale, quoique cela se puisse aussi rapporter à ce qu'on vient de dire de la préoccupation. Car lorsqu'un homme se jette à corps perdu dans la lecture des rabbins, et des livres de toutes sortes de langues les plus inconnues et par conséquent les plus inutiles, et qu'il y consume toute sa vie, il le fait sans doute par préoccupation, et sur une espérance imaginaire de devenir savant ; quoiqu'il ne puisse jamais acquérir par cette voie aucune véritable science. Mais comme cette application à une étude inutile ne nous jette pas tant dans l'erreur, qu'elle

1. Il s'agit de la règle d'évidence exposée au L. I, ch. II, § 4.

nous fait perdre notre temps le plus précieux de nos biens, pour nous remplir d'une sotte vanité, on ne parlera point ici de ceux qui se mettent en tête de devenir savants dans toutes ces sortes de sciences basses ou inutiles, desquelles le nombre est fort grand, et que l'on étudie d'ordinaire avec trop de passion.

## CHAPITRE VII

I. *Des inventeurs de nouveaux systèmes.* II. *Dernière erreur des personnes d'étude.*

[I] Nous venons de faire voir l'état de l'imagination des personnes d'étude, qui donnent tout à l'autorité de certains auteurs : il y en a encore d'autres, qui leur sont bien opposés. Ceux-ci ne respectent jamais les auteurs, quelque estime qu'ils aient parmi les savants. S'ils les ont estimés, ils ont bien changé depuis ; ils s'érigent eux-mêmes en auteurs. Ils veulent être les inventeurs de quelque opinion nouvelle, afin d'acquérir par là quelque réputation dans le monde ; et ils s'assurent qu'en disant quelque chose qui n'ait point encore été dite, ils ne manqueront pas d'admirateurs.

Ces sortes de gens ont d'ordinaire l'imagination assez forte : les fibres de leur cerveau sont de telle nature, qu'elles conservent longtemps les traces qui leur ont été imprimées. Ainsi, lorsqu'ils ont une fois imaginé un système qui a quelque vraisemblance, on ne peut plus les en détromper. Ils retiennent et conservent très chèrement toutes les choses qui peuvent servir en quelque manière à le confirmer ; et au contraire ils n'aperçoivent presque pas toutes les objections qui lui sont opposées, ou bien ils s'en défont par quelque distinction frivole. Ils se plaisent intérieurement dans la vue de leur ouvrage, et de l'estime qu'ils espèrent en recevoir. Ils ne s'appliquent qu'à considérer l'image de la vérité que portent leurs opinions vraisemblables. Ils arrêtent cette image fixe devant leurs yeux, mais ils ne regardent jamais d'une vue arrêtée les autres faces de leurs sentiments, lesquelles leur en découvriraient la fausseté.

Il faut de grandes qualités pour trouver quelque véritables système : car il ne suffit pas d'avoir beaucoup de vivacité et de pénétration, il faut outre cela une certaine grandeur et une certaine étendue d'esprit, qui puisse envisager un très grand nombre de choses à la fois. Les petits esprits, avec toute leur vivacité et toute leur délicatesse, ont la vue trop courte pour voir tout ce qui est nécessaire à l'établissement de quelque système. Ils s'arrêtent à de petites difficultés qui les rebutent, ou à quelques lueurs qui les éblouissent : ils n'ont pas la vue assez étendue pour voir tout le corps d'un grand sujet en même temps.

Mais quelque étendue et quelque pénétration qu'ait l'esprit, si avec cela il n'est exempt de passion et de préjugés, il n'y a rien à espérer. Les préjugés occupent une partie de l'esprit, et en infectent tout le reste. Les passions confondent toutes les idées en mille manières, et nous font presque toujours voir dans les objets tout ce que nous désirons d'y trouver. La passion même que nous avons pour la vérité nous trompe quelquefois, lorsqu'elle est trop ardente ; mais le désir de paraître savant, est ce qui nous empêche le plus d'acquérir une science véritable.

Il n'y a donc rien de plus rare, que de trouver des personnes capables de faire de nouveaux systèmes : cependant il n'est pas fort rare de trouver des gens, qui s'en soient formé quelqu'un à leur fantaisie. On ne voit que fort peu de ceux qui étudient beaucoup, raisonner selon les notions communes : il y a toujours quelque irrégularité dans leurs idées ; et cela marque assez qu'ils ont quelques système particulier qui ne nous est pas connu. Il est vrai que tous les livres qu'ils composent ne s'en sentent pas : car quand il est question d'écrire pour le public, on prend garde de plus près à ce qu'on dit, et l'attention toute seule suffit assez souvent pour nous détromper. On voit toutefois de temps en temps quelques livres qui prouvent assez ce que l'on vient de dire : car il y a même des personnes, qui font gloire de marquer dès le commencement de leurs livres qu'ils ont inventé quelque nouveau système.

Le nombre des inventeurs de nouveaux systèmes, s'augmente encore beaucoup par ceux qui s'étaient préoccupés de quelque auteur : parce qu'il arrive souvent que n'ayant rencontré rien de vrai ni de solide dans les opinions des auteurs qu'ils ont lus, ils entrent premièrement dans un grand dégoût, et un grand mépris de toutes sortes de livres ; et ensuite ils imaginent une opinion vraisemblable qu'ils embrassent de tout leur cœur, et dans laquelle ils se fortifient de la manière qu'on vient d'expliquer.

Mais lorsque cette grande ardeur qu'ils ont eue pour leur opinion s'est ralentie, ou que le dessein de la faire paraître en public les a obligés à l'examiner avec une attention plus exacte et plus sérieuse, ils en découvrent la fausseté et ils la quittent : mais avec cette condition, qu'ils n'en prendront jamais d'autres, et qu'ils condamneront absolument tous ceux qui prétendront avoir découvert quelque vérité.

## II. ERREUR CONSIDÉRABLE DES PERSONNES D'ÉTUDE

De sorte que la dernière et la plus dangereuse erreur où tombent plusieurs personnes d'étude, c'est qu'ils prétendent qu'on ne peut rien savoir. Ils ont lu beaucoup de livres anciens et nouveaux, où ils n'ont point trouvé la vérité ; ils ont eu plusieurs belles pensées qu'ils ont trouvées fausses, après les avoir examinées avec plus d'attention. De là ils concluent, que tous les hommes leur ressemblent, et que si ceux qui croient avoir découvert quelques vérités y faisaient une réflexion plus sérieuse, ils se détromperaient aussi bien qu'eux. Cela leur suffit pour les condamner sans entrer dans un examen plus particulier : parce que s'ils ne les condamnaient pas, ce serait en quelque manière tomber d'accord qu'ils ont plus d'esprit qu'eux, et cela ne leur paraît pas vraisemblable.

Ils regardent donc comme opiniâtres tous ceux qui assurent quelque chose comme certain ; et ils ne veulent pas qu'on parle des sciences, comme des vérités évidentes, desquelles on ne peut pas raisonnablement douter, mais seulement comme des opinions qu'il est bon de ne pas ignorer. Cependant ces personnes devraient considérer, que s'ils ont lu un fort grand nombre de livres, ils ne les ont pas néanmoins lus tous, ou qu'ils ne les ont pas lus avec toute l'attention nécessaire pour les bien comprendre ; et que s'ils ont eu beaucoup de belles pensées qu'ils ont trouvées fausses dans la suite, néanmoins ils n'ont pas eu toutes celles qu'on peut avoir ; et qu'ainsi il se peut bien faire, que d'autres auront mieux rencontré qu'eux. Et il n'est pas nécessaire absolument parlant, que ces autres aient plus d'esprit qu'eux, si cela les choque, car il suffit qu'ils aient été plus heureux. On ne leur fait point de tort, quand on dit qu'on sait avec évidence ce qu'ils ignorent, puisqu'on dit en même temps que plusieurs siècles ont ignoré les mêmes vérités, non pas faute de bons esprits, mais parce que ces bons esprits n'ont pas bien rencontré d'abord.

Qu'ils ne se choquent donc point, si on voit clair, et si on parle comme l'on voit. Qu'ils s'appliquent à ce qu'on leur dit, si leur esprit est encore capable d'application après tous leurs égarements, et qu'ils jugent ensuite, il leur est permis : mais qu'ils se taisent s'ils ne veulent rien examiner. Qu'ils fassent un peu quelque réflexion, si cette réponse qu'ils font d'ordinaire sur la plupart des choses qu'on leur demande : on ne sait pas cela ; personne ne sait comment cela se fait, n'est pas une réponse peu judicieuse, puisque pour la faire, il faut de nécessité qu'ils croient savoir tout ce que les hommes savent, ou tout ce que les hommes peuvent savoir. Car s'ils n'avaient pas cette pensée-là d'eux-mêmes, leur réponse serait encore plus impertinente. Et pourquoi trouvent-ils tant de difficulté à dire : je n'en sais rien, puisqu'en certaines rencontres ils tombent d'accord qu'ils ne savent rien : et pourquoi faut-il conclure que tous les hommes sont des ignorants, à cause qu'ils sont intérieurement convaincus, qu'ils sont eux-mêmes des ignorants ?

Il y a donc trois sortes de personnes, qui s'appliquent à l'étude. Les uns s'entêtent mal à propos de quelque auteur, ou de quelque science inutile, ou fausse. Les autres se préoccupent de leurs propres fantaisies. Enfin les derniers, qui viennent d'ordinaire des deux autres, sont ceux qui s'imaginent connaître tout ce qui peut être connu : et qui persuadés, qu'ils ne savent rien avec certitude, concluent généralement qu'on ne peut rien savoir avec évidence, et regardent toutes les choses qu'on leur dit comme de simples opinions.

Il est facile de voir, que tous les défauts de ces trois sortes de personnes dépendent des propriétés de l'imagination, qu'on a expliquées dans les chapitres précédents, et que tout cela ne leur arrive que par des préjugés, qui leur bouchent l'esprit, et qui ne leur permettent pas d'apercevoir d'autres objets que ceux de leur préoccupation. On peut dire que leurs préjugés font dans leur esprit, ce que les ministres des princes font à l'égard de leurs maîtres. Car de même que ces personnes ne permettent autant qu'ils peuvent, qu'à ceux qui sont dans leurs intérêts, ou qui ne peuvent les déposséder de leur faveur, de parler à leurs maîtres, ainsi les préjugés de ceux-ci ne permettent pas, que leur esprit regarde fixement les idées des objets toutes pures et sans mélange. Mais ils les déguisent ; ils les couvrent de leurs livrées ; et ils les lui présentent ainsi toutes masquées ; de sorte qu'il est très difficile qu'il se détrompe, et reconnaisse ses erreurs.

## CHAPITRE VIII

I. *Des esprits efféminés*. II. *Des esprits superficiels*. III. *Des personnes d'autorité*. IV. *De ceux qui font des expériences*.

Ce que nous venons de dire suffit ce me semble, pour reconnaître en général quels sont les défauts d'imagination des personnes d'étude, et les erreurs auxquelles ils sont le plus sujets. Or comme il n'y a guère que ces personnes-là qui se mettent en peine de chercher la vérité, et même que tout le monde s'en rapporte à eux, il semble qu'on pourrait finir ici cette seconde partie. Cependant il est à propos de dire encore quelque chose des erreurs des autres hommes ; parce qu'il ne sera pas inutile d'en être averti.

### I. DES ESPRITS EFFÉMINÉS

Tout ce qui flatte les sens nous touche extrêmement, et tout ce qui nous touche, nous applique à proportion qu'il nous touche. Ainsi ceux qui s'abandonnent à toutes sortes de divertissements très sensibles et très agréables, ne sont pas capables de pénétrer des vérités qui renferment quelque difficulté considérable ; parce que la capacité de leur esprit qui n'est pas infinie est toute remplie de leurs plaisirs, ou du moins elle en est fort partagée.

La plupart des grands, des gens de cour, des personnes riches, des jeunes gens, et de ceux qu'on appelle beaux esprits, étant dans des divertissements continuels, et n'étudiant que l'art de plaire par tout ce qui flatte la concupiscence et les sens, ils acquièrent peu à peu une telle délicatesse dans ces choses, ou une telle mollesse, qu'on peut dire fort souvent que ce sont plutôt des esprits efféminés, que des esprits fins, comme ils le prétendent. Car il y a bien de la différence entre la véritable finesse de l'esprit, et la mollesse, quoique l'on confonde ordinairement ces deux choses.

Les esprits fins sont ceux, qui remarquent par la raison jusques aux moindres différences des choses ; qui prévoient les effets qui dépendent des causes cachées, peu ordinaires et peu visibles ; enfin ce sont ceux qui pénètrent davantage les sujets qu'ils considèrent. Mais les esprits mous n'ont qu'une fausse délicatesse : ils ne sont ni vifs ni perçants : ils ne voient pas les effets des causes même les plus grossières et les plus palpables : enfin ils ne peuvent rien embrasser ni rien pénétrer, mais ils sont extrêmement délicats pour les manières. Un mauvais mot, un accent de province, une petite grimace les irrite infiniment plus qu'un amas confus de méchantes raisons. Ils ne peuvent reconnaître le défaut d'un raisonnement, mais ils sentent parfaitement bien une fausse mesure et un geste mal réglé. En un mot, ils ont une parfaite intelligence des choses sensibles, parce qu'ils ont fait un usage continuel de leurs sens ; mais ils n'ont point la véritable intelligence des choses qui dépendent de la raison, parce qu'ils n'ont presque jamais fait usage de la leur.

Cependant ce sont ces sortes de gens, qui ont le plus d'estime dans le monde, et qui acquièrent plus facilement la réputation de bel esprit. Car lorsqu'un homme parle avec un air libre et dégagé ; que ses expressions sont pures, et bien choisies ; qu'il se sert de figures qui flattent les sens, et qui excitent les passions d'une manière imperceptible, quoiqu'il ne dise que des sottises, et qu'il n'y ait rien de bon, ni rien de vrai sous ces belles paroles, c'est suivant l'opinion commune un bel esprit, c'est un esprit fin, c'est un esprit délié. On ne s'aperçoit pas que c'est seulement un esprit mou et efféminé, qui ne brille que par de fausses lueurs, et qui n'éclaire jamais : qui ne persuade que parce que nous avons des oreilles et des yeux, et non point parce que nous avons de la raison.

Au reste, l'on ne nie pas que tous les hommes ne se

sentent de cette faiblesse, que l'on vient de remarquer en quelques-uns d'entre eux. Il n'y en a point dont l'esprit ne soit touché par les impressions de leurs sens et de leurs passions, et par conséquent qui ne s'arrête quelque peu aux manières. Tous les hommes ne diffèrent en cela que du plus ou du moins. Mais la raison pour laquelle on a attribué ce défaut à quelques-uns en particulier, c'est qu'il y en a qui voient bien que c'est un défaut, et qui s'appliquent à s'en corriger. Au lieu que ceux, dont on vient de parler, le regardent comme une qualité fort avantageuse. Bien loin de reconnaître que cette fausse délicatesse est l'effet d'une mollesse efféminée, et l'origine d'un nombre infini de maladies d'esprit ; ils s'imaginent que c'est un effet et une marque de la beauté de leur génie.

### II. DES ESPRITS SUPERFICIELS

On peut joindre à ceux dont on vient de parler, un fort grand nombre d'esprits superficiels, qui n'approfondissent jamais rien, et qui n'aperçoivent que confusément les différences des choses : non par leur faute, comme ceux dont on vient de parler, car ce ne sont point les divertissements qui leur rendent l'esprit petit, mais parce qu'ils l'ont naturellement petit. Cette petitesse d'esprit ne vient pas de la nature de l'âme, comme on pourrait se l'imaginer : elle est causée quelquefois par une grande disette ou par une grande lenteur des esprits animaux, quelquefois par l'inflexibilité des fibres du cerveau, quelquefois aussi par une abondance immodérée des esprits et du sang, ou par quelque autre cause qu'il n'est pas nécessaire de savoir.

Il y a donc des esprits de deux sortes. Les uns remarquent aisément les différences des choses, et ce sont les bons esprits. Les autres imaginent et supposent de la ressemblance entre elles, et ce sont les esprits superficiels. Les premiers ont le cerveau propre à recevoir des traces nettes et distinctes des objets qu'ils considèrent : et parce qu'ils sont fort attentifs aux idées de ces traces, ils voient ces objets comme de près, et rien de ne leur échappe. Mais les esprits superficiels n'en reçoivent que des traces faibles et confuses. Ils ne les voient que comme en passant, de loin et fort confusément ; de sorte qu'elles leur paraissent semblables, comme les visages de ceux que l'on regarde de trop loin : parce que l'esprit suppose toujours de la ressemblance et de l'égalité, où il n'est pas obligé de reconnaître de différence et d'inégalité, pour les raisons que je dirai dans le troisième Livre.

La plupart de ceux qui parlent en public, tous ceux qu'on appelle grands parleurs, et beaucoup même de ceux qui s'énoncent avec beaucoup de facilité, quoiqu'ils parlent fort peu, sont de ce genre. Car il est extrêmement rare que ceux qui méditent sérieusement, puissent bien expliquer les choses qu'ils ont méditées. D'ordinaire ils hésitent quand ils entreprennent d'en parler, parce qu'ils ont quelque scrupule de se servir de termes qui réveillent dans les autres une fausse idée. Ayant honte de parler simplement pour parler, comme font beaucoup de gens qui parlent cavalièrement de toutes choses, ils ont beaucoup de peine à trouver des paroles qui expriment bien des pensées qui ne sont pas ordinaires.

### III. DES PERSONNES D'AUTORITÉ

Quoiqu'on honore infiniment les personnes de piété, les théologiens, les vieillards, et généralement tous ceux qui ont acquis avec justice beaucoup d'autorité sur les autres hommes, cependant on croit être obligé de dire d'eux, qu'il arrive souvent qu'ils se croient infaillibles, à cause que le monde les écoute avec respect ; qu'ils font peu d'usage de leur esprit pour découvrir les vérités spéculatives ; et qu'ils condamnent trop librement tout ce qui leur plaît de condamner, sans l'avoir considéré avec assez d'attention. Ce n'est pas qu'on trouve à redire, qu'ils ne s'appliquent pas à beaucoup de sciences qui ne sont pas fort nécessaires : il leur est permis de ne s'y point appliquer, et même de les mépriser ; mais ils n'en doivent pas juger par fantaisie, et sur des soupçons mal fondés. Car ils doivent considérer que la gravité avec laquelle ils parlent, l'autorité qu'ils ont acquise sur l'esprit des autres, et la coutume qu'ils ont de confirmer ce qu'ils disent par quelque passage de la Sainte Écriture, jetteront infailliblement dans l'erreur ceux qui les écoutent avec respect, et qui n'étant pas capables d'examiner les choses à fond, se laissent surprendre aux manières et aux apparences.

Lorsque l'erreur porte les livrées de la vérité, elle est

souvent plus respectée que la vérité même, et ce faux respect a des suites très dangereuses.* *Pessima res est errorum apotheosis, et pro peste intellectus habenda est, si vanis accedat veneratio*[1]. Ainsi lorsque certaines personnes, ou par un faux zèle, ou par l'amour qu'ils ont eu pour leurs propres pensées, se sont servis de l'Écriture sainte pour établir de faux principes de physique ou de métaphysique, ils ont été souvent écoutés comme des oracles par des gens qui les ont crus sur leur parole, à cause du respect qu'ils devaient à l'autorité sainte : mais il est aussi arrivé que quelques esprits mal faits ont pris sujet de là de mépriser la religion. De sorte que par un renversement étrange l'Écriture sainte a été cause de l'erreur de quelques-uns ; et la vérité a été le motif et l'origine de l'impiété de quelques autres. Il faut donc bien prendre garde, dit l'auteur que nous venons de citer, de ne pas chercher les choses mortes avec les vivantes, et de ne pas prétendre par son propre esprit, découvrir dans la Sainte Écriture ce que le Saint Esprit n'a pas voulu déclarer. *Ex divinorum et humanorum malesana admixtione,* continue-t-il, *non solum educitur Philosophia phantastica, sed etiam Religio haeretica. Itaque salutare admodum est si mente sobria fidei tantum dentur, quae fidei sunt*[2]. Toutes les personnes donc qui ont autorité sur les autres, ne doivent rien décider qu'après y avoir d'autant plus pensé, que leurs décisions sont plus suivies : et les théologiens principalement doivent bien prendre garde à ne point faire mépriser la religion par un faux zèle, ou pour se faire estimer eux-mêmes, et donner cours à leurs opinions. Mais parce que ce n'est pas à moi à leur dire ce qu'ils doivent faire, qu'ils écoutent saint Thomas** leur maître, qui étant interrogé par son Général pour savoir son sentiment sur quelques articles, lui répond par saint Augustin en ces termes[3].

* Le chancelier Bacon.

1. *Novum Organum,* I, 65 (« La pire des choses est la divinisation de l'erreur qui devient une véritable peste de l'intelligence quand s'y ajoute une vénération insensée. »

2. Bacon, *ibid.* (« Du mélange malsain des choses divines et humaines provient non seulement une philosophie imaginaire, mais aussi une religion hérétique. C'est pourquoi il est tout à fait salutaire de garder une retenue de pensée pour n'accorder à la foi que ce qui relève de la foi »).

** Opuscule 9.

3. Saint-Thomas, *Réponse au maître J. de Vercellis sur les XLII articles,* opuscule 9, avec la traduction de Malebranche.

« Il est bien dangereux de parler décisivement sur des matières qui ne sont point de la foi, comme si elles en étaient. Saint Augustin nous l'apprend dans le cinquième livre de ses *Confessions*. Lorsque je vois, dit-il, un chrétien, qui ne sait pas le sentiment des philosophes touchant les cieux, les étoiles, et les mouvements du soleil et de la lune, et qui prend une chose pour une autre, je le laisse dans ses opinions, et dans ses doutes : car je ne vois pas que l'ignorance où il est de la situation des corps, et des différents arrangements de la matière lui puisse nuire, pourvu qu'il n'ait pas des sentiments indignes de vous, ô Seigneur, qui nous avez tous créés. Mais il se fait tort, s'il se persuade que ces choses touchent la religion, et s'il est assez hardi pour assurer avec opiniâtreté ce qu'il ne sait point. Le même saint explique encore plus clairement sa pensée sur ce sujet, dans le premier Livre de l'explication littérale de la Genèse, en ces termes. Un chrétien doit bien prendre garde à ne point parler de ces choses, comme si elles étaient de la Sainte Écriture ; car un infidèle, qui lui entendrait dire des extravagances, qui n'auraient aucune apparence de vérité, ne pourrait pas s'empêcher d'en rire. Ainsi le chrétien n'en recevrait que de la confusion, et l'infidèle en serait mal édifié. Toutefois ce qu'il y a de plus fâcheux dans ces rencontres, n'est pas que l'on voie

*Multum autem nocet talia quae ad pietatis doctrinam non spectant, vel asserere vel negare, quasi pertinentia ad sacram doctrinam. Dicit enim Aug. in 5. Confess. cum audio Christianum aliquem fratrem ista, quae Philosophi de coelo, aut stellis, et de solis et lunae motibus dixerunt, nescientem, et aliud pro alio sentientem, patienter intueor opinantem hominem ; nec illi obesse video, cum de te, Domine Creator omnium nostrum, non credat indigna, si forte situs, et habitus creaturae corporalis ignoret. Obest autem, si haec ad ipsam doctrinam pietatis pertinere arbitretur, et pertinacius affirmare audeat quod ignorat. Quod autem obsit, manifestat Aug. in I. super Genes. ad litteram. Turpe est, inquit, nimis, et perniciosum, ac maxime cavendum ut Christianum de his rebus quasi secundum christianas literas loquentem, ita delirare quilibet infidelis audiat, ut quemadmodum dicitur toto coelo*

qu'un homme s'est trompé : mais c'est que les infidèles que nous tâchons de convertir, s'imaginent faussement et pour leur perte inévitable, que nos auteurs ont des sentiments aussi extravagants, de sorte qu'ils les condamnent, et les méprisent comme des ignorants. Il est donc ce me semble bien plus à propos de ne point assurer comme des dogmes de la foi des opinions communément reçues des philosophes, lesquelles ne sont point contraires à notre foi, quoiqu'on puisse se servir quelquefois de l'autorité des philosophes pour les faire recevoir. Il ne faut pas aussi rejeter ces opinions, comme étant contraires à notre foi, pour ne point donner de sujet aux sages de ce monde de mépriser les vérités saintes de la religion chrétienne. »

*errare conspiciens, risum tenere vix possit. Et non tamen molestum est, quod errans homo videatur : sed quod autores nostri ab eis qui foris sunt, talia sensisse creduntur, et cum magno eorum exitio, de quorum salute satagimus, tanquam indocti reprehenduntur atque respuuntur. Unde mihi videtur tutius esse, ut haec quae Philosophi communes senserunt, et nostrae fidei non repugnant, neque esse sic asserenda, ut dogmata fidei, licet aliquando sub nomine Philosophorum introducantur, neque sic esse neganda tanquam fidei contraria, ne sapientibus hujus mundi contemnendi doctrinam fidei occasio praebeatur.*

La plupart des hommes sont si négligents et si déraisonnables, qu'ils ne font point de discernement entre la parole de Dieu et celle des hommes, lorsqu'elles sont jointes ensemble : de sorte qu'ils tombent dans l'erreur en les approuvant toutes deux, ou dans l'impiété en les méprisant indifféremment. Il est encore bien facile de voir la cause de ces dernières erreurs, et qu'elles dépendent de la liaison des idées expliquée dans le chapitre V, et il n'est pas nécessaire de s'arrêter à l'expliquer davantage.

## IV. DE CEUX QUI FONT DES EXPÉRIENCES

Il semble à propos de dire ici quelque chose des chimistes, et généralement de tous ceux qui emploient leur temps à faire des expériences. Ce sont des gens qui cherchent la vérité : on suit ordinairement leurs opinions sans les examiner. Ainsi leurs erreurs sont d'autant plus dangereuses, qu'ils les communiquent aux autres avec plus de facilité.

Il vaut mieux sans doute étudier la nature que les livres ; les expériences visibles et sensibles prouvent certainement beaucoup plus que les raisonnements des hommes ; et on ne peut trouver à redire que ceux qui sont engagés par leur condition à l'étude de la physique, tâchent de s'y rendre habiles par des expériences continuelles, pourvu qu'ils s'appliquent encore davantage aux sciences qui leur sont encore plus nécessaires. On ne blâme donc point la philosophie expérimentale, ni ceux qui la cultivent, mais seulement leurs défauts.

Le premier est, que pour l'ordinaire ce n'est point la lumière de la raison qui les conduit dans l'ordre de leurs expériences, ce n'est que le hasard : ce qui fait qu'ils n'en deviennent guère plus éclairés ni plus savants, après y avoir employé beaucoup de temps et de bien.

Le second est, qu'ils s'arrêtent plutôt à des expériences curieuses et extraordinaires, qu'à celles qui sont les plus communes. Cependant, il est visible, que les plus communes étant les plus simples, il faut s'y arrêter d'abord avant que de s'appliquer à celles qui sont plus composées, et qui dépendent d'un plus grand nombre de causes.

Le troisième est qu'ils cherchent avec ardeur et avec assez de soin, les expériences qui apportent du profit, et qu'ils négligent celles qui ne servent qu'à éclairer l'esprit.

Le quatrième est, qu'ils ne remarquent pas avec assez d'exactitude toutes les circonstances particulières, comme du temps, du lieu, de la qualité des drogues dont ils se servent ; quoique la moindre de ces circonstances soit quelquefois capable d'empêcher l'effet qu'on espère. Car il faut observer que tous les termes dont les physiciens se servent sont équivoques : et que le mot de vin par exemple, signifie autant de choses différentes qu'il y a de différents terroirs, de différentes saisons, de différentes manières de faire le vin et de le garder. De sorte qu'on peut même dire en général, qu'il n'y en a pas deux tonneaux tout à fait semblables ; et qu'ainsi quand un physicien dit : Pour faire telle expérience, prenez du vin, on ne sait que très confusément ce qu'il veut dire. C'est pourquoi il faut user d'une très grande circonspection dans les expériences ; et ne descendre point aux composées, que lorsqu'on a bien connu la raison des plus simples et des plus ordinaires.

Le cinquième est, que d'une seule expérience ils en tirent trop de conséquences. Il faut au contraire presque toujours plusieurs expériences pour bien conclure une seule chose ; quoiqu'une seule expérience puisse aider à tirer plusieurs conclusions.

Enfin la plupart des physiciens et des chimistes ne considèrent que les effets particuliers de la nature : ils ne remontent jamais aux premières notions des choses qui composent les corps. Cependant il est indubitable, qu'on ne peut connaître clairement et distinctement les choses particulières de la physique, si on ne possède bien ce qu'il y a de plus général, et si on ne s'élève même jusqu'au métaphysique. Enfin, ils manquent souvent de courage et de constance, ils se lassent à cause de la fatigue et de la dépense. Il y a encore beaucoup d'autres défauts dans les personnes dont nous venons de parler, mais on ne prétend pas tout dire.

Les causes des fautes qu'on a remarquées, sont le peu d'application, les propriétés de l'imagination expliquées dans le chapitre V de la première partie de ce Livre, et dans le IIe de celle-ci, et surtout de ce qu'on ne juge de la différence des corps et du changement qui leur arrive, que par les sensations qu'on en a, selon ce qu'on a expliqué dans le premier Livre.

TROISIÈME PARTIE

# DE LA COMMUNICATION

# CONTAGIEUSE DES IMAGINATIONS FORTES

## CHAPITRE PREMIER

I. *De la disposition que nous avons à imiter les autres en toutes choses, laquelle est l'origine de la communication des erreurs qui dépendent de la puissance de l'imagination.* II. *Deux causes principales qui augmentent cette disposition.* III. *Ce que c'est qu'imagination forte.* IV. *Qu'il y en a de plusieurs sortes. Des fous et de ceux qui ont l'imagination forte dans le sens qu'on l'entend ici.* V. *Deux défauts considérables de ceux qui ont l'imagination forte.* VI. *De la puissance qu'ils ont de persuader, et d'imposer.*

[I] Après avoir expliqué la nature de l'imagination, les défauts auxquels elle est sujette et comment notre propre imagination nous jette dans l'erreur ; il ne reste plus à parler dans ce second Livre que de la communication contagieuse des imaginations fortes, je veux dire de la force que certains esprits ont sur les autres pour les engager dans leurs erreurs.

Les imaginations fortes sont extrêmement contagieuses : elles dominent sur celles qui sont faibles : elles leur donnent peu à peu leurs mêmes tours, et leur impriment leurs mêmes caractères. Ainsi ceux qui ont l'imagination forte et vigoureuse, étant tout à fait déraisonnables, il y a très peu de causes plus générales des erreurs des hommes, que cette communication dangereuse de l'imagination.

Pour concevoir ce que c'est que cette contagion, et comment elle se transmet de l'un à l'autre, il faut savoir que les hommes ont besoin les uns des autres ; et qu'ils sont faits pour composer ensemble plusieurs corps, dont toutes les parties aient entre elles une mutuelle correspondance. C'est pour entretenir cette union, que Dieu leur a commandé d'avoir de la charité les uns pour les autres. Mais parce que l'amour-propre pouvait peu à peu éteindre la charité, et rompre ainsi le nœud de la société civile, il a été à propos pour la conserver, que Dieu unît encore les hommes par des liens naturels, qui subsistassent au défaut de la charité, et qui intéressassent l'amour-propre.

Ces liens naturels, qui nous sont communs avec les bêtes, consistent dans une certaine disposition du cerveau qu'ont tous les hommes, pour imiter quelques-uns de ceux avec lesquels ils conversent, pour former les mêmes jugements qu'ils font, et pour entrer dans les mêmes passions dont ils sont agités. Et cette disposition lie d'ordinaire les hommes les uns avec les autres beaucoup plus étroitement, qu'une charité fondée sur la raison, laquelle charité est assez rare.

Lorsqu'un homme n'a pas cette disposition du cerveau pour entrer dans nos sentiments et dans nos passions, il est incapable par sa nature de se lier avec nous, et de faire un même corps : il ressemble à ces pierres irrégulières, qui ne peuvent trouver leur place dans un bâtiment, parce qu'on ne les peut joindre avec les autres.

*Oderunt hilarem tristes, tristemque jocosi,*
*Sedatum celeres, agilem gnavumque remissi*[1].

Il faut plus de vertu qu'on ne pense, pour ne pas rompre avec ceux qui n'ont point d'égard à nos passions, et qui ont des sentiments contraires aux nôtres. Et ce n'est pas tout à fait sans raison ; car lorsqu'un homme a sujet d'être dans la tristesse ou dans la joie, c'est lui insulter en quelque manière, que de ne pas entrer dans ses sentiments. S'il est triste, on ne doit pas se présenter devant lui, avec un air gai et enjoué, qui marque de la joie, et qui en imprime les mouvements avec effort dans son imagination ; parce que c'est le vouloir ôter de l'état qui lui est le plus convenable et le plus agréable ; la tristesse même étant la plus agréable de toutes les passions, à un homme qui souffre quelque misère.

1. Horace, *Épîtres*, I, 18, v. 89-90 (« Les tristes haïssent celui qui rit, et les joyeux le triste, les vifs le calme et les hommes sans vigueur celui qui est actif et empressé »).

## II. DEUX CAUSES PRINCIPALES QUI AUGMENTENT LA DISPOSITION QUE NOUS AVONS À IMITER LES AUTRES

Tous les hommes ont donc une certaine disposition de cerveau, qui les porte naturellement à se composer de la même manière, que quelques-uns de ceux avec qui ils vivent. Or cette disposition a deux causes principales qui l'entretiennent, et qui l'augmentent. L'une est dans l'âme, et l'autre dans le corps. La première consiste principalement dans l'inclination, qu'ont tous les hommes pour la grandeur et pour l'élévation, pour obtenir dans l'esprit des autres une place honorable. Car c'est cette inclination qui nous excite secrètement à parler, à marcher, à nous habiller, et à prendre l'air des personnes de qualité. C'est la source des modes nouvelles, de l'instabilité des langues vivantes, et même de certaines corruptions générales des mœurs. Enfin c'est la principale origine de toutes les nouveautés extravagantes et bizarres, qui ne sont point appuyées sur la raison, mais seulement sur la fantaisie des hommes.

L'autre cause qui augmente la disposition que nous avons à imiter les autres, de laquelle nous devons principalement parler ici, consiste dans une certaine impression que les personnes d'une imagination forte font sur les esprits faibles, et sur les cerveaux tendres et délicats.

## III. CE QUE C'EST QU'IMAGINATION FORTE

J'entends par imagination forte et vigoureuse cette constitution du cerveau, qui le rend capable de vestiges et de traces extrêmement profondes, et qui remplissent tellement la capacité de l'âme, qu'elles l'empêchent d'apporter quelque attention à d'autres choses, qu'à celles que ces images représentent.

## IV. IL Y EN A DE DEUX SORTES

Il y a de deux sortes de personnes, qui ont l'imagination forte dans ce sens. Les premières reçoivent ces profondes traces par l'impression involontaire et déréglée des esprits animaux ; et les autres, desquels on veut principalement parler, les reçoivent par la disposition qui se trouve dans la substance de leur cerveau.

Il est visible que les premiers sont entièrement fous, puisqu'ils sont contraints par l'union naturelle qui est entre leurs idées et ces traces, de penser à des choses auxquelles les autres avec qui ils conversent ne pensent pas : ce qui les rend incapables de parler à propos, et de répondre juste aux demandes qu'on leur fait.

Il y en a d'une infinité de sortes qui ne diffèrent que du plus et du moins ; et l'on peut dire que tous ceux qui sont agités de quelque passion violente sont de leur nombre, puisque dans le temps de leur émotion, les esprits animaux impriment avec tant de force les traces et les images de leur passion, qu'ils ne sont pas capables de penser à autre chose.

Mais il faut remarquer, que toutes ces sortes de personnes ne sont pas capables de corrompre l'imagination des esprits même les plus faibles, et des cerveaux les plus mous et les plus délicats, pour deux raisons principales. La première, parce que ne pouvant répondre conformément aux idées des autres, ils ne peuvent leur rien persuader : et la seconde, parce que le dérèglement de leur esprit étant tout à fait sensible, on n'écoute qu'avec mépris tous leurs discours.

Il est vrai néanmoins, que les personnes passionnées nous passionnent, et qu'elles font dans notre imagination des impressions qui ressemblent à celles dont elles sont touchées : mais comme leur emportement est tout à fait visible, on résiste à ces impressions, et l'on s'en défait d'ordinaire quelque temps après. Elles s'effacent d'elles-mêmes, lorsqu'elles ne sont point entretenues par la cause qui les avait produites : c'est-à-dire, lorsque ces emportés ne sont plus en notre présence, et que la vue sensible des traits que la passion formait sur leur visage ne produit plus aucun changement dans les fibres de notre cerveau, ni aucune agitation dans nos esprits animaux.

Je n'examine ici que cette sorte d'imagination forte et vigoureuse, qui consiste dans une disposition du cerveau, propre pour recevoir des traces fort profondes des objets les plus faibles et les moins agissants.

Ce n'est pas un défaut que d'avoir le cerveau propre pour

imaginer fortement les choses, et recevoir des images très distinctes et très vives des objets les moins considérables ; pourvu que l'âme demeure toujours la maîtresse de l'imagination, que ces images s'impriment par ses ordres, et qu'elles s'effacent quand il lui plaît : c'est au contraire l'origine de la finesse, et de la force de l'esprit. Mais lorsque l'imagination domine sur l'âme, et que sans attendre les ordres de la volonté, ces traces se forment par la disposition du cerveau, et par l'action des objets et des esprits, il est visible que c'est une très mauvaise qualité et une espèce de folie. Nous allons tâcher de faire connaître le caractère de ceux qui ont l'imagination de cette sorte.

Il faut pour cela se souvenir que la capacité de l'esprit est très bornée ; qu'il n'y a rien qui remplisse si fort sa capacité que les sensations de l'âme, et généralement toutes les perceptions des objets qui nous touchent beaucoup ; et que les traces profondes du cerveau sont toujours accompagnées de sensations, ou de ces autres perceptions qui nous appliquent fortement. Car par là il est facile de reconnaître les véritables caractères de l'esprit de ceux qui ont l'imagination forte.

## V. DEUX DÉFAUTS CONSIDÉRABLES DE CEUX QUI ONT L'IMAGINATION FORTE

Le premier, c'est que ces personnes ne sont pas capables de juger sainement des choses qui sont un peu difficiles et embarrassées : parce que la capacité de leur esprit étant remplie des idées qui sont liées par la nature à ces traces trop profondes, ils n'ont pas la liberté de penser à plusieurs choses en même temps. Or dans les questions composées, il faut que l'esprit parcoure par un mouvement prompt et subit les idées de beaucoup de choses, et qu'il en reconnaisse d'une simple vue tous les rapports et toutes les liaisons qui sont nécessaires pour résoudre ces questions.

Tout le monde sait par sa propre expérience, qu'on n'est pas capable de s'appliquer à quelque vérité, dans le temps que l'on est agité de quelque passion, ou que l'on sent quelque douleur un peu forte, parce qu'alors il y a dans le cerveau de ces traces profondes qui occupent la capacité de l'esprit. Ainsi ceux de qui nous parlons ayant des traces plus profondes des mêmes objets que les autres, comme nous le supposons, ils ne peuvent pas avoir autant d'étendue d'esprit, ni embrasser autant de choses qu'eux. Le premier défaut de ces personnes est donc d'avoir l'esprit petit, et d'autant plus petit, que leur cerveau reçoit des traces plus profondes des objets les moins considérables.

Le second défaut, c'est qu'ils sont visionnaires[1], mais d'une manière délicate, et assez difficile à reconnaître. Le commun des hommes ne les estime pas visionnaires ; il n'y a que les esprits justes et éclairés qui s'aperçoivent de leurs visions, et de l'égarement de leur imagination.

Pour concevoir l'origine de ce défaut, il faut encore se souvenir de ce que nous avons dit dès le commencement de ce second Livre, qu'à l'égard de ce qui se passe dans le cerveau, les sens et l'imagination ne diffèrent que du plus et du moins : et que c'est la grandeur et la profondeur des traces qui font que l'âme sent les objets ; qu'elle les juge comme présents et capables de la toucher ; et enfin assez proches d'elle pour lui faire sentir du plaisir et de la douleur. Car lorsque les traces d'un objet sont petites, l'âme imagine seulement cet objet : elle ne juge pas qu'il soit présent, et même elle ne le regarde pas comme fort grand et fort considérable. Mais à mesure que ces traces deviennent plus grandes et plus profondes, l'âme juge aussi que l'objet devient plus grand et plus considérable, qu'il s'approche davantage de nous, et enfin qu'il est capable de nous toucher, et de nous blesser.

Les visionnaires dont je parle ne sont pas dans cet excès de folie, de croire voir devant leurs yeux des objets qui sont absents : les traces de leur cerveau ne sont pas encore assez profondes ; ils ne sont fous qu'à demi : et s'ils l'étaient tout à fait, on n'aurait que faire de parler d'eux ici ; puisque tout le monde sentant leur égarement, on ne pourrait pas s'y laisser tromper. Ils ne sont pas visionnaires des sens, mais seulement visionnaires d'imagination. Les fous sont visionnaires des sens, puisqu'ils ne voient pas les choses comme elles

1. Voir Desmarets de Saint-Sorlin, *Les Visionnaires* (1638) et Nicole, *Les Imaginaires et les Visionnaires* (1667).

sont, et qu'ils en voient souvent qui ne sont point : mais ceux dont je parle ici, sont visionnaires d'imagination, puisqu'ils s'imaginent les choses tout autrement qu'elles ne sont, et qu'ils en imaginent même qui ne sont point. Cependant il est évident que les visionnaires des sens et les visionnaires d'imagination ne diffèrent entre eux que du plus et du moins, et que l'on passe souvent de l'état des uns à celui des autres. Ce qui fait qu'on se doit représenter la maladie de l'esprit des derniers par comparaison à celle des premiers, laquelle est plus sensible, et fait davantage d'impression sur l'esprit : puisque dans les choses qui ne diffèrent que du plus et du moins, il faut toujours expliquer les moins sensibles par les plus sensibles.

Le second défaut de ceux qui ont l'imagination forte et vigoureuse, est donc d'être visionnaires d'imagination, ou simplement visionnaires ; car on appelle du terme de fou ceux qui sont visionnaires des sens. Voici donc les mauvaises qualités des esprits visionnaires.

Ces esprits sont excessifs en toutes rencontres : ils relèvent les choses basses ; ils agrandissent les petites ; ils approchent les éloignées. Rien ne leur paraît tel qu'il est. Ils admirent tout ; ils se récrient sur tout sans jugement, et sans discernement. S'ils sont disposés à la crainte par leur complexion naturelle, je veux dire, si les fibres de leur cerveau étant extrêmement délicates, leurs esprits animaux sont en petite quantité, sans force et sans agitation, de sorte qu'ils ne puissent communiquer au reste du corps les mouvements nécessaires ; ils s'effrayent à la moindre chose, et ils tremblent à la chute d'une feuille. Mais s'ils ont abondance d'esprits et de sang, ce qui est plus ordinaire, ils se repaissent de vaines espérances ; et s'abandonnant à leur imagination féconde en idées, ils bâtissent comme l'on dit des châteaux en Espagne, avec beaucoup de satisfaction et de joie. Ils sont véhéments dans leurs passions, entêtés dans leurs opinions, toujours pleins et très satisfaits d'eux-mêmes. Quand ils se mettent dans la tête de passer pour beaux esprits, et qu'ils s'érigent en auteurs ; car il y a des auteurs de toutes espèces, visionnaires et autres : que d'extravagances, que d'emportements, que de mouvements irréguliers ! ils n'imitent jamais la nature, tout est affecté, tout est forcé, tout est guindé. Ils ne vont que par bonds ; ils ne marchent qu'en cadence ; ce ne sont que figures et qu'hyperboles. Lorsqu'ils se veulent mettre dans la piété, et s'y conduire par leur fantaisie, ils entrent entièrement dans l'esprit juif et pharisien[1]. Ils s'arrêtent d'ordinaire à l'écorce, à des cérémonies extérieures, et à de petites pratiques, ils s'en occupent tout entiers. Ils deviennent scrupuleux, timides, superstitieux. Tout est de foi ; tout est essentiel chez eux, hormis ce qui est véritablement de foi, et ce qui est essentiel : car assez souvent ils négligent ce qu'il y a de plus important dans l'Évangile, la justice, la miséricorde, et la foi, leur esprit étant occupé par des devoirs moins essentiels. Mais il y aurait trop de choses à dire. Il suffit pour se persuader de leurs défauts, et pour en remarquer plusieurs autres, de faire quelque réflexion sur ce qui se passe dans les conversations ordinaires.

Les personnes d'une imagination forte et vigoureuse ont encore d'autres qualités, qu'il est très nécessaire de bien expliquer. Nous n'avons parlé jusqu'à présent que de leurs défauts : il est très juste maintenant de parler de leurs avantages. Ils en ont un entre autres qui regarde principalement notre sujet : parce que c'est par cet avantage, qu'ils dominent sur les esprits ordinaires ; qu'ils les font entrer dans leurs idées ; et qu'ils leur communiquent toutes les fausses impressions, dont ils sont touchés.

## VI. QUE CEUX QUI ONT L'IMAGINATION FORTE PERSUADENT FACILEMENT

Cet avantage consiste dans une facilité de s'exprimer d'une manière forte et vive, quoiqu'elle ne soit pas naturelle. Ceux qui imaginent fortement les choses, les expriment avec beaucoup de force, et persuadent tous ceux qui se convainquent plutôt par l'air et par l'impression sensible, que par la force des raisons. Car le cerveau de ceux qui ont l'imagination forte recevant, comme l'on a dit, des traces profondes des sujets qu'ils imaginent, ces traces sont naturellement suivies d'une grande émotion d'esprits, qui dispose d'une manière prompte et vive tout leur corps pour exprimer

1. Voir Matthieu, *Évangile*, XXIII, 2 sqq.

leurs pensées. Ainsi l'air de leur visage, le ton de leur voix, et le tour de leurs paroles animant leurs expressions, préparent ceux qui les écoutent et qui les regardent, à se rendre attentifs, et à recevoir machinalement l'impression de l'image qui les agite. Car enfin un homme qui est pénétré de ce qu'il dit, en pénètre ordinairement les autres, un passionné émeut toujours ; et quoique sa rhétorique soit souvent irrégulière, elle ne laisse pas d'être très persuasive[1] : parce que l'air et la manière se font sentir, et agissent ainsi dans l'imagination des hommes plus vivement que les discours les plus forts, qui sont prononcés de sang-froid : à cause que ces discours ne flattent point leurs sens, et ne frappent point leur imagination.

Les personnes d'imagination ont donc l'avantage de plaire, de toucher et de persuader, à cause qu'ils forment des images très vives et très sensibles de leurs pensées. Mais il y a encore d'autres causes qui contribuent à cette facilité qu'ils ont de gagner l'esprit. Car ils ne parlent d'ordinaire que sur des sujets faciles, et qui sont de la portée des esprits du commun. Ils ne se servent que d'expressions et de termes, qui ne réveillent que les notions confuses des sens, lesquelles sont toujours très fortes et très touchantes : ils ne traitent des matières grandes et difficiles, que d'une manière vague et par lieux communs, sans se hasarder d'entrer dans le détail, et sans s'attacher aux principes ; soit parce qu'ils n'entendent pas ces matières ; soit parce qu'ils appréhendent de manquer de termes, de s'embarrasser, et de fatiguer l'esprit de ceux qui ne sont pas capables d'une forte attention.

Il est maintenant facile de juger par les choses que nous venons de dire, que les dérèglements d'imagination sont extrêmement contagieux, et qu'ils se glissent et se répandent dans la plupart des esprits avec beaucoup de facilité. Mais ceux qui ont l'imagination forte, étant d'ordinaire ennemis de la raison et du bon sens, à cause de la petitesse de leur esprit, et des visions auxquelles ils sont sujets, on peut aussi reconnaître qu'il y a très peu de causes plus générales de nos

1. Voir Senault, *L'Homme criminel*, tr. III, disc. 9 et *La Logique* de Port-Royal, 3e partie, chap. 20.

erreurs, que la communication contagieuse des dérèglements et des maladies de l'imagination. Mais il faut encore prouver ces vérités par des exemples, et des expériences connues de tout le monde.

## CHAPITRE II

*Exemples généraux de la force de l'imagination.*

Il se trouve des exemples fort ordinaires de cette communication d'imagination dans les enfants à l'égard de leurs pères, et encore plus dans les filles à l'égard de leurs mères ; dans les serviteurs à l'égard de leurs maîtres, et dans les servantes à l'égard de leurs maîtresses ; dans les écoliers à l'égard de leurs précepteurs ; dans les courtisans à l'égard des rois, et généralement dans tous les inférieurs à l'égard de leurs supérieurs : pourvu toutefois que les pères, les maîtres, et les autres supérieurs aient quelque force d'imagination ; car sans cela il pourrait arriver, que des enfants et des serviteurs ne recevraient aucune impression considérable, de l'imagination faible de leurs pères ou de leurs maîtres.

Il se trouve encore des effets de cette communication dans les personnes d'une condition égale ; mais cela n'est pas si ordinaire, à cause qu'il ne se rencontre pas entre elles un certain respect, qui dispose les esprits à recevoir sans examen les impressions des imaginations fortes. Enfin il se trouve de ces effets dans les supérieurs à l'égard même de leurs inférieurs : et ceux-ci ont quelquefois une imagination si vive et si dominante, qu'ils tournent l'esprit de leurs maîtres et de leurs supérieurs comme il leur plaît.

Il ne sera pas malaisé de comprendre comment les pères et les mères font des impressions très fortes sur l'imagination de leurs enfants, si l'on considère, que ces dispositions naturelles de notre cerveau, qui nous portent à imiter ceux avec qui nous vivons, et à entrer dans leurs sentiments et dans leurs passions, sont encore bien plus fortes dans les enfants à l'égard de leurs parents, que dans tous les autres hommes. L'on en peut donner plusieurs raisons. La première, c'est qu'ils sont de même sang. Car de même que les parents transmettent très souvent dans leurs enfants des dispositions à certaines maladies héréditaires, telles que la goutte, la pierre, la folie, et généralement toutes celles qui ne leur sont point survenues par accident, ou qui n'ont point pour cause seule et unique quelque fermentation extraordinaire des humeurs, comme les fièvres et quelques autres : car il est visible que celles-ci ne se peuvent communiquer : ainsi ils impriment les dispositions de leur cerveau dans celui de leurs enfants, et ils donnent à leur imagination un certain tour, qui les rend tout à fait susceptibles des mêmes sentiments.

La seconde raison, c'est que d'ordinaire les enfants n'ont que très peu de commerce avec le reste des hommes, qui pourraient quelquefois tracer d'autres vestiges dans leur cerveau, et rompre en quelque façon, l'effort continuel de l'impression paternelle. Car de même qu'un homme qui n'est jamais sorti de son pays s'imagine ordinairement que les mœurs et les coutumes des étrangers sont tout à fait contraires à la raison, parce qu'elles sont contraires à la coutume de sa ville, au torrent de laquelle il se laisse emporter : ainsi un enfant qui n'est jamais sorti de la maison paternelle, s'imagine que les sentiments et les manières de ses parents sont la raison universelle ; ou plutôt il ne pense pas qu'il puisse y avoir quelque autre principe de raison ou de vertu que leur imitation. Il croit donc tout ce qu'il leur entend dire et il fait tout ce qu'il leur voit faire.

Mais cette impression des parents est si forte, qu'elle n'agit pas seulement sur l'imagination des enfants, elle agit même sur les autres parties de leur corps. Un jeune garçon marche, parle, et fait les mêmes gestes que son père. Une fille de même s'habille comme sa mère, marche comme elle, parle comme elle ; si la mère grasseye, la fille grasseye ; si la mère a quelque tour de tête irrégulier, la fille le prend. Enfin les enfants imitent leurs parents en toutes choses, jusque dans leurs défauts et dans leurs grimaces, aussi bien que dans leurs erreurs et dans leurs vices.

Il y a encore plusieurs autres causes qui augmentent l'effet de cette impression. Les principales sont l'autorité des parents, la dépendance des enfants, et l'amour mutuel des uns et des autres : mais ces causes sont communes aux courtisans, aux serviteurs, et généralement à tous les inférieurs aussi bien qu'aux enfants. Nous les allons expliquer par l'exemple des gens de cour.

Il y a des hommes qui jugent de ce qui ne paraît point par ce qui paraît : de la grandeur, de la force, et de la capacité de l'esprit qui leur sont cachées, par la noblesse, les dignités et les richesses, qui leur sont connues. On mesure souvent l'un par l'autre : et la dépendance où l'on est des grands, le désir de participer à leur grandeur, et l'éclat sensible qui les environne, porte souvent les hommes à rendre à des hommes des honneurs divins, s'il m'est permis de parler ainsi. Car si Dieu donne aux princes l'autorité, les hommes leur donnent l'infaillibilité : mais une infaillibilité, qui n'est point limitée dans quelques sujets ni dans quelques rencontres, et qui n'est point attachée à quelques cérémonies. Les grands savent naturellement toutes choses : ils ont toujours raison, quoiqu'ils décident des questions desquelles ils n'ont aucune connaissance. C'est ne savoir pas vivre que d'examiner ce qu'ils avancent : c'est perdre le respect que d'en douter. C'est se révolter, ou pour le moins c'est se déclarer, sot, extravagant et ridicule que de les condamner.

Mais lorsque les grands nous font l'honneur de nous aimer, ce n'est plus alors simplement opiniâtreté, entêtement, rébellion, c'est encore ingratitude et perfidie que de ne se rendre pas aveuglément à toutes leurs opinions : c'est une faute irréparable qui nous rend pour toujours indignes de leurs bonnes grâces. Ce qui fait que les gens de cour, et par une suite nécessaire presque tous les peuples s'engagent sans délibérer dans tous les sentiments de leur souverain, jusque-là même que dans les vérités de la religion, ils se rendent très souvent à leur fantaisie et à leur caprice.

L'Angleterre, et l'Allemagne ne nous fournissent que trop d'exemples de ces soumissions déréglées des peuples aux volontés impies de leurs princes. Les histoires de ces derniers temps en sont toutes remplies ; et l'on a vu quelquefois des personnes avancées en âge, avoir changé quatre ou cinq fois de religion à cause des divers changements de leurs princes.

Les rois et même les reines ont dans l'Angleterre* *le gouvernement de tous les états de leurs royaumes, soit ecclésiastiques ou civils en toutes causes*[1].

Ce sont eux qui approuvent les liturgies, les offices des fêtes, et la manière dont on doit administrer et recevoir les Sacrements. Ils ordonnent par exemple, que l'on n'adore point JÉSUS-CHRIST lorsque l'on communie, quoiqu'ils obligent encore de le recevoir à genoux selon l'ancienne coutume. En un mot ils changent toutes les choses dans leurs liturgies pour la conformer aux nouveaux articles de leur foi, et ils ont aussi le droit de juger de ces articles avec leur Parlement, comme le Pape avec le concile, ainsi que l'on peut voir dans les statuts d'Angleterre et d'Irlande faits au commencement du règne de la reine Élisabeth. Enfin on peut dire que les rois d'Angleterre ont même plus de pouvoir sur le spirituel que sur le temporel de leurs sujets : parce que ces misérables peuples et ces enfants de la terre, se souciant bien moins de la conservation de la foi, que de la conservation de leurs biens, ils entrent facilement dans tous les sentiments de leurs princes, pourvu que leur intérêt temporel n'y soit point contraire.

Les révolutions qui sont arrivées dans la religion en Suède et en Danemark, nous pourraient encore servir de preuve de la force que quelques esprits ont sur les autres, mais toutes ces révolutions ont encore eu plusieurs autres causes très considérables. Ces changements surprenants sont bien des preuves de la communication contagieuse de l'imagination ; mais des preuves trop grandes et trop vastes. Elles étonnent et elles éblouissent plutôt les esprits qu'elles ne les éclairent, parce qu'il y a trop de causes qui concourent à la production de ces grands événements.

Si les courtisans et tous les autres hommes abandonnent souvent des vérités certaines, des vérités essentielles ; des

* Art. 37 de la Religion de l'Église anglicane.

1. Référence aux articles établis par *The Book of Common Prayer... of the Church of England*, en 1562.

vérités qu'il est nécessaire de soutenir, ou de se perdre pour une éternité ; il est visible qu'ils ne se hasarderont pas de défendre les vérités abstraites, peu certaines et peu utiles. Si la religion du prince fait la religion de ses sujets, la raison du prince fera aussi la raison de ses sujets. Et ainsi les sentiments du prince seront toujours à la mode : ses plaisirs, ses passions, ses jeux, ses paroles, ses habits, et généralement toutes ses actions seront à la mode : car le prince est lui-même comme la mode essentielle, et il ne se rencontre presque jamais, qu'il fasse quelque chose qui ne devienne pas à la mode. Et comme toutes les irrégularités de la mode ne sont que des agréments et des beautés, il ne faut pas s'étonner si les princes agissent si fortement sur l'imagination des autres hommes.

Si Alexandre penche la tête, ses courtisans penchent la tête. Si Denis le Tyran s'applique à la géométrie à l'arrivée de Platon dans Syracuse, la géométrie devient aussitôt à la mode, et le palais de ce roi, dit Plutarque, se remplit incontinent de poussière par le grand nombre de ceux qui tracent des figures. Mais dès que Platon se met en colère contre lui, et que ce prince se dégoûte de l'étude, et s'abandonne de nouveau à ses plaisirs, ses courtisans en font aussitôt de même. Il semble, continue cet auteur*, qu'ils soient enchantés, et qu'une Circé les transforme en d'autres hommes. Ils passent de l'inclination pour la philosophie à l'inclination pour la débauche, et de l'horreur de la débauche à l'horreur de la philosophie. C'est ainsi que les princes peuvent changer les vices en vertus, et les vertus en vices, et qu'une seule de leurs paroles est capable d'en changer toutes les idées. Il ne faut d'eux qu'un mot, qu'un geste, qu'un mouvement des yeux ou des lèvres pour faire passer la science et l'érudition pour une basse pédanterie ; la témérité, la brutalité, la cruauté, pour grandeur de courage ; et l'impiété et le libertinage, pour force et pour liberté d'esprit.

Mais cela, aussi bien que tout ce que je viens de dire suppose, que ces princes aient l'imagination forte et vive : car s'ils avaient l'imagination faible et languissante, ils ne pourraient pas animer leurs discours, ni leur donner ce

* *Œuvres morales.* Comment on peut distinguer le flatteur de l'ami.

tour et cette force, qui soumet et qui abat invinciblement les esprit faibles.

Si la force de l'imagination toute seule et sans aucun secours de la raison peut produire des effets si surprenants, il n'y a rien de si bizarre ni de si extravagant qu'elle ne persuade, lorsqu'elle est soutenue par quelques raisons apparentes. En voici des preuves.

Un ancien auteur* rapporte qu'en Éthiopie les gens de cour se rendaient boiteux et difformes, qu'ils se coupaient quelques membres, et qu'ils se donnaient même la mort pour se rendre semblables à leurs princes. On avait honte de paraître avec deux yeux, et de marcher droit à la suite d'un roi borgne et boiteux ; de même qu'on n'oserait à présent paraître à la cour avec la fraise et la toque, ou avec des bottines blanches et des éperons dorés. Cette mode des Éthiopiens était fort bizarre et fort incommode, mais cependant c'était la mode. On la suivait avec joie, et on ne songeait pas tant à la peine qu'il fallait souffrir, qu'à l'honneur qu'on se faisait de paraître plein de générosité et d'affection pour son roi. Enfin cette fausse raison d'amitié soutenant l'extravagance de la mode, l'a fait passer en coutume et en loi qui a été observée fort longtemps.

Les relations de ceux qui ont voyagé dans le Levant, nous apprennent que cette coutume se garde dans plusieurs pays, et encore quelques autres aussi contraires au bon sens et à la raison. Mais il n'est pas nécessaire de passer deux fois la ligne, pour voir observer religieusement des lois et des coutumes déraisonnables, ou pour trouver des gens qui suivent des modes incommodes, et bizarres : il ne faut pas sortir de la France pour cela. Partout où il y a des hommes sensibles aux passions, et où l'imagination est maîtresse de la raison, il y a de la bizarrerie, et une bizarrerie incompréhensible. Si l'on ne souffre pas tant de douleur à tenir son sein découvert pendant les rudes gelées de l'hiver, et à se serrer le corps durant les chaleurs excessives de l'été, qu'à se crever un œil ou à se couper un bras, on devrait souffrir davantage de confusion. La peine n'est pas si grande, mais la raison qu'on a de l'endurer n'est pas si apparente : ainsi il y a pour le moins une égale

* Diodore de Sicile, *Bibliothèque historique*, liv. III.

bizarrerie. Un Éthiopien peut dire que c'est par générosité qu'il se crève un œil ; mais que peut dire une dame chrétienne, qui fait parade de ce que la pudeur naturelle et la religion l'obligent de cacher ? Que c'est la mode, et rien davantage. Mais cette mode est bizarre, incommode, malhonnête, indigne en toutes manières : elle n'a point d'autre source qu'une manifeste corruption de la raison, et qu'une secrète corruption du cœur : on ne la peut suivre sans scandale : c'est prendre ouvertement le parti du dérèglement de l'imagination contre la raison, de l'impureté contre la pureté, de l'esprit du monde contre l'esprit de Dieu : en un mot, c'est violer les lois de la raison et les lois de l'Évangile que de suivre cette mode. N'importe, c'est la mode : c'est-à-dire, une loi plus sainte et plus inviolable que celle que Dieu avait écrite de sa main sur les Tables de Moïse, et que celle qu'il grave avec son esprit dans le cœur des chrétiens.

En vérité je ne sais, si les Français ont tout à fait droit de se moquer des Éthiopiens et des sauvages. Il est vrai, que si on voyait pour la première fois un roi borgne et boiteux, n'avoir à sa suite que des boiteux et des borgnes, on aurait peine à s'empêcher de rire. Mais avec le temps on n'en rirait plus ; et l'on admirerait peut-être davantage la grandeur de leur courage et de leur amitié, qu'on ne se raillerait de la faiblesse de leur esprit. Il n'en est pas de même des modes de France. Leur bizarrerie n'est point soutenue de quelque raison apparente ; et si elles ont l'avantage de n'être pas si fâcheuses, elles n'ont pas toujours celui d'être aussi raisonnables. En un mot elles portent le caractère d'un siècle encore plus corrompu, dans lequel rien n'est assez puissant pour modérer le dérèglement de l'imagination.

Ce qu'on vient de dire des gens de cour, se doit aussi entendre de la plus grande partie des serviteurs à l'égard de leurs maîtres, des servantes à l'égard de leurs maîtresses, et pour ne pas faire un dénombrement assez inutile, cela se doit entendre de tous les inférieurs à l'égard de leurs supérieurs : mais principalement des enfants à l'égard de leurs parents ; parce que les enfants sont dans une dépendance toute particulière de leurs parents ; que leurs parents ont pour eux une amitié et une tendresse, qui ne se rencontre pas dans les autres ; et enfin parce que la raison porte les enfants à des soumissions et à des respects, que la même raison ne règle pas toujours.

Il n'est pas absolument nécessaire pour agir dans l'imagination des autres, d'avoir quelque autorité sur eux, et qu'ils dépendent de nous en quelque manière : la seule force d'imagination suffit quelquefois pour cela. Il arrive souvent que des inconnus, qui n'ont aucune réputation, et pour lesquels nous ne sommes prévenus d'aucune estime, ont une telle force d'imagination, et par conséquent des expressions si vives, et si touchantes, qu'ils nous persuadent sans que nous sachions ni pourquoi, ni même précisément de quoi nous sommes persuadés. Il est vrai que cela semble fort extraordinaire, mais cependant il n'y a rien de plus commun.

Or cette persuasion imaginaire ne peut venir que de la force d'un esprit visionnaire, qui parle vivement sans savoir ce qu'il dit, et qui tourne ainsi les esprits de ceux qui l'écoutent, à croire fortement sans savoir ce qu'ils croient. Car la plupart des hommes se laissent aller à l'effort de l'impression sensible qui les étourdit et les éblouit, et qui les pousse à juger par passion de ce qu'ils ne conçoivent que fort confusément. On prie ceux qui liront cet ouvrage de penser à ceci, d'en remarquer des exemples dans les conversations où ils se trouveront, et de faire quelque réflexion sur ce qui se passe dans leur esprit en ces occasions. Cela leur sera beaucoup plus utile qu'ils ne peuvent se l'imaginer.

Mais il faut bien considérer qu'il y a deux choses qui contribuent merveilleusement à la force de l'imagination des autres sur nous. La première est un air de piété et de gravité : l'autre est un air de libertinage et de fierté. Car selon notre disposition à la piété ou au libertinage, les personnes qui parlent d'un air grave et pieux, ou d'un air fier et libertin, agissent fort diversement sur nous.

Il est vrai que les uns sont bien plus dangereux que les autres : mais il ne faut jamais se laisser persuader par les manières ni des uns ni des autres, mais seulement par la force de leurs raisons. On peut dire gravement et modestement des sottises, et d'une manière dévote des impiétés et des blasphèmes. Il faut donc examiner, si les esprits sont de Dieu selon le conseil de saint Jean*, et ne pas se fier à toutes sortes d'esprits. Les démons se transforment quelquefois en anges de lumière ; et l'on trouve des personnes à qui l'air de piété est comme naturel, et par conséquent dont la réputation est d'ordinaire fortement établie, qui dispensent les hommes de leurs obligations essentielles, et même de celle d'aimer Dieu et le prochain, pour les rendre esclaves de quelque pratique, et de quelque cérémonie pharisienne.

Mais les imaginations fortes desquelles il faut éviter avec soin l'impression et la contagion, sont certains esprits par le monde, qui affectent la qualité d'esprits forts ; ce qui ne leur est pas difficile d'acquérir. Car il n'y a maintenant qu'à nier d'un certain air le péché originel, l'immortalité de l'âme, ou se railler de quelque sentiment reçu dans l'Église, pour acquérir la rare qualité d'esprit fort parmi le commun des hommes.

Ces petits esprits ont d'ordinaire beaucoup de feu, et un certain air libre et fier qui domine, et qui dispose les imaginations faibles à se rendre à des paroles vives et spécieuses, mais qui ne signifient rien à des esprits attentifs. Ils sont tout à fait heureux en expressions, quoique très malheureux en raisons. Mais parce que les hommes, tout raisonnables qu'ils sont, aiment beaucoup mieux se laisser toucher par le plaisir sensible de l'air et des expressions, que de se fatiguer dans l'examen des raisons, il est visible que ces esprits doivent l'emporter sur les autres, et communiquer ainsi leurs erreurs et leur malignité, par la puissance qu'ils ont sur l'imagination des autres hommes.

* I Joan, IV[1].

1. Ire *Épître* de Jean, IV, 1 : « Chers, ne vous fiez pas à tout esprit, discernez si les esprits, sont de Dieu [...]. »

# CHAPITRE III

I. *De la force de l'imagination de certains auteurs*. II. *De Tertullien*.

[I] Une des plus grandes et des plus remarquables preuves de la puissance que les imaginations ont les unes sur les autres, c'est le pouvoir qu'ont certains auteurs de persuader sans aucunes raisons. Par exemple, le tour des paroles de Tertullien, de Sénèque, de Montaigne, et de quelques autres, a tant de charmes, et tant d'éclat, qu'il éblouit l'esprit de la plupart des gens, quoique ce ne soit qu'une faible peinture, et comme l'ombre de l'imagination de ces auteurs. Leurs paroles toutes mortes qu'elles sont, ont plus de vigueur que la raison de certaines gens. Elles entrent, elles pénètrent, elles dominent dans l'âme d'une manière si impérieuse, qu'elles se font obéir sans se faire entendre, et qu'on se rend à leurs ordres sans les savoir. On veut croire mais on ne sait que croire : car lorsqu'on veut savoir précisément ce qu'on croit, ou ce qu'on veut croire, et qu'on s'approche, pour ainsi dire, de ces fantômes pour les reconnaître, ils s'en vont souvent en fumée avec tout leur appareil et tout leur éclat.

Quoique les livres des auteurs que je viens de nommer, soient très propres pour faire remarquer la puissance, que les imaginations ont les unes sur les autres, et que je les propose pour exemple, je ne prétends pas toutefois les condamner en toutes choses. Je ne puis pas m'empêcher d'avoir de l'estime pour certaines beautés qui s'y rencontrent, et de la déférence pour l'approbation universelle qu'ils ont eue pendant plusieurs siècles.* Je proteste enfin que j'ai beaucoup de respect

* Voyez les Éclaircissements[1].

1. Éclaircissement IX, consacré à la critique de Tertullien.

pour quelques ouvrages de Tertullien, principalement pour son apologie contre les Gentils, et pour son livre des prescriptions contre les hérétiques, et pour quelques endroits des livres de Sénèque, quoique je n'aie pas beaucoup d'estime pour tout le livre de Montaigne.

[II] Tertullien était à la vérité un homme d'une profonde érudition, mais il avait plus de mémoire que de jugement, plus de pénétration et plus d'étendue d'imagination, que de pénétration et d'étendue d'esprit. On ne peut douter enfin, qu'il ne fût visionnaire dans le sens que j'ai expliqué auparavant, et qu'il n'eût presque toutes les qualités que j'ai attribuées aux esprits visionnaires. Le respect qu'il eut pour les visions de Montanus et pour ses prophétesses[1], est une preuve incontestable de la faiblesse de son jugement. Ce feu, ces emportements, ces enthousiasmes sur de petits sujets, marquent sensiblement le dérèglement de son imagination. Combien de mouvements irréguliers dans ses hyperboles et dans ses figures ? Combien de raisons pompeuses et magnifiques, qui ne prouvent que par leur éclat sensible, et qui ne persuadent qu'en étourdissant et qu'en éblouissant l'esprit.

À quoi sert, par exemple, à cet auteur, qui veut se justifier d'avoir pris le manteau de philosophe, au lieu de la robe ordinaire, de dire que ce manteau avait autrefois été en usage dans la ville de Carthage ? Est-il permis présentement de prendre la toque et la fraise à cause que nos pères s'en sont servis ? Et les femmes peuvent-elles porter des vertugadins et des chaperons, si ce n'est au carnaval, lorsqu'elles veulent se déguiser en masque.

Que peut-il conclure de ces descriptions pompeuses et magnifiques des changements qui arrivent dans le monde, et que peuvent-elles contribuer à sa justification ? La lune est différente dans ses phases, l'année dans ses saisons, les campagnes changent de face l'hiver et l'été. Il arrive des débordements d'eaux qui noient des provinces entières, et des tremblements de terre qui les engloutissent. On a bâti de

1. Référence à l'hérésie de Montanus (IIe siècle) : les prophétesses Maximilla et Priscilla prétendaient atteindre directement l'extase dans leurs visions. Voir le *Dictionnaire de théologie catholique*, t. X, 2, col. 2355-2358.

nouvelles villes ; on a établi de nouvelles colonies ; on a vu des inondations de peuples qui ont ravagé des pays entiers ; enfin toute la nature est sujette au changement. Donc il a eu raison de quitter la robe pour prendre le manteau. Quel rapport entre ce qu'il doit prouver, et entre tous ces changements, et plusieurs autres qu'il recherche avec grand soin, et qu'il décrit avec des expressions forcées, obscures, et guindées. Le paon* se change à chaque pas qu'il fait, le serpent entrant dans quelque trou étroit sort de sa propre peau, et se renouvelle : donc il a raison de changer d'habit ? Peut-on de sang-froid, et de sens rassis tirer de pareilles conclusions, et pourrait-on les voir tirer sans en rire, si cet auteur n'étourdissait et ne troublait l'esprit de ceux qui le lisent ?

Presque tout le reste de ce petit livre *de Pallio*, est plein de raisons aussi éloignées de son sujet que celles-ci, lesquelles certainement ne prouvent qu'en étourdissant, lorsqu'on est capable de se laisser étourdir : mais il serait assez inutile de s'y arrêter davantage. Il suffit de dire ici, que si la justesse de l'esprit, aussi bien que la clarté et la netteté dans le discours, doivent toujours paraître en tout ce qu'on écrit, puisqu'on ne doit écrire que pour faire connaître la vérité, il n'est pas possible d'excuser cet auteur, qui au rapport même de Saumaise**, le plus grand critique de nos jours, a fait tous ses efforts pour se rendre obscur ; et qui a si bien réussi dans son dessein, que ce commentateur était prêt de jurer, qu'il n'y avait personne qui l'entendît parfaitement. Mais, quand le

*. Chap. II et III de *De Pallio*.

** *Multos etiam vidi postquam bene oestuassent ut eum assequerentur, nihil praeter sudorem et inanem animi fatigationem lucratos, ab ejus lectione discessisse. Sic qui Scotinus haberi viderique dignus, qui hoc cognomentum haberet, voluit, adeo quod voluit a semetipso impetravit, et efficere id quod optabat valuit, ut liquido jurare ausim neminem ad hoc tempus extitisse, qui possit jurare hunc libellum a capite ad calcem usque totum a se non minus bene intellectum quam lectum* (Salm. in epist. dedic. *Comment. in Tert*[1]).

1. Saumaise, Épître dédicatoire au *Commentaire* latin du *De Pallio* de Tertullien (Leyde, 1656) : « J'en ai même vu beaucoup qui, après s'être bien entraînées à le suivre, en ont abandonné la lecture, avec pour tout bénéfice la sueur du travail et une vaine fatigue de l'esprit. Ainsi, celui qui voulut être et paraître digne de celui qui porta ce surnom, "l'obscur" (*scotinus*), obtint ce qu'il voulait, et put mener à bien ce qu'il souhaitait, si bien que j'oserais jurer franchement que personne encore n'a pu jurer avoir aussi bien compris que lu ce petit livre, du début à la fin. »

génie de la nation, la fantaisie de la mode qui régnait en ce temps-là, et enfin la nature de la satire ou de la raillerie seraient capables de justifier en quelque manière ce beau dessein de se rendre obscur et incompréhensible ; tout cela ne pourrait excuser les méchantes raisons et l'égarement d'un auteur, qui dans plusieurs autres de ses ouvrages, aussi bien que dans celui-ci, dit tout ce qui lui vient dans l'esprit ; pourvu que ce soit quelque pensée extraordinaire, et qu'il ait quelque expression hardie par laquelle il espère faire parade de la force, ou pour mieux dire, du dérèglement de son imagination.

## CHAPITRE IV

*De l'imagination de Sénèque.*

L'imagination de Sénèque n'est quelquefois pas mieux réglée que celle de Tertullien. Ses mouvements impétueux l'emportent souvent dans des pays qui lui sont inconnus, où néanmoins il marche avec la même assurance, que s'il savait où il est et où il va. Pourvu qu'il fasse de grands pas, des pas figurés, et dans une juste cadence, il s'imagine qu'il avance beaucoup; mais il ressemble à ceux qui dansent, qui finissent toujours où ils ont commencé.

Il faut bien distinguer la force et la beauté des paroles, de la force et de l'évidence des raisons. Il y a sans doute beaucoup de force, et quelque beauté dans les paroles de Sénèque, mais il y a très peu de force et d'évidence dans ces raisons. Il donne par la force de son imagination un certain tour à ses paroles, qui touche, qui agite, et qui persuade par impression; mais il ne leur donne pas cette netteté, et cette lumière pure, qui éclaire et qui persuade par évidence. Il convainc parce qu'il émeut, et parce qu'il plaît; mais je ne crois pas qu'il lui arrive de persuader ceux qui le peuvent lire de sang-froid, qui prennent garde à la surprise, et qui ont coutume de ne se rendre qu'à la clarté et à l'évidence des raisons. En un mot pourvu qu'il parle et qu'il parle bien, il se met peu en peine de ce qu'il dit, comme si on pouvait bien parler sans savoir ce qu'on dit : et ainsi il persuade sans que l'on sache souvent, ni de quoi, ni comment on est persuadé, comme si on devait jamais se laisser persuader de quelque chose sans la concevoir distinctement, et sans avoir examiné les preuves qui la démontrent.

Qu'y a-t-il de plus pompeux et de plus magnifique, que l'idée qu'il nous donne de son sage ; mais qu'y a-t-il au fond de plus vain et de plus imaginaire ? Le portrait qu'il fait de Caton est trop beau pour être naturel ; ce n'est que du fard et que du plâtre qui ne donne dans la vue que de ceux qui n'étudient, et qui ne connaissent point la nature. Caton était un homme sujet à la misère des hommes : il n'était point invulnérable, c'est une idée ; ceux qui le frappaient, le blessaient. Il n'avait ni la dureté du diamant, que le fer ne peut briser, ni la fermeté des rochers, que les flots ne peuvent ébranler, comme Sénèque le prétend. En un mot il n'était point insensible ; et le même Sénèque se trouve obligé d'en tomber d'accord, lorsque son imagination s'est un peu refroidie, et qu'il fait davantage de réflexion à ce qu'il dit.

*Itaque non refert, quam multa in illum tela conjiciantur, cum sit nulli penetrabilis. Quomodo quorumdam lapidum inexpugnabilis ferro duritia est, nec secari adamas, ant caedi vel teri potest, sed incurrentia ultro retundit [...] : quemadmodum projecti in altum scopuli mare frangunt, nec ipsi ulla saevitiae vestigia tot verberati saeculis ostentant. Ita sapientis animus solidus est, et id roboris collegit, ut tam tutus sit ab injuria quam illa quae extulli.*

Sénèque, *Quod in sapientem non cadit injuria*, chap. III [1].

Mais quoi donc n'accordera-t-il pas, que son sage peut devenir misérable, puisqu'il accorde qu'il n'est pas insensible à la douleur ? Non sans doute, la douleur ne touche pas son sage : la crainte de la douleur ne l'inquiète pas : son sage est au-dessus de la fortune et de la malice des hommes : ils ne sont pas capables de l'inquiéter.

1. Sénèque, *De la constance du sage* (« Que l'injustice n'atteint pas le sage ») : « Aussi qu'importent tous les traits qu'on lui lance, puisqu'aucun ne peut le pénétrer ! Comme certaines pierres sont d'une résistance infaillible au fer, tel le diamant qui ne peut être ni coupé, ni entamé, ni même usé, mais qui fait rejaillir tout ce qui le frappe [...], comme les rochers qui s'avancent dans la mer brisent les vagues et ne montrent pas trace de ces assauts, pourtant fouettés depuis tant de siècles, ainsi l'âme du sage est solide, rassemblant en elle tellement d'énergie qu'elle est protégée de l'injustice, comme sont protégés des coups les pierres et les rochers dont je viens de parler. »

Il n'y a point de murailles et de tours dans les plus fortes places, que les béliers et les autres machines ne fassent trembler, et ne renversent avec le temps. Mais il n'y a point de machines assez puissantes pour ébranler l'esprit de son sage. Ne lui comparez pas les murs de Babylone qu'Alexandre a forcés, ni ceux de Carthage et de Numance, qu'un même bras a renversés[1], ni enfin le Capitole et la citadelle qui portent encore à présent des marques, que les ennemis s'en sont rendus les maîtres. Les flèches que l'on tire contre le soleil ne montent pas jusqu'à lui. Les sacrilèges que l'on commet, lorsque l'on renverse les temples, et qu'on en brise les images, ne nuisent pas à la divinité. Les Dieux mêmes peuvent être accablés sous les ruines de leurs temples : mais son sage n'en sera pas accablé : ou plutôt, s'il en est accablé, il n'est pas possible qu'il en soit blessé.

*Adsum hoc vobis probaturus : sub isto tot civitatum eversore munimenta incursu arietis labefieri, et turrium altitudinem cuniculis ac latentibus fossis repente residere, et aequaturum editissimas arces aggerem crescere. At nulla machinamenta posse reperiri, quae bene fundatum animum agitent.* Et plus bas : *Non Babylonis muros illi contuleris, quos Alexander intravit ; non Cartaginis, and Numantiae moenia ma manu capta ; non Capitolium arcemve : vabent ista hostile vestigium*, chap. VI.

*Quid ? tu putas cum stolidus ille Rex multitudine telorum diem obscurasset, ullam sagittam in solem incidisse. [...] Ut caelestia humanas manus effugiunt, et ab his qui templa dirunnt, aut simulachra conflant, nihil divinitati nocetur, ita quidquid fit in sapientem, proterve, petulanter, superbe, frustra tentatur*, chap. IV.

*Inter fragorem templorum super Deos suos cadentium uni homini pax fuit*, chap. V[2].

1. Scipion Émilien.

2. « Pour vous le prouver, voici que, sous les ordres d'un homme qui avait détruit tant de villes, les fortifications s'effondrent sous les coups du bélier, les hautes tours s'écroulent soudain détruites par les mines et les souterrains, les plus grandes citadelles sont prises d'assaut par les terrasses que dresse l'attaquant. Mais on ne peut trouver de machines de guerre pour ébranler une âme solidement fondée. »

« Ne compare pas celles-ci (les murailles qui entourent les biens du sage) aux murs de Babylone où pénétra Alexandre, ni aux fortifications de Carthage ou de Numance prises d'assaut par une seule troupe, ni au

Mais ne croyez pas, dit Sénèque, que ce sage que je vous dépeins ne se trouve nulle part. Ce n'est pas une fiction pour élever sottement l'esprit de l'homme. Ce n'est pas une grande idée sans réalité et sans vérité ; peut-être même que Caton passe cette idée.

*Non est ut dicas, ita ut soles, hunc sapientem nostrum nusquam inveniri. Non fugimus istud humani ingenii vanum decus, nec ingentem imaginem rei falsae concipimus : sed qualem confirmamus, exhibuimus, et exhibebimus. [...] Caeterum hic ipse M. Cato [...] vereor ne supra nostrum exemplar sit,* chap. VII[1].

Mais il me semble, continue-t-il, que je vois que votre esprit s'agite, et s'échauffe. Vous voulez dire peut-être, que c'est se rendre méprisable, que de promettre des choses qu'on ne peut ni croire, ni espérer ; et que les stoïciens ne font que changer le nom des choses, afin de dire les mêmes vérités d'une manière plus grande, et plus magnifique. Mais vous vous trompez : je ne prétends pas élever le sage par ces paroles magnifiques et spécieuses. Je prétends seulement, qu'il est dans un lieu inaccessible, et dans lequel on ne peut le blesser.

*Videor mihi intueri animum tuum incensum, et effervescentem : paras acclamare. Haec sunt, quae auctoritatem praeceptis vestris detrahant. Magna promittis, et quae ne optari quidem, nedum credi possunt.* Et plus bas : *Ita sublato alte supercilio in eadem, quae caeteri, descenditis mutatis rerum nominibus ; tale itaque aliquid et in hoc esse suspicor, quod*

Capitole ou à sa citadelle : ces murailles portent les marques de l'ennemi. »

« Comment ? Penses-tu que ce roi (Xerxès) qui, dans sa folie, envoyait, pour obscurcir le jour, d'innombrables flèches contre le soleil, l'ait jamais atteint par une seule ? [...] Comme les choses du ciel échappent aux mains des hommes, comme on ne nuit en rien à la divinité en détruisant les temples ou en faisant fondre les statues des dieux, ainsi les injures, les railleries, l'orgueil s'adressent en vain au sage. »

« Au milieu du fracas des temples s'écroulant sur leurs propres dieux, un seul homme resta en paix. »

1. « Ne dis pas, comme à ton habitude, que notre sage n'existe pas. Nous n'inventons pas une vaine dignité de l'esprit humain, ni l'image sans mesure d'une réalité trompeuse. Nous te l'avons montré et nous te le montrerons tel que nous affirmons qu'il est. [...] Au reste, ce même Caton est, je le crains, au-dessus de notre modèle. »

*prima specie pulchrum atque magnificum est, nec injuriam, nec contumeliam accepturum esse sapientem.* Et plus bas. *Ego vero sapientem non imaginario honore verborum exornare constitui, sed eo loco ponere, quo nulla perveniat injuria*[1].

Voilà jusqu'où l'imagination vigoureuse de Sénèque emporte sa faible raison. Mais se peut-il faire que des hommes qui sentent continuellement leurs misères et leurs faiblesses, puissent tomber dans des sentiments si fiers et si vains ? Un homme raisonnable peut-il jamais se persuader, que sa douleur ne le touche et ne le blesse ? Et Caton tout sage et tout fort qu'il était, pouvait-il souffrir sans quelque inquiétude, ou au moins sans quelque distraction, je ne dis pas les injures atroces d'un peuple enragé qui le traîne, qui le dépouille et qui le maltraite de coups, mais les piqûres d'une simple mouche ? Qu'y a-t-il de plus faible contre des preuves aussi fortes, et aussi convaincantes que sont celles de notre propre expérience, que cette belle raison de Sénèque, laquelle est cependant une de ses principales preuves ?

Celui qui blesse, dit-il, doit être plus fort, que celui qui est blessé. Le vice n'est pas plus fort que la vertu. Donc le sage ne peut être blessé. Car il n'y a qu'à répondre ou que tous les hommes sont pécheurs, et par conséquent dignes de la misère qu'ils souffrent ; ce que la religion nous apprend : ou que si le vice n'est pas plus fort que la vertu, les vicieux peuvent avoir quelquefois plus de force, que les gens de bien, comme l'expérience nous le fait connaître.

*Validius debet esse quod laedit, eo quod laeditur. Non est autem fortior nequitia virtute. Non potest ergo laedi sapiens. Injuria, in bonos non tentatur nisi a malis, bonis inter se pax est. [...] Quod si laedi nisi infirmior non potest, malus autem*

1. « Il me semble que ta pensée s'échauffe et se révolte. Te voilà prêt à t'écrier : c'est cela qui ruine l'autorité de vos préceptes ! Vous faites de grandes promesses et elles vont bien au-delà de nos souhaits, bien trop pour que nous puissions y croire. »

« Avec ces haussements de sourcils, vous descendez aussi bas que les autres : seuls les mots changent. C'est pourquoi je soupçonne dans votre formule au premier abord si belle et magnifique, quelque chose comme : le sage ne sera atteint ni par l'injustice, ni par l'affront. »

« Quant à moi, j'ai décidé de ne pas orner le sage d'une dignité imaginaire et purement verbale, mais de le placer en un lieu à l'abri de l'injustice. »

*bono infirmior est, nec injuria bonis nisi a dispari verenda est, injuria in sapientem virum non cadit*, chap. VII[1].

*Épicure avait raison de dire, *que les offenses étaient supportables à un homme sage*. Mais Sénèque a tort de dire, *que les sages ne peuvent pas même être offensés*. La vertu des stoïques ne pouvait pas les rendre invulnérables, puisque la véritable vertu n'empêche pas qu'on ne soit misérable, et digne de compassion dans le temps qu'on souffre quelque mal. Saint Paul et les premiers chrétiens avaient plus de vertu que Caton et que les stoïciens. Ils avouaient néanmoins, qu'ils étaient misérables par les peines qu'ils enduraient, quoiqu'ils fussent heureux dans l'espérance d'une récompense éternelle. *Si tantum in hac vita sperantes sumus, miserabiliores sumus omnibus hominibus*[3], dit saint Paul.

Comme il n'y a que Dieu qui nous puisse donner par sa grâce une véritable et solide vertu, il n'y a aussi que lui qui nous puisse faire jouir d'un bonheur solide et véritable ; mais il ne le promet et ne le donne pas en cette vie. C'est dans l'autre qu'il faut l'espérer de sa justice, comme la récompense des misères qu'on a souffertes pour l'amour de lui. Nous ne sommes pas à présent dans la possession de cette paix, et de ce repos que rien ne peut troubler. La grâce même de Jésus-Christ ne nous donne pas une force invincible : elle nous laisse d'ordinaire sentir notre propre faiblesse, pour nous faire connaître qu'il n'y a rien au monde qui ne nous puisse blesser ; et pour nous faire souffrir avec une patience humble, et modeste toutes les injures que nous recevons, et

1. « Ce qui porte le dommage doit être plus fort que celui à qui le dommage est porté. Or le vice n'est pas plus fort que la vertu ; le sage ne peut donc subir le dommage. L'injustice ne vient pas des gens de bien, mais seulement des méchants envers les gens de bien lesquels sont en paix entre eux [...] S'il n'y a que le plus faible pour subir le dommage, si le méchant est plus faible que le bon, si l'injustice envers les bons n'est à craindre que d'hommes qui ne les valent pas, alors l'injustice ne peut atteindre l'homme sage. »

* *Epicurus ait injurias tolerabiles esse sapienti, nos injurias non esse*, chap. XV[2].

2. *I^re Épître aux Corinthiens*, XV, 19 (« Si notre espérance vaut pour cette vie seulement, alors nous sommes les plus malheureux de tous les hommes »).

3. « Épicure affirme que le sage peut supporter les injustices, nous affirmons qu'il n'y a pas d'injustice. »

non pas avec une patience fière et orgueilleuse, semblable à la constance du superbe Caton.

Lorsqu'on frappa Caton *au visage, il ne se fâcha point ; il ne se vengea point ; il ne pardonne point aussi : mais il nia fièrement qu'on lui eût fait quelque injure. Il voulait qu'on le crût infiniment au-dessus de ceux qui l'avaient frappé. Sa patience n'était qu'orgueil et que fierté. Elle était choquante et injurieuse pour ceux qui l'avaient maltraité ; et Caton marquait par cette patience de stoïque, qu'il regardait ses ennemis comme des bêtes contre lesquelles il est honteux de se mettre en colère. C'est ce mépris de ses ennemis et cette grande estime de soi-même, que Sénèque appelle grandeur de courage. *Majori animo*, dit-il parlant de l'injure qu'on fit à Caton, *non agnovit quam ignovisset*[1]. Quel excès de confondre la grandeur de courage avec l'orgueil, et de séparer la patience d'avec l'humilité pour la joindre avec une fierté insupportable. Mais que ces excès flattent agréablement la vanité de l'homme, qui ne veut jamais s'abaisser : et qu'il est dangereux principalement à des chrétiens de s'instruire de la morale dans un auteur aussi peu judicieux que Sénèque ; mais dont l'imagination est si forte, si vive, et si impétueuse, qu'elle éblouit, qu'elle étourdit, et qu'elle entraîne tous ceux qui ont peu de fermeté d'esprit, et beaucoup de sensibilité pour tout ce qui flatte la concupiscence de l'orgueil.

Que les chrétiens apprennent plutôt de leur maître, que des impies sont capables de les blesser, et que les gens de bien sont quelquefois assujettis à ces impies par l'ordre de la Providence. Lorsqu'un des officiers du grand prêtre donna un soufflet à Jésus-Christ, ce sage des chrétiens, infiniment sage, et même aussi puissant qu'il est sage, confesse que ce valet a été capable de le blesser[2]. Il ne se fâche pas ; il ne se venge pas comme Caton ; mais il pardonne comme ayant été véritablement offensé. Il pouvait se venger, et perdre ses ennemis ; mais il souffre avec une patience humble et modeste, qui n'est injurieuse à personne, ni même à ce valet qui l'avait offensé. Caton au contraire ne pouvant ou n'osant tirer de vengeance réelle

* Sénèque, chap. XIV du même livre.

1. Sénèque, *op. cit.*, ch. XIV : « C'était le fait d'une âme plus grande de l'ignorer plutôt que de la pardonner. »

2. Jean, *Évangile*, XVIII, 22-23.

de l'offense qu'il avait reçue, tâche d'en tirer une imaginaire, et qui flatte sa vanité et son orgueil. Il s'élève en esprit jusque dans les nues : il voit de là les hommes d'ici-bas petits comme des mouches ; et il les méprise comme des insectes incapables de l'avoir offensé, et indignes de sa colère. Cette vision est une pensée digne du sage Caton. C'est elle qui lui donne cette grandeur d'âme, et cette fermeté de courage, qui le rend semblable aux dieux. C'est elle qui le rend invulnérable, puisque c'est elle qui le met au-dessus de toute la force et de toute la malignité des autres hommes. Pauvre Caton tu t'imagines, que ta vertu t'élève au-dessus de toutes choses. Ta sagesse* n'est que folie, et ta grandeur qu'abomination devant Dieu, quoi qu'en pensent les sages du monde.

Il y a des visionnaires de plusieurs espèces : les uns s'imaginent qu'ils sont transformés en coqs et en poules : d'autres croient qu'ils sont devenus rois, ou empereurs ; d'autres enfin se persuadent qu'ils sont indépendants, et comme des dieux. Mais si les hommes regardent toujours comme des fous ceux qui assurent, qu'ils sont devenus coqs, ou rois ; ils ne pensent pas toujours, que ceux qui disent que leur vertu les rend indépendants et égaux à Dieu, soient véritablement visionnaires. La raison en est, que pour être estimé fou, il ne suffit pas d'avoir de folles pensées, il faut outre cela, que les autres hommes prennent les pensées que l'on a pour des visions et pour des folies. Car les fous ne passent pas pour ce qu'ils sont, parmi les fous qui leur ressemblent, mais seulement parmi les hommes raisonnables, de même que les sages ne passent pas pour ce qu'ils sont parmi des fous. Les hommes reconnaissent donc pour fous ceux qui s'imaginent être devenus coqs ou rois, parce que tous les hommes ont raison de ne pas croire, qu'on puisse si facilement devenir coq ou roi. Mais ce n'est pas d'aujourd'hui que les hommes croient pouvoir devenir comme des dieux : ils l'ont cru de tout temps, et peut-être plus qu'ils ne le croient aujourd'hui. La vanité leur a toujours rendu cette pensée assez vraisemblable. Ils la tiennent de leurs pre-

* *Sapientia hujus mundi stultitia est apud Deum.*[1]
*Quod hominibus altum est, abominatio ante Deum* (Luc, XVI)[2]

1. Saint-Paul, *I^re^ Épître aux Corinthiens,* III, 19 : « La sagesse de ce monde est folie aux yeux de Dieu ».

2. Luc, *Évangile,* XVI, 15 : « Ce qui est grand par les hommes est une abomination devant Dieu ».

miers parents ; car sans doute nos premiers parents étaient dans ce sentiment, lorsqu'ils obéirent au démon qui les tenta par la promesse qu'il leur fit, qu'ils deviendraient semblables à Dieu, *Eritis sicut Dii*[1]. Les intelligences même les plus pures et les plus éclairées ont été si fort aveuglées par leur propre orgueil, qu'ils ont désiré et peut-être cru pouvoir devenir indépendants, et même formé le dessein de monter sur le trône de Dieu. Ainsi il ne faut point s'étonner, si les hommes qui n'ont ni la pureté ni la lumière des anges, s'abandonnent aux mouvements de leur vanité qui les aveugle et qui les séduit.

Si la tentation pour la grandeur et l'indépendance est la plus forte de toutes, c'est qu'elle nous paraît comme à nos premiers parents, assez conforme à notre raison, aussi bien qu'à notre inclination, à cause que nous ne sentons pas toujours toute notre dépendance. Si le serpent eût menacé nos premiers parents, en leur disant, si vous ne mangez du fruit dont Dieu vous a défendu de manger, vous serez transformés, vous en coq, et vous en poule, on ne craint point d'assurer qu'ils se fussent raillés d'une tentation si grossière : car nous nous en raillerions nous-mêmes. Mais le démon jugeant des autres par lui-même, savait bien que le désir de l'indépendance était le faible, par où il les fallait prendre. Au reste comme Dieu nous a créés à son image et à sa ressemblance, et que notre bonheur est d'être semblables à Dieu ; on peut dire que la magnifique et intéressante promesse du démon, est la même que celle que la religion nous propose*, et qu'elle s'accomplira en nous, non comme le disait le menteur et l'orgueilleux tentateur en désobéissant à Dieu, mais en suivant exactement ses ordres.

La seconde raison qui fait qu'on regarde comme fous, ceux qui assurent qu'ils sont devenus coqs ou rois, et qu'on n'a pas la même pensée de ceux qui assurent que personne ne les peut blesser, parce qu'ils sont au-dessus de la douleur ; c'est qu'il est visible que les hypocondriaques se trompent, et qu'il ne faut qu'ouvrir les yeux pour avoir des preuves sensibles de leur égarement. Mais lorsque

* I Jean, III, 2.

1. *Genèse*, III, 5 : « Vous serez comme des dieux. »

Caton assure que ceux qui l'ont frappé ne l'ont point blessé, et qu'il est au-dessus de toutes les injures qu'on lui peut faire ; il l'assure, ou il peut l'assurer avec tant de fierté et de gravité, qu'on ne peut reconnaître s'il est effectivement tel au-dedans, qu'il paraît être au-dehors. On est même porté à croire que son âme n'est point ébranlée, à cause que son corps demeure immobile : parce que l'air extérieur de notre corps est une marque naturelle de ce qui se passe dans le fond de notre âme. Ainsi quand un hardi menteur ment avec beaucoup d'assurance, il fait souvent croire les choses les plus incroyables : parce que cette assurance avec laquelle il parle, est une preuve qui touche les sens ; et qui par conséquent est très forte et très persuasive pour la plupart des hommes. Il y a donc peu de personnes qui regardent les stoïciens comme des visionnaires, ou comme de hardis menteurs, parce qu'on n'a pas de preuve sensible de ce qui se passe dans le fond de leur cœur, et que l'air de leur visage est une preuve sensible, qui impose facilement ; outre que la vanité nous porte à croire que l'esprit de l'homme est capable de cette grandeur, et de cette indépendance dont ils se vantent.

Tout cela fait voir qu'il y a peu d'erreurs plus dangereuses, et qui se communiquent aussi facilement que celles, dont les livres de Sénèque sont remplis : parce que ces erreurs sont délicates, proportionnées à la vanité de l'homme, et semblables à celle dans laquelle le démon engagea nos premiers parents. Elles sont revêtues dans ces livres d'ornements pompeux et magnifiques, qui leur ouvrent le passage dans la plupart des esprits. Elles y entrent, elles s'en emparent, elles les étourdissent, et les aveuglent. Mais elles les aveuglent d'un aveuglement superbe, d'un aveuglement éblouissant, d'un aveuglement accompagné de lueurs, et non pas d'un aveuglement humiliant et plein de ténèbres, qui fait sentir qu'on est aveugle, et qui le fait reconnaître aux autres. Quand on est frappé de cet aveuglement d'orgueil, on se met au nombre des beaux esprits et des esprits forts. Les autres même nous y mettent, et nous admirent. Ainsi il n'y a rien de plus contagieux que cet aveuglement ; parce que la vanité et la sensibilité des hommes, la corruption de leurs sens et de leurs passions les dispose à rechercher d'en être frappés, et les excite à en frapper les autres.

Je ne crois donc pas qu'on puisse trouver d'auteur plus propre que Sénèque, pour faire connaître quelle est la contagion d'une infinité de gens, qu'on appelle beaux esprits et esprits forts ; et comment les imaginations fortes et vigoureuses dominent sur les esprits faibles et peu éclairés : non par la force ni l'évidence des raisons, qui sont des productions de l'esprit ; mais par le tour et la manière vive de l'expression, qui dépend de la force de l'imagination.

Je sais bien que cet auteur a beaucoup d'estime dans le monde, et qu'on prendra pour une espèce de témérité de ce que j'en parle, comme d'un homme fort imaginatif et peu judicieux. Mais c'est principalement à cause de cette estime que j'ai entrepris d'en parler ; non par une espèce d'envie ou par humeur, mais parce que l'estime qu'on fait de lui touchera davantage les esprits, et leur fera faire attention aux erreurs que j'ai combattues. Il faut autant qu'on peut apporter des exemples illustres des choses qu'on dit, lorsqu'elles sont de conséquence, et c'est quelquefois faire honneur à un livre que de le critiquer. Mais enfin je ne suis pas le seul, qui trouve à redire dans les écrits de Sénèque ; car sans parler de quelques illustres de ce siècle, il y a près de seize cents ans, qu'un auteur très judicieux a remarqué, qu'il y avait peu* d'exactitude dans sa philosophie**, peu de discernement et de justesse dans son élocution, et*** que sa réputation était plutôt l'effet d'une ferveur et d'une inclination indiscrète de jeunes gens, que d'un consentement de personnes savantes et bien sensées.

Il est inutile de combattre par des écrits publics des erreurs grossières, parce qu'elles ne sont point contagieuses. Il est ridicule d'avertir les hommes, que les hypocondriaques se trompent, ils le savent assez. Mais si ceux dont ils font beaucoup d'estime se trompent, il est toujours utile de les en

* *In Philosophia parum diligens.*

** *Velles eum suo ingenio dixisse alieno judicio.*

*** *Si aliqua contempsisset, etc. consensu potius eruditorum puam puerorum amore comprobaretur* (Quintil., lib. X, cap. I[1]).

1. Quintilion, Institution de l'orateur, X, 1 : « Peu exact en philosophie. » – « On voudrait qu'il se fût exprimé avec son talent, mais avec le jugement d'un autre ». – « S'il avait rejeté certains effets [...], il aurait obtenu le consentement des savants plutôt que la passion des jeunes gens. »

avertir, de peur qu'ils ne suivent leurs erreurs. Or il est visible que l'esprit de Sénèque est un esprit d'orgueil et de vanité. Ainsi puisque l'orgueil, selon l'Écriture, est la source du péché, *Initium peccati superbia*[1], l'esprit de Sénèque ne peut être l'esprit de l'Évangile, ni sa morale s'allier avec la morale de Jésus-Christ, laquelle seule est solide et véritable.

Il est vrai que toutes les pensées de Sénèque ne sont pas fausses, ni dangereuses. Cet auteur se peut lire avec profit par ceux qui ont l'esprit juste, et qui savent le fond de la morale chrétienne. De grands hommes s'en sont servis utilement, et je n'ai garde de condamner ceux qui pour s'accommoder à la faiblesse des autres hommes, qui avaient trop d'estime pour lui, ont tiré des ouvrages de cet auteur, des preuves pour défendre la morale de Jésus-Christ, et pour combattre ainsi les ennemis de l'Évangile par leurs propres armes.

Il y a de bonnes choses dans l'Alcoran, et l'on trouve des prophéties véritables dans les Centuries de Nostradamus : on se sert de l'Alcoran pour combattre la religion des Turcs ; et l'on peut se servir des prophéties de Nostradamus, pour convaincre quelques esprits bizarres et visionnaires. Mais ce qu'il y a de bon dans l'Alcoran, ne fait pas que l'Alcoran soit un bon livre, et quelques véritables explications des Centuries de Nostradamus ne feront jamais passer Nostradamus pour un prophète ; et l'on ne peut pas dire que ceux qui se servent de ces auteurs les approuvent, ou qu'ils aient pour eux une estime véritable.

On ne doit pas prétendre combattre ce que j'ai avancé de Sénèque, en rapportant un grand nombre de passages de cet auteur, qui ne contiennent que des vérités solides et conformes à l'Évangile : je tombe d'accord qu'il y en a, mais il y en a aussi dans l'Alcoran et dans les autres méchants livres. On aurait tort de même de m'accabler de l'autorité d'une infinité de gens qui se sont servis de Sénèque, parce qu'on peut quelquefois se servir d'un livre que l'on croit impertinent, pourvu que ceux à qui l'on parle, n'en portent pas le même jugement que nous.

1. *Ecclésiastique*, X, 15 : « L'orgueil est le commencement du péché. »

Pour ruiner toute la sagesse des stoïques, il ne faut savoir qu'une seule chose, qui est assez prouvée par l'expérience et par ce que l'on a déjà dit : c'est que nous tenons à notre corps, à nos parents, à nos amis, à notre prince, à notre patrie par des liens que nous ne pouvons rompre, et que même nous aurions honte de tâcher de rompre. Notre âme est unie à notre corps, et par notre corps à toutes les choses visibles par une main si puissante, qu'il est impossible par nous-mêmes de nous en détacher. Il est impossible qu'on pique notre corps, sans que l'on nous pique, et que l'on nous blesse nous-mêmes, parce que dans l'état où nous sommes, cette correspondance de nous avec le corps qui est à nous, est absolument nécessaire. De même, il est impossible qu'on nous dise des injures et qu'on nous méprise, sans que nous en sentions du chagrin : parce que Dieu nous ayant faits pour être en société avec les autres hommes, il nous a donné une inclination pour tout ce qui est capable de nous lier avec eux, laquelle nous ne pouvons vaincre par nous-mêmes. Il est chimérique de dire que la douleur ne nous blesse pas, et que les paroles de mépris ne sont pas capables de nous offenser, parce qu'on est au-dessus de tout cela. On n'est jamais au-dessus de la nature, si ce n'est par la grâce ; et jamais stoïque ne méprisa la gloire et l'estime des hommes, par les seules forces de son esprit.

Les hommes peuvent bien vaincre leurs passions par des passions contraires. Ils peuvent vaincre la peur, ou la douleur par vanité ; je veux dire seulement, qu'ils peuvent ne pas fuir ou ne pas se plaindre, lorsque se sentant en vue à bien du monde, le désir de la gloire les soutient, et arrête dans leurs corps les mouvements qui les portent à la fuite. Ils peuvent vaincre de cette sorte ; mais ce n'est pas là vaincre, ce n'est pas là se délivrer de la servitude : c'est peut-être changer de maître pour quelque temps, ou plutôt c'est étendre son esclavage : c'est devenir sage, heureux, et libre seulement en apparence, et souffrir en effet une dure et cruelle servitude. On peut résister à l'union naturelle que l'on a avec son corps, par l'union que l'on a avec les hommes ; parce qu'on peut résister à la nature par les forces de la nature : on peut résister à Dieu par les forces que Dieu nous donne. Mais on ne peut résister par les forces de son esprit : on ne peut entièrement vaincre la nature que par la grâce ; parce qu'on ne peut, s'il est permis de parler ainsi, vaincre Dieu, que par un secours particulier de Dieu.

Ainsi cette division magnifique de toutes les choses qui ne dépendent point de nous et desquelles nous ne devons point dépendre, est une division, qui semble conforme à la raison ; mais qui n'est point conforme à l'état déréglé, auquel le péché nous a réduits. Nous sommes unis à toutes les créatures par l'ordre de Dieu, et nous en dépendons absolument par le désordre du péché. De sorte que nous ne pouvons être heureux, lorsque nous sommes dans la douleur et dans l'inquiétude, nous ne devons point espérer d'être heureux en cette vie, en nous imaginant que nous ne dépendons point de toutes les choses, desquelles nous sommes naturellement esclaves. Nous ne pouvons être heureux que par une foi vive et par une forte espérance, qui nous fasse jouir par avance des biens futurs ; et nous ne pouvons vivre selon les règles de la vertu, et vaincre la nature, si nous ne sommes soutenus par la grâce que Jésus-Christ nous a méritée.

## CHAPITRE V

*Du livre de Montaigne.*

Les Essais de Montaigne nous peuvent aussi servir de preuve de la force, que les imaginations ont les unes sur les autres : car cet auteur a un certain air libre, il donne un tour si naturel et si vif à ses pensées, qu'il est malaisé de le lire sans se laisser préoccuper. La négligence qu'il affecte lui sied assez bien, et le rend aimable à la plupart du monde sans le faire mépriser ; et sa fierté est une certaine fierté d'honnête homme, si cela se peut dire ainsi, qui le fait respecter sans le faire haïr. L'air du monde et l'air cavalier soutenus par quelque érudition, font un effet si prodigieux sur l'esprit, qu'on l'admire souvent, et qu'on se rend presque toujours à ce qu'il décide, sans oser l'examiner, et quelquefois même sans l'entendre. Ce ne sont nullement ses raisons qui persuadent : il n'en apporte presque jamais des choses qu'il avance, ou pour le moins il n'en apporte presque jamais qui aient quelque solidité. En effet, il n'a point de principes sur lesquels il fonde ses raisonnements, et il n'a point d'ordre pour faire les déductions de ses principes. Un trait d'histoire ne prouve pas : un petit conte ne démontre pas ; deux vers d'Horace, un apophtegme de Cléomène ou de César[1], ne doivent pas persuader des gens raisonnables : cependant ces Essais ne sont qu'un tissu de traits d'histoire, de petits contes, de bons mots, de distiques, et d'apophtegmes.

Il est vrai qu'on ne doit pas regarder Montaigne dans ses Essais, comme un homme qui raisonne, mais comme un

1. Voir *Essais*, I, XXVI, et LIII, « D'un mot de César ».

homme qui se divertit ; qui tâche de plaire, et qui ne pense point à enseigner : et si ceux qui le lisent ne faisaient que s'en divertir, il faut tomber d'accord que Montaigne ne serait pas un si méchant livre pour eux. Mais il est presque impossible de ne pas aimer ce qui plaît, et de ne pas se nourrir des viandes qui flattent le goût. L'esprit ne peut se plaire dans la lecture d'un auteur sans en prendre les sentiments, ou tout au moins sans en recevoir quelque teinture, laquelle se mêlant avec ses idées, les rende confuses et obscures.

Il n'est pas seulement dangereux de lire Montaigne pour se divertir, à cause que le plaisir qu'on y prend engage insensiblement dans ses sentiments : mais encore parce que ce plaisir est plus criminel qu'on ne pense. Car il est certain que ce plaisir naît principalement de la concupiscence, et qu'il ne fait qu'entretenir, et que fortifier les passions ; la manière d'écrire de cet auteur n'étant agréable, que parce qu'elle nous touche, et qu'elle réveille nos passions d'une manière imperceptible.

Il serait assez utile de prouver cela dans le détail, et généralement que tous les divers styles ne nous plaisent ordinairement, qu'à cause de la corruption secrète de notre cœur : mais ce n'en est pas ici le lieu, et cela nous mènerait trop loin. Toutefois si l'on veut faire réflexion sur la liaison des idées, et des passions dont j'ai parlé auparavant *, et sur ce qui se passe en soi-même, dans le temps que l'on lit quelque pièce bien écrite, on pourra reconnaître en quelque façon, que si nous aimons le genre sublime, l'air noble et libre de certains auteurs, c'est que nous avons de la vanité, et que nous aimons la grandeur et l'indépendance ; et que ce goût, que nous trouvons dans la délicatesse des discours efféminés, n'a point d'autre source, qu'une secrète inclination pour la mollesse et pour la volupté : en un mot, que c'est une certaine intelligence pour ce qui touche les sens, et non pas l'intelligence de la vérité, qui fait que certains auteurs nous charment et nous enlèvent comme malgré nous. Mais revenons à Montaigne.

Il me semble que ses plus grands admirateurs le louent d'un certain caractère d'auteur judicieux et éloigné du

* Chapitre dernier de la I^re^ partie de ce Livre.

pédantisme ; et d'avoir parfaitement connu la nature et les faiblesses de l'esprit humain. Si je montre donc que Montaigne tout cavalier qu'il est, ne laisse pas d'être aussi pédant que beaucoup d'autres, et qu'il n'a eu qu'une connaissance très médiocre de l'esprit, j'aurai fait voir que ceux qui l'admirent le plus, n'auront point été persuadés par des raisons évidentes, mais qu'ils auront été seulement gagnés par la force de son imagination.

Ce terme *pédant* est fort équivoque, mais l'usage, ce me semble, et même la raison veulent que l'on appelle pédants ceux, qui pour faire parade de leur fausse science, citent à tort et à travers toutes sortes d'auteurs, qui parlent simplement pour parler et pour se faire admirer des sots ; qui amassent sans jugement et sans discernement des apophtegmes et des traits d'histoire pour prouver, ou pour faire semblant de prouver des choses, qui ne se peuvent prouver que par des raisons.

Pédant est opposé à raisonnable, et ce qui rend les pédants odieux aux personnes d'esprit, c'est que les pédants ne sont pas raisonnables : car les personnes d'esprit, aimant naturellement à raisonner, ils ne peuvent souffrir la conversation de ceux qui ne raisonnent point. Les pédants ne peuvent pas raisonner, parce qu'ils ont l'esprit petit, ou d'ailleurs rempli d'une fausse érudition : et ils ne veulent pas raisonner, parce qu'ils voient que certaines gens les respectent et les admirent davantage, lorsqu'ils citent quelque auteur inconnu et quelque sentence d'un ancien, que lorsqu'ils prétendent raisonner. Ainsi leur vanité se satisfaisant dans la vue du respect qu'on leur porte, les attache à l'étude de toutes les sciences extraordinaires, qui attirent l'admiration du commun des hommes.

Les pédants sont donc vains et fiers, de grande mémoire et de peu de jugement, heureux et forts en citations, malheureux et faibles en raisons ; d'une imagination vigoureuse et spacieuse, mais volage et déréglée, et qui ne peut se contenir dans quelque justesse.

Il ne sera pas maintenant fort difficile de prouver que Montaigne était aussi pédant que plusieurs autres, selon cette notion du mot de pédant, qui semble la plus conforme à la raison et à l'usage : car je ne parle pas ici de pédant à longue robe, la robe ne peut pas faire le pédant. Montaigne qui a tant d'aversion pour la pédanterie pouvait bien ne porter jamais robe longue, mais il ne pouvait pas de même se défaire de ses propres défauts. Il a bien travaillé à se faire l'air cavalier, mais il n'a pas travaillé à se faire l'esprit juste, ou pour le moins il n'y a pas réussi. Ainsi il s'est plutôt fait un pédant à la cavalière, et d'une espèce toute singulière, qu'il ne s'est rendu raisonnable, judicieux, et honnête homme.

Le livre de Montaigne contient des preuves si évidentes de la vanité et de la fierté de son auteur, qu'il paraît peut-être assez inutile de s'arrêter à les faire remarquer : car il faut être bien plein de soi-même, pour s'imaginer comme lui, que le monde veuille bien lire un assez gros livre, pour avoir quelque connaissance de nos humeurs. Il fallait nécessairement qu'il se séparât du commun, et qu'il se regardât comme un homme tout à fait extraordinaire.

Toutes les créatures ont une obligation essentielle de tourner les esprits de ceux qui les veulent adorer, vers celui-là seul qui mérite d'être adoré ; et la religion nous apprend que nous ne devons jamais souffrir que l'esprit et le cœur de l'homme qui n'est fait que pour Dieu, s'occupe de nous, et s'arrête à nous admirer et à nous aimer. Lorsque saint Jean se prosterna devant l'ange du Seigneur, cet ange lui défendit de l'adorer :* *Je suis serviteur*, lui dit-il, *comme vous et comme vos frères. Adorez Dieu*. Il n'y a que les démons, et ceux qui participent à l'orgueil des démons, qui se plaisent d'être adorés ; et c'est vouloir être adoré, non pas d'une adoration extérieure et apparente, mais d'une adoration intérieure et véritable, que de vouloir que les autres hommes s'occupent de nous : c'est vouloir être adoré, comme Dieu veut être adoré, c'est-à-dire en esprit et en vérité.

Montaigne n'a fait son livre que pour se peindre, et pour représenter ses humeurs et ses inclinations : il l'avoue lui-même dans l'avertissement au lecteur inséré dans toutes les éditions : *C'est moi que je peins*, dit-il. *Je suis moi-même la matière de mon livre*[1]. Et cela paraît assez en le

* Apoc., XIX, 10. *Conservus tuus sum, etc. Deum adora.*

1. *Essais*, « Au lecteur ».

lisant : car il y a très peu de chapitres, dans lesquels il ne fasse quelque digression pour parler de lui, et il y a même des chapitres entiers, dans lesquels il ne parle que de lui. Mais s'il a composé son livre pour s'y peindre, il l'a fait imprimer afin qu'on le lût. Il a donc voulu que les hommes le regardassent et s'occupassent de lui ; quoiqu'il dise que *ce n'est pas raison qu'on emploie son loisir en un sujet si frivole et si vain*. Ces paroles ne font que le condamner : car s'il eût cru que ce n'était pas *raison* qu'on employât le temps à lire son livre, il eût agi lui-même contre le sens commun en le faisant imprimer. Ainsi on est obligé de croire, ou qu'il n'a pas dit ce qu'il pensait, ou qu'il n'a pas fait ce qu'il devait.

C'est encore une plaisante excuse de sa vanité de dire, qu'il n'a écrit que pour ses *parents et amis*. Car si cela eût été ainsi, pourquoi en eût-il fait faire trois impressions ? Une seule ne suffisait-elle pas pour ses parents et pour ses amis ? D'où vient encore qu'il a augmenté son livre dans les dernières impressions qu'il en a fait faire, et qu'il n'en a jamais rien retranché, si ce n'est que la fortune secondait ses intentions. *J'ajoute*, dit-il*, *mais je ne corrige pas, parce que celui qui a hypothéqué au monde son ouvrage, je trouve apparence qu'il n'y ait plus de droit. Qu'il dise s'il peut mieux ailleurs, et ne corrompe la besogne qu'il a vendue. De telles gens il ne faudrait rien acheter qu'après leur mort, qu'ils y pensent bien avant que de se produire. Qui les hâte ? mon livre est toujours un, etc*. Il a donc voulu se produire et hypothéquer au monde son ouvrage, aussi bien qu'à ses parents et à ses amis. Mais sa vanité serait toujours assez criminelle, quand il n'aurait tourné et arrêté l'esprit et le cœur que de ses parents et de ses amis vers son portrait, autant de temps qu'il en faut pour lire son livre.

Si c'est un défaut de parler souvent de soi, c'est une effronterie, ou plutôt une espèce de folie que de se louer à tous moments, comme fait Montaigne : car ce n'est pas seulement pécher contre l'humilité chrétienne, mais c'est encore choquer la raison.

Les hommes sont faits pour vivre ensemble, et pour former des corps et des sociétés civiles. Mais il faut

* Liv. III, chap. IX.

remarquer, que tous les particuliers qui composent les sociétés, ne veulent pas qu'on les regarde comme la dernière partie du corps duquel ils sont. Ainsi ceux qui se louent se mettant au-dessus des autres, les regardant comme les dernières parties de leur société, et se considérant eux-mêmes comme les principales et les plus honorables ; ils se rendent nécessairement odieux à tout le monde, au lieu de se faire aimer et de se faire estimer.

C'est donc une vanité, et une vanité indiscrète et ridicule à Montaigne, de parler avantageusement de lui-même à tous moments. Mais c'est une vanité encore plus extravagante à cet auteur de décrire ses défauts. Car si l'on y prend garde, on verra qu'il ne découvre guère que les défauts dont on fait gloire dans le monde, à cause de la corruption du siècle, qu'il s'attribue volontiers ceux qui peuvent le faire passer pour esprit fort, ou lui donner l'air cavalier, et afin que par cette franchise simulée de la confession de ses désordres, on le croie plus volontiers lorsqu'il parle à son avantage. Il a raison de dire* *que se priser et se mépriser naissent souvent de pareil air d'arrogance.*

C'est toujours une marque certaine que l'on est plein de soi-même ; et Montaigne me paraît encore plus fier et plus vain quand il se blâme que lorsqu'il se loue, parce que c'est un orgueil insupportable que de tirer vanité de ses défauts, au lieu de s'en humilier. J'aime mieux un homme, qui cache ses crimes avec honte, qu'un autre qui les publie avec effronterie ; et il me semble qu'on doit avoir quelque horreur de la manière cavalière et peu chrétienne, dont Montaigne représente ses défauts. Mais examinons les autres qualités de son esprit.

Si nous croyons Montaigne sur sa parole, nous nous persuaderons que c'était un homme *de nulle rétention*** ; *qu'il n'avait point de gardoire**** ; *que la***** *mémoire lui manquait du tout*, mais qu'il ne manquait pas de sens, et de jugement. Cependant si nous en croyons le portrait même, qu'il a fait de son esprit, je veux dire son propre livre, nous

* Liv. III, chap. XIII.
** Liv. II, chap. X.
*** Liv. I, chap. XXIV.
**** Liv. II, chap. XVII.

ne serons pas tout à fait de son sentiment. *Je ne saurais recevoir une charge sans tablettes,* dit-il, *et quand j'ai un propos à tenir, s'il est de longue haleine, je suis réduit à cette vile et misérable nécessité d'apprendre par cœur mot à mot, ce que j'ai à dire ; autrement je n'aurais ni façon ni assurance, étant en crainte que ma mémoire me vînt faire un mauvais tour.* Un homme qui peut bien apprendre mot à mot des discours de longue haleine, pour avoir quelque façon et quelque assurance, manque-t-il plutôt de mémoire que de jugement ? Et peut-on croire Montaigne, lorsqu'il dit de lui : *Les gens qui me servent, il faut que je les appelle par le nom de leurs charges, ou de leur pays. Car il m'est très malaisé de retenir des noms, et si je durais à vivre longtemps, je ne crois pas que je n'oubliasse mon nom propre.* Un simple gentilhomme, qui peut retenir par cœur et mot à mot avec assurance des discours *de longue haleine*, a-t-il un si grand nombre d'officiers qu'il n'en puisse retenir les noms ? Un homme *qui est né et nourri aux champs**, *et parmi le labourage, qui a des affaires et un ménage en main*, et qui dit *que de mettre à nonchaloir ce qui est à nos pieds, ce que nous avons entre nos mains, ce qui regarde de plus près l'usage de la vie, c'est chose bien éloignée de son dogme*, peut-il oublier les noms français de ses domestiques ? Peut-il ignorer, comme il dit, *la plupart de nos monnaies, la différence d'un grain à l'autre en la terre et au grenier, si elle n'est pas trop apparente, les plus grossiers principes de l'agriculture et que les enfants savent, de quoi sert le levain à faire du pain, et ce que c'est que de faire cuver du vin* ? Et cependant avoir l'esprit plein de noms des anciens philosophes, et de leurs principes, *des idées de Platon***, *des atomes d'Épicure, du plein, et du vide de Leucippus et de Democritus, de l'eau de Thalès, de l'infinité de nature d'Anaximandre, de l'air de Diogène, des nombres et de la symétrie de Pythagoras, de l'infini de Parménide, de l'un de Museus, de l'eau et du feu d'Apollodorus, des parties similaires d'Anaxagoras, de la discorde et de l'amitié d'Empédocle, du feu d'Héraclite, etc.* Un homme qui dans trois ou quatre pages de son livre, rapporte plus de cinquante noms d'auteurs différents avec leurs opinions ; qui a rempli tout

* Liv. II, chap. XVII.
** Liv. II, chap. XII.

son ouvrage de traits d'histoire, et d'apophtegmes entassés sans ordre ; qui dit* que *l'histoire et la poésie sont son gibier en matière de livres*[1] ; qui se contredit à tous moments et dans un même chapitre, lors même qu'il parle des choses qu'il prétend le mieux savoir, je veux dire lorsqu'il parle des qualités de son esprit, se doit-il piquer d'avoir plus de jugement que de mémoire ?

Avouons donc que Montaigne était *excellent en oubliance*[2], puisque Montaigne nous en assure, qu'il souhaite que nous ayons ce sentiment de lui, et qu'enfin cela n'est pas tout à fait contraire à la vérité. Mais ne nous persuadons pas sur sa parole, ou par les louanges qu'il se donne, que c'était un homme de grand sens, et d'une pénétration d'esprit tout extraordinaire. Cela pourrait nous jeter dans l'erreur, et donner trop de crédit aux opinions fausses et dangereuses, qu'il débite avec une fierté et une hardiesse dominante, qui ne fait qu'étourdir et qu'éblouir les esprits faibles.

L'autre louange que l'on donne à Montaigne est, qu'il avait une connaissance parfaite de l'esprit humain ; qu'il en pénétrait le fond, la nature, les propriétés ; qu'il en savait le fort et le faible, en un mot tout ce que l'on en peut savoir. Voyons s'il mérite bien ces louanges, et d'où vient qu'on en est si libéral à son égard.

Ceux qui ont lu Montaigne savent assez que cet auteur affectait de passer pour pyrrhonien**, et qu'il faisait gloire de douter de tout. *La persuasion de la certitude*, dit-il, *est un certain témoignage de folie et d'incertitude extrême ; et n'est point de plus folles gens, et moins philosophes, que les Philodoxes de Platon*[3]. Il donne au contraire tant de louanges aux pyrrhoniens dans le même chapitre***, qu'il n'est pas possible qu'il ne fût de cette secte. Il était nécessaire de son temps, pour passer pour habile et pour galant homme, de douter de tout ; et la qualité d'esprit fort dont il se piquait, l'engageait encore dans ces opinions. Ainsi en le supposant

* Liv. I, chap. XXV.
1. L. I, chap. XXVI.
2. L. II, chap. XVII.
** Liv. I, chap. XII.
3. L. II, chap. XII.
*** Un peu plus haut.

académicien, on pourrait tout d'un coup le convaincre d'être le plus ignorant de tous les hommes, non seulement dans ce qui regarde la nature de l'esprit, mais même en toute autre chose. Car puisqu'il y a une différence essentielle entre savoir et douter, si les académiciens disent ce qu'ils pensent, lors qu'ils assurent qu'ils ne savent rien, on peut dire que ce sont les plus ignorants de tous les hommes.

Mais ce ne sont pas seulement les plus ignorants de tous les hommes, ce sont aussi les défenseurs des opinions les moins raisonnables. Car non seulement ils rejettent tout ce qui est de plus certain et de plus universellement reçu, pour se faire passer pour esprits forts ; mais par le même tour d'imagination, ils se plaisent à parler d'une manière décisive des choses les plus incertaines et les moins probables. Montaigne est visiblement frappé de cette maladie d'esprit ; et il faut nécessairement dire, que non seulement il ignorait la nature de l'esprit humain, mais même qu'il était dans des erreurs fort grossières sur ce sujet, supposé qu'il nous ait dit ce qu'il en pensait, comme il l'a dû faire.

Car que peut-on dire d'un homme qui confond l'esprit avec la matière : qui rapporte les opinions les plus extravagantes des philosophes sur la nature de l'âme sans les mépriser, et même d'un air qui fait assez connaître, qu'il approuve davantage les plus opposées à la raison : qui ne voit pas la nécessité de l'immortalité de nos âmes : qui pense que la raison humaine ne la peut reconnaître ; et qui regarde les preuves que l'on en donne comme des songes que le désir fait naître en nous : *Somnia non docentis, sed optantis*[1] : qui trouve à redire que les hommes *se séparent de la presse des autres créatures, et se distinguent des bêtes*, qu'il appelle *nos confrères, et nos compagnons*, qu'il croit parler, s'entendre, et se moquer de nous, de même que nous parlons, que nous nous entendons, et que nous nous moquons d'elles : qui met plus de différence d'un homme à un autre homme, que d'un homme à une bête, qui donne jusqu'aux araignées, *délibération, pensement, et conclusion* :

1. Cicéron, I *Académiques*, L. II, ch. XXXVIII ; § 121 : « Ce sont là les rêves d'un homme guidé non par le goût d'instruire mais par ses désirs » (cité dans l'« Apologie de Raimond Sebond »).

et qui après avoir soutenu que l'âme de l'homme n'a aucun avantage sur celle des bêtes, accepte volontiers ce sentiment, que *ce n'est point par la raison, par le discours et par l'âme que nous excellons sur les bêtes, mais par notre beauté, notre beau teint, et notre belle disposition de membres, pour laquelle il nous faut mettre notre intelligence, notre prudence, et tout le reste à l'abandon, etc.* Peut-on dire qu'un homme qui se sert des opinions les plus bizarres pour conclure, que *ce n'est point par vrai discours, mais par une fierté et opiniâtreté, que nous nous préférons aux autres animaux*, eût une connaissance fort exacte de l'esprit humain, et croit-on en persuader les autres ?

Mais il faut faire justice à tout le monde, et dire de bonne foi quel était le caractère de l'esprit de Montaigne. Il avait peu de mémoire, encore moins de jugement, il est vrai : mais ces deux qualités ne font point ensemble ce que l'on appelle ordinairement dans le monde beauté d'esprit. C'est la beauté, la vivacité, et l'étendue de l'imagination, qui font passer pour bel esprit. Le commun des hommes estime le brillant, et non pas le solide, parce que l'on aime davantage ce qui touche les sens, que ce qui instruit la raison. Ainsi en prenant beauté d'imagination pour beauté d'esprit, on peut dire que Montaigne avait l'esprit beau et même extraordinaire. Ses idées sont fausses, mais belles. Ses expressions irrégulières ou hardies, mais agréables. Ses discours mal raisonnés, mais bien imaginés. On voit dans tout son livre un caractère d'original, qui plaît infiniment : tout copiste qu'il est, il ne sent point son copiste ; et son imagination forte et hardie donne toujours le tour d'original aux choses qu'il copie. Il a enfin ce qu'il est nécessaire d'avoir pour plaire et pour imposer ; et je pense avoir montré suffisamment, que ce n'est point en convainquant la raison qu'il se fait admirer de tant de gens, mais en leur tournant l'esprit à son avantage par la vivacité toujours victorieuse de son imagination dominante.

# CHAPITRE DERNIER

I. *Des sorciers par imagination, et des loups-garous.*
II. *Conclusion des deux premiers Livres.*

## I. DES SORCIERS PAR IMAGINATION ET DES LOUPS-GAROUS

Le plus étrange effet de la force de l'imagination, est la crainte déréglée de l'apparition des esprits, des sortilèges, des caractères, des charmes des lycanthropes[1] ou loups-garous, et généralement de tout ce qu'on s'imagine dépendre de la puissance du démon.

Il n'y a rien de plus terrible ni qui effraie davantage l'esprit, ou qui produise dans le cerveau des vestiges plus profonds, que l'idée d'une puissance invisible, qui ne pense qu'à nous nuire, et à laquelle on ne peut résister. Tous les discours qui réveillent cette idée sont toujours écoutés avec crainte et curiosité. Les hommes s'attachant à tout ce qui est extraordinaire, se font un plaisir bizarre de raconter ces histoires surprenantes et prodigieuses, de la puissance et de la malice des sorciers, à épouvanter les autres et à s'épouvanter eux-mêmes. Ainsi il ne faut pas s'étonner si les sorciers sont si communs en certains pays, où la créance du sabbat est trop enracinée ; où tous les contes les plus extravagants des sortilèges, sont écoutés comme des histoires authentiques ; et où l'on brûle comme

1. Voir l'évocation des prétendus loups-garous par saint Augustin dans le *De Civitate Dei*, l. XVIII, ch. 17-18.

des sorciers véritables les fous, et les visionnaires dont l'imagination a été déréglée, autant pour le moins par le récit de ces contes, que par la corruption de leur cœur.

Je sais bien que quelques personnes trouveront à redire, que j'attribue la plupart des sorcelleries à la force de l'imagination, parce que je sais que les hommes aiment qu'on leur donne de la crainte ; qu'ils se fâchent contre ceux qui les veulent désabuser ; et qu'ils ressemblent aux malades par imagination, qui écoutent avec respect, et qui exécutent fidèlement les ordonnances des médecins, qui leur pronostiquent les accidents funestes[1]. Les superstitions ne se détruisent pas facilement, et on ne les attaque pas sans trouver un grand nombre de défenseurs ; et cette inclination à croire aveuglément toutes les rêveries des démonographes, est produite et entretenue par la même cause, qui rend opiniâtres les superstitieux, comme il est assez facile de le prouver. Toutefois cela ne doit pas m'empêcher de décrire en peu de mots, comme je crois que de pareilles opinions s'établissent.

Un pâtre dans sa bergerie raconte après souper à sa femme, et à ses enfants les aventures du sabbat. Comme son imagination est modérément échauffée par les vapeurs du vin, et qu'il croit avoir assisté plusieurs fois à cette assemblée imaginaire, il ne manque pas d'en parler d'une manière forte et vive. Son éloquence naturelle jointe à la disposition où est toute sa famille, pour entendre parler d'un sujet si nouveau et si terrible, doit sans doute produire d'étranges traces dans des imaginations faibles, et il n'est pas naturellement possible qu'une femme et des enfants ne demeurent tout effrayés, pénétrés et convaincus de ce qu'ils lui entendent dire. C'est un mari, c'est un père qui parle de ce qu'il a vu, de ce qu'il a fait : on l'aime, et on le respecte : pourquoi ne le croirait-on pas ? Ce pâtre le répète en différents jours. L'imagination de la mère et des enfants en reçoit peu à peu des traces plus profondes ; ils s'y accoutument, les frayeurs passent, et la conviction demeure ; et enfin la curiosité les prend d'y aller. Ils se frottent de certaine drogue dans ce dessein, ils se couchent : cette disposition de leur cœur échauffe encore

1. Voir *Le Malade imaginaire* de Molière (1673-1674).

leur imagination ; et les traces que le pâtre avait formées dans leur cerveau, s'ouvrent assez pour leur faire juger dans le sommeil comme présents tous les mouvements de la cérémonie, dont il leur avait fait la description. Ils se lèvent, ils s'entredemandent et s'entredisent ce qu'ils ont vu. Ils se fortifient de cette sorte les traces de leur vision ; et celui qui a l'imagination la plus forte persuadant mieux les autres, ne manque pas de régler en peu de nuits l'histoire imaginaire du sabbat. Voilà donc des sorciers achevés, que le pâtre a faits, et ils en feront un jour beaucoup d'autres, si ayant l'imagination forte et vive, la crainte ne les empêche pas de conter de pareilles histoires.

Il s'est trouvé plusieurs fois des sorciers de bonne foi, qui disaient généralement à tout le monde, qu'ils allaient au sabbat ; et qui en étaient si persuadés, que quoique plusieurs personnes les veillassent, et les assurassent, qu'ils n'étaient point sortis du lit, ils ne pouvaient se rendre à leur témoignage.

Tout le monde sait que lorsque l'on fait des contes d'apparitions d'esprits aux enfants, ils ne manquent presque jamais d'en être effrayés, et qu'ils ne peuvent demeurer sans lumière et sans compagnie ; parce que alors leur cerveau ne recevant point de traces de quelque objet présent, celle que le conte a formée dans leur cerveau, se rouvre, et souvent même avec assez de force pour leur représenter comme devant leurs yeux, les esprits qu'on leur a dépeints. Cependant on ne leur conte pas ces histoires comme si elles étaient véritables. On ne leur parle pas avec le même air, que si on était persuadé ; et quelquefois on le fait d'une manière assez froide et assez languissante. Il ne faut donc pas s'étonner, qu'un homme qui croit avoir été au sabbat, et qui par conséquent en parle d'un ton ferme, et avec une contenance assurée, persuade facilement quelques personnes qui l'écoutent avec respect, de toutes les circonstances qu'il décrit, et transmette ainsi dans leur imagination des traces pareilles à celles qui le trompent.

Quand les hommes nous parlent, ils gravent dans notre cerveau des traces pareilles à celles qu'ils ont. Lorsqu'ils en ont de profondes, ils nous parlent d'une manière qui nous en grave de profondes : car ils ne peuvent parler, qu'ils ne nous rendent semblables à eux en quelque façon. Les enfants dans le sein de leurs mères ne voient que ce que voient leurs mères : et même lorsqu'ils sont venus au monde, ils imaginent peu de choses dont leurs parents n'en soient la cause ; puisque les hommes même les plus sages se conduisent plutôt par l'imagination des autres, c'est-à-dire par l'opinion et par la coutume, que par les règles de la raison. Ainsi dans les lieux où l'on brûle les sorciers, on en trouve un grand nombre : parce que dans les lieux où on les condamne au feu, on croit véritablement qu'ils le sont, et cette croyance se fortifie par les discours qu'on en tient. Que l'on cesse de les punir, et qu'on les traite comme des fous ; et l'on verra qu'avec le temps ils ne seront plus sorciers : parce que ceux qui ne le sont que par imagination, qui font certainement le plus grand nombre, reviendront de leurs erreurs.

Il est indubitable que les vrais sorciers méritent la mort, et que ceux mêmes qui ne le sont que par imagination, ne doivent pas être réputés comme tout à fait innocents ; puisque pour l'ordinaire ils ne se persuadent être sorciers, que parce qu'ils sont dans une disposition de cœur d'aller au sabbat, et qu'ils se sont frottés de quelque drogue pour venir à bout de leur malheureux dessein. Mais en punissant indifféremment tous ces criminels, la persuasion commune se fortifie, les sorciers par imagination se multiplient, et ainsi une infinité de gens se perdent et se damnent. C'est donc avec raison que plusieurs Parlements ne punissent point les sorciers : il s'en trouve beaucoup moins dans les terres de leur ressort et l'envie, la haine, et la malice des méchants ne peuvent se servir de ce prétexte pour perdre les innocents.

L'appréhension des loups-garous, ou des hommes transformés en loups, est encore une plaisante vision. Un homme par un effort déréglé de son imagination tombe dans cette folie, qu'il se croit devenir loup toutes les nuits. Ce dérèglement de son esprit ne manque pas de le disposer à faire toutes les actions que font les loups, ou qu'il a ouï dire qu'ils faisaient. Il sort donc à minuit de sa maison, il court les rues, il se jette sur quelque enfant s'il en rencontre, il le mord et le maltraite ; et le peuple stupide et superstitieux, s'imagine qu'en effet ce fanatique devient loup ; parce que ce malheureux le croit lui-même, et qu'il l'a dit en secret à quelques personnes qui n'ont pu le taire.

S'il était facile de former dans le cerveau les traces qui persuadent aux hommes qu'ils sont devenus loups, et si l'on pouvait courir les rues, et faire tous les ravages que font ces misérables loups-garous, sans avoir le cerveau entièrement bouleversé, comme il est facile d'aller au sabbat dans son lit, et sans se réveiller, ces belles histoires de transformations d'hommes en loups ne manqueraient pas de produire leur effet comme celles que l'on fait du sabbat, et nous aurions autant de loups-garous que nous avons de sorciers. Mais la persuasion d'être transformé en loup, suppose un bouleversement de cerveau bien plus difficile à produire, que celui d'un homme qui croit seulement aller au sabbat ; c'est-à-dire qui croit voir la nuit des choses qui ne sont point, et qui étant réveillé ne peut distinguer ses songes des pensées qu'il a eues pendant le jour.

C'est une chose assez ordinaire à certaines personnes d'avoir la nuit des songes assez vifs, pour s'en ressouvenir exactement lorsqu'ils sont réveillés, quoique le sujet de leur songe ne soit pas de soi fort terrible. Ainsi il n'est pas difficile, que des gens se persuadent d'avoir été au sabbat ; car il suffit pour cela que leur cerveau conserve les traces qui s'y font pendant le sommeil.

La principale raison qui nous empêche de prendre nos songes pour des réalités, est que nous ne pouvons lier nos songes avec les choses que nous avons faites pendant la veille : car nous reconnaissons par là, que ce ne sont que des songes[1]. Or les sorciers par imagination ne peuvent reconnaître par là, si leur sabbat est un songe. Car on ne va au sabbat que la nuit, et ce qui se passe au sabbat ne se peut lier avec les autres actions de la journée. Ainsi il est moralement impossible de les détromper par ce moyen-là. Et il n'est point encore nécessaire, que les choses que ces sorciers prétendus croient avoir vues au sabbat, gardent

1. Voir la Sixième Méditation de Descartes, sur l'impuissance de notre mémoire à lier nos songes entre eux à notre vie.

entre elles un ordre naturel : car elles paraissent d'autant plus réelles, qu'il y a plus d'extravagance, et de confusion dans leur suite. Il suffit donc pour les tromper, que les idées des choses du sabbat soient vives et effrayantes : ce qui ne peut manquer, si on considère qu'elles représentent des choses nouvelles et extraordinaires.

Mais afin qu'un homme s'imagine qu'il est coq, chèvre, loup, bœuf, il faut un si grand dérèglement d'imagination, que cela ne peut être ordinaire : quoique ces renversements d'esprit arrivent quelquefois, ou par une punition divine, comme l'Écriture le rapporte de Nabuchodonosor[1] ; ou par un transport naturel de mélancolie au cerveau, comme on en trouve des exemples dans les auteurs de médecine.

Encore que je sois persuadé, que les véritables sorciers soient très rares, que le sabbat ne soit qu'un songe, et que les Parlements qui renvoient les accusations des sorcelleries, soient les plus équitables ; cependant je ne doute point qu'il ne puisse y avoir des sorciers, des charmes, des sortilèges, etc. et que le démon n'exerce quelquefois sa malice sur les hommes par une permission particulière d'une puissance supérieure. Mais l'Écriture sainte nous apprend que le royaume de Satan est détruit : que l'ange du ciel a enchaîné le démon, et l'a enfermé dans les abîmes, d'où il ne sortira qu'à la fin du monde : que Jésus-Christ a dépouillé ce fort armé, et que le temps est venu auquel le Prince du monde est chassé hors du monde[2].

Il avait régné jusqu'à la venue du Sauveur, et il règne même encore, si on le veut, dans les lieux où le Sauveur n'est point connu : mais il n'a plus aucun droit ni aucun pouvoir sur ceux qui sont régénérés en Jésus-Christ : il ne peut même les tenter, si Dieu ne le permet ; et si Dieu le permet, c'est qu'ils peuvent le vaincre. C'est donc faire trop d'honneur au diable, que de rapporter des histoires comme des marques de sa puissance, ainsi que font quelques nouveaux démonographes ; puisque ces histoires le rendent redoutable aux esprits faibles.

1. Voir *Le Livre de Daniel*, IV, 28-30.
2. Voir Matthieu, *Évangile*, XII, 28-29 ; Marc, *Évangile*, III, 26-27.

Il faut mépriser les démons comme on méprise les bourreaux ; car c'est devant Dieu seul qu'il faut trembler : c'est sa seule puissance qu'il faut craindre. Il faut appréhender ses jugements et sa colère, et ne pas l'irriter par le mépris de ses lois et de son Évangile. On doit être dans le respect lorsqu'il parle, ou lorsque les hommes nous parlent de lui. Mais quand les hommes nous parlent de la puissance du démon, c'est une faiblesse ridicule de s'effrayer et de se troubler. Notre trouble fait honneur à notre ennemi. Il aime qu'on le respecte, et qu'on le craigne ; et son orgueil se satisfait, lorsque notre esprit s'abat devant lui.

### II. CONCLUSION DES DEUX PREMIERS LIVRES

Il est temps de finir ce second Livre, et de faire remarquer par les choses que l'on a dites dans ce Livre, et dans le précédent ; que toutes les pensées qu'a l'âme par le corps ou par dépendance du corps, sont toutes pour le corps : qu'elles sont toutes fausses ou obscures : qu'elles ne servent qu'à nous unir aux biens sensibles, et à tout ce qui peut nous les procurer, et que cette union nous engage dans des erreurs infinies, et dans de très grandes misères ; quoique nous ne sentions pas toujours ces misères ; de même que nous ne connaissons pas les erreurs qui les ont causées. Voici l'exemple le plus remarquable.

L'union que nous avons eue avec nos mères dans leur sein, laquelle est la plus étroite que nous puissions avoir avec les hommes, nous a causé les plus grands maux ; savoir le péché et la concupiscence, qui sont l'origine de toutes nos misères. Il fallait néanmoins pour la conformation de notre corps, que cette union fût aussi étroite qu'elle a été.

À cette union, qui a été rompue par notre naissance, une autre a succédé, par laquelle les enfants tiennent à leurs parents et à leurs nourrices. Cette seconde union n'a pas été si étroite que la première, aussi nous a-t-elle fait moins de mal : elle nous a seulement porté à croire et à vouloir imiter nos parents et nos nourrices en toutes choses. Il est visible, que cette seconde union nous était encore nécessaire, non comme la première pour la conformation de notre corps ; mais pour sa conservation, pour connaître toutes les choses qui y peuvent être utiles, et pour disposer le corps aux mouvements nécessaires pour les acquérir.

Enfin, l'union que nous avons encore présentement avec tous les hommes, ne laisse pas de nous faire beaucoup de mal ; quoiqu'elle ne soit pas si étroite, parce qu'elle est moins nécessaire à la conservation de notre corps. Car c'est à cause de cette union, que nous vivons d'opinion, que nous estimons et que nous aimons tout ce qu'on aime et ce qu'on estime dans le monde, malgré les remords de notre conscience, et les véritables idées que nous avons des choses. Je ne parle pas ici de l'union que nous avons avec l'esprit des autres hommes ; car on peut dire que nous en recevons quelque instruction. Je parle seulement de l'union sensible, qui est entre notre imagination, et l'air et la manière de ceux qui nous parlent. Voilà comment toutes les pensées que nous avons par dépendance du corps, sont toutes fausses, et d'autant plus dangereuses pour notre âme, qu'elles sont plus utiles à notre corps.

Ainsi tâchons de nous délivrer peu à peu des illusions de nos sens, des visions de notre imagination, et de l'impression que l'imagination des autres hommes fait sur notre esprit. Rejetons avec soin toutes les idées confuses, que nous avons par la dépendance où nous sommes de notre corps ; et n'admettons que les idées claires et évidentes que l'esprit reçoit par l'union qu'il a nécessairement avec le Verbe, ou la Sagesse et la Vérité éternelle, comme nous expliquerons dans le Livre suivant, qui est de l'entendement ou de l'esprit pur.

# ÉCLAIRCISSEMENTS

## VII, VIII, IX

## VIIe ÉCLAIRCISSEMENT

## SUR LE CINQUIÈME CHAPITRE DU DEUXIÈME LIVRE, TOME I

*Où je parle de la mémoire, et des habitudes spirituelles.*

Je n'avais garde de parler dans ce chapitre[1] de la mémoire ni des habitudes spirituelles pour plusieurs raisons, dont la principale est que nous n'avons point l'idée claire de notre âme. Car quel moyen d'expliquer clairement quelles sont les dispositions que les opérations de l'âme laissent en elle, lesquelles dispositions sont ses habitudes, puisqu'on ne connaît pas même clairement la nature de l'âme ? Il est évident qu'on ne peut pas connaître distinctement les changements dont un être est capable, lorsqu'on ne connaît pas distinctement la nature de cet être. Car si par exemple, les hommes n'avaient point d'idée claire de l'étendue, ce serait en vain qu'ils s'efforceraient d'en découvrir les figures. Ce serait en vain qu'ils tâcheraient de rendre raison de la facilité, par exemple, qu'acquiert une roue à tourner autour de son essieu, par l'usage qu'on en fait. Cependant puisqu'on souhaite que je parle sur une matière qui ne m'est pas connue en elle-même, voici le tour que je prends pour ne suivre en ceci que des idées claires.

Je suppose qu'il n'y a que Dieu qui agisse dans l'esprit, et qui lui représente les idées de toutes choses : et que si l'esprit aperçoit quelque objet par une idée très claire et très vive, c'est que Dieu lui représente cette idée d'une manière très parfaite.

Je suppose de plus que la volonté de Dieu étant entièrement conforme à l'ordre et à la justice, il suffit d'avoir droit

1. L. II, Ire partie, chapitre V.

à une chose afin de l'obtenir. Ces suppositions qui se conçoivent distinctement étant faites, la mémoire spirituelle se peut expliquer facilement et clairement. Car l'ordre demandant que les esprits qui ont pensé souvent à quelque objet, y repensent plus facilement, et en aient une idée plus claire et plus vive que ceux qui y ont peu pensé : la volonté de Dieu qui opère incessamment selon l'ordre, représente à leur esprit, dès qu'ils le souhaitent, l'idée claire et vive de cet objet. De sorte que selon cette explication la mémoire et les autres habitudes des pures intelligences, ne consisteraient pas dans une facilité d'opérer qui résultât de certaines modifications de leur être, mais dans un ordre immuable de Dieu, et dans un droit que l'esprit acquiert sur les choses qui lui ont déjà été soumises : et toute la puissance de l'esprit dépendrait immédiatement et uniquement de Dieu seul ; la force ou la facilité d'agir que toutes les créatures trouvent dans leurs opérations, n'étant en ce sens que la volonté efficace du Créateur. Et je ne crois pas qu'on fût obligé d'abandonner cette explication à cause des mauvaises habitudes des pécheurs et des damnés. Car encore que Dieu fasse tout ce qu'il y a de réel et de positif dans les actions des pécheurs, il est évident par les choses que j'ai dites dans le premier Éclaircissement que Dieur n'est point auteur du péché.

Cependant je crois, et je pense devoir croire, qu'après l'action de l'âme il reste dans sa substance certains changements qui la disposent réellement à cette même action. Mais comme je ne les connais pas, je ne puis pas les expliquer ; car je n'ai point d'idée* claire de mon esprit, dans laquelle je puisse découvrir toutes les modifications dont il est capable. Je crois par des preuves de théologie et non point par des preuves claires et évidentes, que la raison pour laquelle les pures intelligences voient plus clairement les objets qu'ils ont déjà considérés, que les autres, n'est pas précisément et uniquement, parce que Dieu leur représente ces objets d'une manière plus vive et plus parfaite, comme je viens de l'expliquer ; mais parce qu'ils sont réellement plus disposés à recevoir la même

* Voyez l'Éclaircissement sur le chapitre VII de la II^e^ partie du III^e^ Livre[1].

1. Il s'agit du XI^e^ Éclaircissement.

action de Dieu en eux. De même que la facilité à jouer des instruments, qu'ont acquise certaines personnes, ne consiste pas précisément en ce que les esprits animaux qui sont nécessaires au mouvement des doigts, ont plus d'action et de force en eux que dans les autres hommes ; mais en ce que les chemins par où les esprits s'écoulent sont plus glissants et plus unis par l'habitude de l'exercice, ainsi que je l'ai expliqué dans le chapitre que j'éclaircis. Cependant je demeure d'accord que tous les usages de la mémoire et des autres habitudes, ne sont point absolument nécessaires à ceux qui étant parfaitement unis à Dieu, trouvent en sa lumière toutes sortes d'idées ; et en sa volonté toute la facilité d'agir qu'ils peuvent souhaiter.

## VIII^e ÉCLAIRCISSEMENT

## SUR LE CHAPITRE SEPTIÈME DU DEUXIÈME LIVRE

*Réduction des preuves et des explications que j'ai données du péché originel. Avec les réponses aux objections qui m'ont paru les plus fortes.*

Afin de répondre avec ordre aux difficultés qui peuvent naître dans l'esprit touchant le péché originel, et la manière dont il passe des pères aux enfants, je crois devoir représenter en peu de paroles ce que j'ai dit sur ce sujet en plusieurs endroits de la *Recherche de la vérité*. Voici donc mes principales preuves. Je les ai disposées d'une façon particulière, afin de les rendre plus sensibles à ceux qui voudront s'y appliquer.

### I

Dieu veut l'ordre dans ses ouvrages : Ce que nous concevons clairement être conforme à l'ordre, Dieu le veut ; et ce que nous concevons clairement être contraire à l'ordre, Dieu ne le veut pas. Cette vérité certaine par le sentiment intérieur de la conscience, est évidente à tous ceux qui peuvent considérer d'une vue fixe et épurée l'Être infiniment parfait qui renferme cet* ordre immuable, la loi de toutes les intelligences, et de Dieu même. Rien ne peut les troubler ni les ébranler sur cela : et ils voient clairement que toutes les difficultés qu'on peut former contre ce principe, ne viennent que de l'ignorance où l'on est de ce qu'il serait nécessaire de

* J'explique ci-dessous dans le X^e Éclaircissement ce que c'est que l'ordre immuable.

savoir* pour les résoudre, que de la fausse ou imparfaite idée que nous avons de la providence divine.

II

Dieu n'a point d'autre fin que lui-même dans ses opérations. L'ordre le veut.

III

Dieu fait et conserve l'esprit de l'homme, afin qu'il s'occupe de lui, qu'il le connaisse et qu'il l'aime ; car Dieu est la fin de ses ouvrages. L'ordre le demande ainsi. Dieu ne peut pas vouloir qu'on aime ce qui n'est point aimable, ou que ce qui est le moins aimable soit le plus aimé. Ainsi il est évident que la nature est corrompue et dans le désordre, puisque l'esprit est naturellement porté à aimer les corps qui ne sont point aimables, ou n'ont nulle efficace pour agir en lui, et qu'il les aime souvent plus que Dieu même. Le péché originel, ou le dérèglement de la nature n'a donc pas besoin de preuve : car chacun sent assez en soi-même une loi qui le captive et qui le dérègle, et une loi qui n'est point établie de Dieu, puisqu'elle est contraire à l'ordre immuable de la justice qui est la règle inviolable de toutes ses volontés.

IV

Cependant l'homme avant sa chute était averti par des sentiments prévenants, et non par des connaissances claires, s'il devait s'unir aux corps qui l'environnaient, ou s'en séparer. L'ordre le veut. C'est un désordre que l'esprit soit obligé de s'appliquer aux corps : il peut leur être uni, mais il n'est pas fait pour eux. Il doit donc connaître Dieu, et sentir les corps. De plus, comme les corps sont incapables d'être son bien, l'esprit ne pourrait s'unir à eux qu'avec peine ; s'il

* Voyez dans les *Entretiens sur la métaphysique* ce qui regarde la providence[1].

1. De l'Entretien X à l'Entretien XIII.

ne faisait que les connaître tels qu'ils sont, sans sentir en eux ce qui n'y est pas. Ainsi le faux bien doit être discerné par un sentiment prévenant pour être aimé par un amour d'instinct : et le vrai bien doit être connu par une connaissance claire, pour être aimé d'un amour libre et raisonnable. Enfin Dieu fait et conserve l'homme afin qu'il le connaisse et qu'il l'aime. Donc la capacité de son esprit ne doit point être remplie, ni même partagée malgré lui par la connaissance des figures, et des configurations infinies des corps qui l'environnent, ni de celui qu'il anime. Cependant afin de savoir par une connaissance claire, si un tel fruit en un tel temps est propre à la nourriture du corps, il faudrait apparemment savoir tant de choses, et faire tant de raisonnements, que l'esprit le plus étendu y serait entièrement occupé.

V

Mais, quoique le premier homme fût averti par des sentiments prévenants, s'il devait faire ou ne pas faire usage des corps qui l'environnaient, il n'était point agité par des mouvements involontaires ou rebelles : il effaçait même de son esprit les idées des choses sensibles lorsqu'il le voulait, soit qu'il en usât ou non : car l'ordre le veut. L'esprit peut être uni au corps, mais il n'en doit pas être dépendant : il doit lui commander. De plus, tout l'amour que Dieu met en nous, doit se terminer à lui : Car Dieu ne produit rien en nous qui ne soit pour lui. Enfin les corps ne sont point aimables : ils sont au-dessous de ce qui est en nous capable d'aimer. Donc dans la première institution de la nature, les corps ne pouvaient tourner l'esprit vers eux, ni le porter à les considérer et à les aimer comme des biens.

VI

Les corps qui nous environnent, n'agissent dans notre âme que lorsqu'ils produisent quelques mouvements dans notre corps, et que ces mouvements se communiquent jusqu'à la principale partie du cerveau. Car c'est selon les changements qui arrivent dans cette partie, que l'âme change elle-même, et qu'elle se trouve agitée par les objets sensibles. Je l'ai assez prouvé, et l'expérience le démontre. Cela supposé, il est clair par l'article précédent que le premier homme arrêtait, lorsqu'il le voulait, les mouvements qui se communiquaient à son corps, ou pour le moins ceux qui se communiquaient à la principale partie de son cerveau. L'ordre le voulait ainsi, et par conséquent celui dont la volonté est toujours conforme à l'ordre, et ne peut rien contre l'ordre, quoiqu'elle soit toute-puissante. Ainsi l'homme pouvait en certaines rencontres suspendre la loi naturelle de la communication des mouvements, puisqu'il était sans concupiscence, et qu'il ne sentait point en lui de mouvements involontaires et rebelles.

VII

Mais le premier homme ayant péché, a perdu ce pouvoir. L'ordre le veut encore. Car il n'est pas juste qu'en faveur d'un pécheur et d'un rebelle, il y ait dans la loi générale de la communication des mouvements, d'autres exceptions que celles qui sont absolument nécessaires à la conservation de notre vie et de la société civile. Ainsi le corps de l'homme étant incessamment ébranlé par l'action des objets sensibles, et son âme étant agitée par tous les ébranlements de la partie principale de son cerveau, il est dépendant du corps auquel il avait été seulement uni, et auquel il commandait avant son péché.

VIII

Or voici comme le premier homme a pu pécher. Il est naturel d'aimer le plaisir et de le goûter ; et cela n'était point défendu à Adam. Il en est de même de la joie : on peut se réjouir à la vue de ses perfections naturelles ; cela n'est point mauvais en soi. L'homme était fait pour être heureux, et c'est le plaisir et la joie qui rendent actuellement heureux et content. Le premier homme goûtait donc du plaisir dans l'usage des biens sensibles. Il sentait aussi de la joie à la vue de ses perfections : car on ne peut se considérer comme heureux ou comme parfait, sans en ressentir de la joie. Mais il ne sentait point de semblables plaisirs dans son devoir. Car quoiqu'il connût que Dieu était son bien, il ne le sentait pas, comme je l'ai prouvé *en plusieurs endroits. Ainsi la joie qu'il pouvait trouver dans son devoir, n'était pas fort sensible. Ces choses supposées, comme le premier homme n'avait pas une capacité d'esprit infinie, son plaisir ou sa joie diminuait la vue claire de son esprit, laquelle lui faisait connaître que Dieu était son bien, la cause unique de sa joie et de ses plaisirs, et qu'il ne devait aimer que lui. Car le plaisir est dans l'âme, et il la modifie. De sorte qu'il remplit la capacité que nous avons de penser, à proportion qu'il nous touche et qu'il nous agite. C'est une chose que nous apprenons par expérience ou par le sentiment intérieur que nous avons de nous-mêmes. On peut donc concevoir que le premier homme ayant peu à peu laissé partager ou remplir la capacité de son esprit par le sentiment vif d'une joie présomptueuse, ou peut-être par quelque amour ou quelque plaisir sensible, la présence de Dieu et la pensée de son devoir se sont effacées de son esprit, pour avoir négligé de suivre courageusement sa lumière dans la recherche de son vrai bien. Ainsi s'étant distrait, il a été capable de tomber : car sa principale grâce actuelle était sa lumière, ou la connaissance claire de son devoir ; puisque alors il n'avait pas besoin des délectations prévenantes qui nous sont maintenant nécessaires pour résister à la concupiscence.

## IX

Et il faut remarquer que ni les sentiments prévenants qu'Adam ressentait dans l'usage des biens du corps, ni la joie qu'il trouvait à considérer son bonheur ou sa perfection, ne sont point véritablement cause de sa chute : car il savait bien qu'il n'y avait que Dieu qui fût capable de lui faire sentir du plaisir ou de la joie. Ainsi il devait l'aimer uniquement, puisqu'il ne faut aimer que la véritable cause de notre bonheur. Comme rien ne troublait la connaissance et la

* Voyez l'Éclaircissement sur le v^e^ chapitre[1].

1. Il s'agit du IV^e^ Éclaircissement, relatif au chapitre V du livre I, portant sur les hypothèses qui concernent la connaissance et les plaisirs d'Adam.

lumière du premier homme, lorsqu'il voulait la conserver toute pure, il pouvait et il devait effacer de son esprit tous les sentiments qui le partageaient et qui le mettaient en quelque danger de se distraire, et de perdre de vue celui qui l'éclairait et qui le fortifiait. Il se devait bien souvenir, que si Dieu ne se faisait pas vivement sentir à lui comme bon, mais seulement connaître comme tel, c'était afin qu'il méritât plus promptement sa récompense par l'usage continuel de sa liberté.

Supposant donc qu'Adam et Ève aient péché, et qu'ensuite de leur péché ils aient senti en eux-mêmes des mouvements involontaires et rebelles ; je dis que leurs enfants devaient naître pécheurs, et sujets comme eux aux mouvements de la concupiscence. Voici mes raisons.

## X

J'ai prouvé fort au long dans le chapitre* à l'occasion duquel j'écris ceci, qu'il y a une telle communication entre le cerveau de la mère et celui de son enfant, que tous les mouvements et toutes les traces qui se font dans le cerveau de la mère, s'excitent dans celui de l'enfant. Ainsi comme l'âme de l'enfant est unie à son corps dans le même moment qu'elle est créée, à cause que c'est la conformation du corps qui oblige Dieu, en conséquence de ses volontés générales, à lui donner une âme pour l'*informer* : il est évident, que dans le même instant que cette âme est créée, elle a des inclinations corrompues, et qu'elle est tournée vers les corps ; puisqu'elle a dès ce moment les inclinations qui répondent aux mouvements, qui sont actuellement dans le cerveau auquel elle est unie.

## XI

Mais parce que c'est un désordre que l'esprit soit tourné vers les corps, et qu'il les aime, l'enfant est pécheur et dans le désordre dès qu'il est créé. Dieu qui aime l'ordre, le hait en cet état. Cependant son péché n'est pas libre : c'est sa mère

* Chap. VII, Liv. II.

qui l'a conçu dans l'iniquité à cause de la communication qui est établie par l'ordre de la nature entre le cerveau de la mère et celui de son enfant : car ce n'est que par le corps, que par la génération que l'âme, qui ne s'engendre point, se corrompt et contracte le péché originel[1].

XII

Or cette communication du cerveau de la mère avec celui de l'enfant est très bonne dans son institution pour plusieurs raisons : 1. Parce qu'elle est utile, et peut-être nécessaire à la conformation du *fœtus*. 2. Parce que l'enfant pouvait par son moyen avoir quelque commerce avec ses parents : car il était juste qu'il sût de qui il tenait le corps qu'il animait. Enfin l'enfant ne pouvait que par le moyen de cette communication savoir ce qui se passait au-dehors, et ce qu'il en devait penser. Ayant un corps, il devait avoir des pensées qui y eussent rapport, et n'être pas privé de la vue des ouvrages de Dieu entre lesquels il vivait. Il y a apparemment bien d'autres raisons de cette communication que celles que j'apporte ; mais celles-ci suffisent pour la justifier, et pour mettre à couvert de tout reproche la conduite de celui, dont toutes les volontés sont nécessairement conformes à l'ordre.

XIII

Cependant il n'est pas conforme à l'ordre, que l'enfant s'il était juste, reçût malgré lui les traces des objets sensibles. Et si l'âme des enfants était créée un seul moment avant que d'être unie à son corps, si elle était un seul moment dans l'innocence ou dans l'ordre, elle aurait de plein droit et par la nécessité de l'ordre immuable ou de la loi éternelle, le pouvoir de suspendre cette communication ; de même que le premier homme avant son péché arrêtait, lorsqu'il le voulait,

1. On retrouve l'idée que la génération est indissolublement liée à la concupiscence, idée commune à Arnauld et à Malebranche, développée par saint Augustin, notamment dans le traité sur *Le Mariage et la Concupiscence*.

les mouvements qui s'excitaient en lui ; car enfin l'ordre immuable veut que le corps obéisse à l'esprit. Mais comme l'âme des enfants n'a jamais été agréable à Dieu, il n'a jamais été juste que Dieu changeât en leur faveur la loi de la communication des mouvements. Ainsi il est juste que les enfants naissent pécheurs et dans le désordre. Et la cause de leur péché n'est point l'ordre de la nature ; cet ordre est juste et sagement établi. Mais c'est le péché de ceux dont ils tirent leur origine. C'est en ce sens qu'il n'est pas juste qu'un père pécheur fasse des enfants plus parfaits que lui, ni qu'ils aient un pouvoir sur leurs corps, que leur mère n'a point sur le sien.

XIV

Il est vrai qu'après le péché d'Adam qui renverse et qui corrompt toutes choses, Dieu pouvait, en changeant quelque chose dans l'ordre de la nature, remédier au désordre que ce péché avait causé. Mais Dieu ne change pas ainsi ses volontés. Il ne veut rien qui ne soit juste. Ce qu'il veut une fois, il le veut toujours, il ne se corrige pas ; il ne se repent pas ; il veut constamment. Ses décrets éternels ne dépendent pas de l'inconstance de la volonté d'un homme, il n'est pas juste qu'ils y soient soumis.

XV

Mais, s'il est permis de pénétrer dans les conseils de Dieu, et de dire ce qu'on pense sur les motifs qu'il a pu avoir pour établir l'ordre que je viens de déduire, et pour permettre le péché* du premier homme ; il me semble qu'on ne peut avoir de sentiment plus digne de la grandeur de Dieu, et plus conforme à la religion et à la raison, que de croire que le principal dessein de Dieu dans ses opérations au-dehors, c'est l'Incarnation de son Fils ; que Dieu a établi l'ordre de la nature, et permis le désordre qui y est arrivé pour favoriser ce

* Voyez le 2e et le 5e Entretien des *Conversations chrétiennes* de l'édition de Paris en 1702.

grand ouvrage : qu'il a permis que tous le hommes fussent assujettis au péché, afin que nul homme* ne se glorifiât en soi-même ; et qu'il laisse la même concupiscence dans les plus parfaits, afin qu'ils n'aient point de vaine complaisance en eux-mêmes. Car lorsqu'on considère la perfection de son être, il est difficile de se mépriser ; si l'on ne voit en même temps, et si l'on n'aime le souverain bien, en la présence duquel toute notre perfection et toute notre grandeur se dissipe et s'anéantit.

J'avoue que la concupiscence peut être le sujet de notre mérite, et qu'il est très juste que l'esprit suive pour un temps l'ordre avec peine, afin de mériter d'y être éternellement soumis avec plaisir. Je veux que ce soit en partie dans cette vue que Dieu ait permis la concupiscence, après avoir prévu le péché. Mais la concupiscence n'étant point absolument nécessaire pour mériter, si Dieu l'a permise, c'est qu'il a voulu qu'on ne pût faire le bien sans le secours que Jésus-Christ nous a mérité, et que l'homme ne pût se glorifier en ses propres forces. Car il est visible que l'homme ne peut combattre contre soi-même et se vaincre, s'il n'est animé de l'esprit de Jésus-Christ, de ce second Adam, qui comme chef des fidèles, leur inspire des sentiments tout opposés à ceux de la concupiscence qu'ils ont tirée du premier. Car Jésus-Christ nous a été donné de Dieu pour être, dit saint Paul, ** *notre sagesse, notre justice, notre sanctification et notre rédemption ; afin que celui qui se glorifie ne le fasse que dans le Seigneur*[1].

## XVI

Supposant donc que les enfants naissent avec la concupiscence, il est évident qu'ils sont véritablement pécheurs, puisque leur cœur est tourné vers les corps autant qu'il en est capable. Il n'y a encore dans leur volonté que l'amour

* Aug., *Contra Julianum*, lib. VI, cap. III.
** I Cor., I.
1. L'Incarnation justifie la création divine *ad extra*.

naturel, et cet amour est déréglé. Ainsi il n'y a rien en eux que Dieu puisse aimer, puisque Dieu ne peut aimer le désordre.

XVII

Mais lorsqu'ils ont été régénérés en Jésus-Christ, c'est-à-dire, lorsque leur cœur a été tourné vers Dieu, ou par un mouvement actuel d'amour, ou plutôt par une habitude, ou une disposition intérieure semblable à celle qui demeure après un acte parfait d'amour de Dieu : alors la concupiscence n'est plus* péché en eux ; car elle n'est plus seule dans leur cœur, elle n'y domine plus. L'amour habituel, qui reste en eux par la grâce du baptême en Jésus-Christ est plus libre ou plus fort que celui qui est en eux par la concupiscence qu'ils ont d'Adam. Ils sont semblables aux justes qui sans perdre leur justice suivent pendant le sommeil les mouvements de la concupiscence ; ils ne perdent point la grâce de leur baptême, car ils ne consentent point librement à ces mouvements.

XVIII

Et l'on ne doit pas trouver fort étrange, si je dis qu'il se peut même faire que les enfants dans le temps qu'on les baptise, aiment Dieu d'un amour libre. Car, puisque le second Adam est contraire au premier, pourquoi dans le temps de la régénération ne pourrait-il pas délivrer les enfants de la servitude de leur corps, à laquelle ils ne sont sujets qu'à cause du premier Adam ; afin qu'étant éclairés et excités par une grâce vive et efficace à aimer Dieu, ils l'aiment tous d'un amour libre et raisonnable, sans que le premier Adam les en empêche. On ne remarque pas, dira-t-on, que leur corps cesse un seul moment d'agir sur leur esprit. Mais doit-on s'étonner de ce qu'on ne voit pas ce qui n'est pas visible ? Il ne faut qu'un instant pour faire cet acte d'amour qui change le cœur. Et comme cet acte peut se

* Aug., *De nupt. et concup.*, cap. XXV[1].

1. Saint Augustin, *Le Mariage et la Concupiscence*, L.I., ch. XXV : la régénération baptismale ôte le péché, non la concupiscence.

former dans l'âme sans qu'il s'en fasse de traces dans le cerveau, il ne faut pas s'étonner si les enfants ne s'en souviennent jamais, car on n'a point de mémoire des choses dont le cerveau ne garde point de traces.

## XIX

Saint Paul[1] nous apprend que le vieil homme ou la concupiscence est crucifiée avec Jésus-Christ, et que nous sommes morts et ensevelis avec lui par le baptême. N'est-ce point qu'alors nous sommes délivrés de l'effort que le corps fait sur l'esprit, et que la concupiscence est comme morte en ce moment ? Il est vrai qu'elle revit : mais ayant été détruite, et ayant laissé les enfants en état d'aimer Dieu, elle ne peut plus leur faire de mal, quoiqu'elle revive en eux. Car quand il y a deux amours dans un cœur, un naturel et l'autre libre ; l'ordre veut qu'on n'ait égard qu'à celui qui est libre. Et, si les enfants dans le baptême aimaient Dieu par un acte qui ne fût point libre en aucune manière, aimant ensuite les corps par plusieurs actes de même espèce, Dieu ne pourrait peut-être pas selon l'ordre, avoir plus d'égard à un seul acte qu'à plusieurs, qui seraient tous naturels et sans liberté. Ou plutôt si ces amours contraires étaient égaux en force, il devrait avoir égard à celui qui serait le dernier : par la même raison, que quand il y a eu successivement dans un cœur deux amours libres contraires entre eux, Dieu a toujours égard au dernier, puisque la grâce se perd par un seul péché mortel.

## XX

Toutefois on ne peut et on ne doit pas nier que Dieu ne puisse sans suspendre la domination du corps sur l'esprit de l'enfant, le rendre juste, ou tourner sa volonté vers lui, en mettant dans son âme une disposition* pareille à celle qui reste après un mouvement actuel de l'amour de Dieu. Cette

1. *Épître aux Romains*, VI, 6 et VI, 4.
* Voyez le VII^e Éclaircissement.

manière d'agir ne paraît peut-être pas si naturelle que l'autre : car on ne conçoit pas clairement ce que peuvent être ces dispositions qui resteraient. Mais il ne faut pas s'en étonner ; car n'ayant point d'idée claire de l'âme, ainsi que je l'ai* prouvé ailleurs, on ne doit pas s'étonner si l'on ne connaît pas toutes les modifications dont elle est capable. Cependant l'esprit ne peut être pleinement satisfait des choses qu'il ne conçoit pas clairement. Il faut, ce semble, un miracle extraordinaire pour donner à l'âme ces dispositions sans acte précédent. Cela ne se peut faire par les voies qui paraissent les plus simples. Au lieu que le second Adam, faisant pour un moment dans l'esprit de l'enfant que l'on baptise, le contraire de ce que le premier y produisait auparavant ; il suffit pour le régénérer que Dieu agisse en lui par les voies ordinaires, selon lesquelles il sacrifie les adultes. Car l'enfant n'ayant point en ce moment de sentiments ni de mouvements qui partagent la capacité qu'il a de penser et de vouloir, rien ne l'empêche de connaître et d'aimer son vrai bien. Je n'en dis pas davantage, parce qu'il n'est pas nécessaire de savoir précisément, comment se fait la régénération des enfants, pourvu qu'on admette en eux une véritable régénération, ou une justification intérieure et réelle, causée, si on le veut, par les actes qui accompagnent le sacrement, mais plutôt par les habitudes de la foi, de l'espérance et de la charité infuses dans l'âme sans actes précédents. Si je propose une explication si contraire aux préjugés, c'est afin de contenter ceux-là mêmes, qui rejettent quoique sans raison, les habitudes spirituelles, et de leur prouver la possibilité de la régénération dans les enfants, car *l'imputation*[2] me paraît renfermer une contradiction manifeste. Dieu ne peut pas

* Voyez le chapitre VII de la II^e^ partie du III^e^ Livre et son Éclaircissement[1].

1. Il s'agit du XI^e^ Éclaircissement relatif à l'idée que nous avons de la nature et des modifications de notre âme.

2. La question est de savoir pourquoi nous sommes tous tombés dans le péché quand un seul homme l'a commis. La théorie de l'imputation pose que nous sommes tous solidaires d'Adam. Elle s'oppose à la thèse de la transmission héréditaire du péché par la chair. Entre ces deux conceptions, Augustin n'aurait pas tranché. Voir *Le Mariage et la Concupiscence*, L. I, ch. XXVII et *Contre Julien*, L. VI, ch. XIX en faveur de la première réponse. Et, en faveur de la seconde, voir notamment *De la peine et la rémission des péchés*.

regarder comme justes, et aimer actuellement des créatures qui sont actuellement dans le désordre ; quoiqu'il puisse à cause de Jésus-Christ, avoir dessein de les remettre dans l'ordre, et les aimer lorsqu'ils y seront rentrés.

# OBJECTIONS

## CONTRE LES PREUVES
## ET LES EXPLICATIONS DU PÉCHÉ ORIGINEL

### I^re OBJECTION

#### CONTRE LE PREMIER ARTICLE*

Dieu veut l'ordre, il est vrai : mais c'est sa volonté qui le fait : elle ne le suppose point. Tout ce que Dieu veut est dans l'ordre, par cette seule raison, que Dieu le veut. Si Dieu veut que les esprits soient soumis aux corps, qu'ils les aiment et les craignent ; ce n'est point un désordre que cela soit ainsi. Si Dieu voulait que 2 fois 2 ne fussent pas 4 on ne mentirait point en disant que 2 fois 2 ne sont point 4 : ce serait une vérité. Dieu est le principe de toute vérité : il est le maître de tout ordre : il ne suppose rien, ni vérité, ni ordre : il fait tout.

*Réponse*

Tout est donc renversé. Il n'y a plus de science**, plus de morale, plus de preuves incontestables de la religion. Cette conséquence est claire à celui qui suit pied à pied ce faux principe, que Dieu produit l'ordre et la vérité par une volonté entièrement libre. Mais ce n'est peut-être pas là répondre pour certaines gens[1].

Je réponds donc, que Dieu ne peut rien faire ni rien

* À chaque objection il faut revoir l'article contre lequel elle est faite.

** Voyez ci-dessous l'Éclaircissement sur la nature des idées.

1. Malebranche refuse la thèse cartésienne selon laquelle Dieu serait en dehors de la vérité parce qu'étant le principe créateur de la vérité (*Principes*, I, art. 22, et IV, art. 206).

vouloir sans connaissance : qu'ainsi ses volontés supposent quelque chose : mais ce qu'elles supposent n'est rien de créé. L'ordre, la vérité, la sagesse éternelle, est l'exemplaire de tous les ouvrages de Dieu : et cette sagesse n'est point faite. Dieu qui fait tout ne la fit jamais, quoiqu'il l'engendre toujours par la nécessité de son être.

Tout ce que Dieu veut est dans l'ordre, par cette seule raison que Dieu le veut : je l'avoue. Mais c'est que Dieu ne peut agir contre lui-même, contre sa sagesse et sa lumière. Il peut bien ne rien produire au-dehors : mais s'il veut agir, il ne le peut que selon l'ordre immuable de la sagesse qu'il aime nécessairement : car la religion et la raison m'apprennent qu'il ne fait rien sans son Fils, sans son Verbe, sans sa sagesse. Ainsi je ne crains point de dire que Dieu ne peut pas vouloir positivement que l'esprit soit soumis au corps ; parce que cette sagesse, selon laquelle Dieu veut tout ce qu'il veut, me fait clairement connaître que cela est contre l'ordre. Et je le vois clairement dans cette même sagesse, parce qu'elle est la Raison souveraine et universelle, à laquelle tous les esprits participent, pour laquelle toutes les intelligences sont créées, par laquelle tous les hommes sont raisonnables. Car nul homme n'est à soi-même sa raison, sa lumière, sa sagesse ; si ce n'est peut-être, lorsque sa raison est une raison particulière, sa lumière une fausse lueur, sa sagesse une folie.

Comme la plupart des hommes ne savent pas distinctement, qu'il n'y a que la Sagesse éternelle qui les éclaire, et que les idées intelligibles qui sont l'objet immédiat de leur esprit, ne sont point créées ; ils s'imaginent que les lois éternelles et les vérités immuables sont établies telles par une volonté libre de Dieu : Et c'est ce qui a fait dire à M. Descartes, que Dieu a pu faire que 2 fois 4 ne fussent pas 8 et que les trois angles d'un triangle ne fussent pas égaux à deux droits, parce *qu'il n'y a point d'ordre*, dit-il, *point de loi, point de raison de bonté et de vérité qui ne dépende de Dieu ;* et que c'est lui *qui de toute éternité a ordonné et établi comme souverain législateur les vérités éternelles**. Ce savant homme ne prenait pas garde qu'il y a un ordre, une loi, une raison

* Réponse aux sixièmes objections contre les *Méditations*, art. 6 et 8. Lettre 68 du 3e volume[1].

1. Lettre à Mersenne du 27 mai 1638. Voir aussi, au même, Lettres du 15 avril, 6 mai et 27 mai 1630 ; à Mesland, Lettre du 2 mai 1644.

souveraine que Dieu aime nécessairement, qui lui est coéternelle, et selon laquelle il est nécessaire qu'il agisse, supposé qu'il veuille agir. Car Dieu est indifférent dans ce qu'il fait au-dehors, mais il n'est pas indifférent, quoique parfaitement libre, dans la manière dont il le fait, il agit toujours de la manière la plus sage et la plus parfaite qui se puisse ; il suit* toujours l'ordre immuable et nécessaire. Ainsi Dieu peut ne point faire d'esprits ni de corps, mais s'il crée ces deux genres d'êtres, il les doit créer par les voies les plus simples, et les ranger dans un ordre parfait. Il peut, par exemple, unir les esprits aux corps, mais je soutiens qu'il ne peut point les y assujettir ; si en conséquence de l'ordre qu'il suit toujours, le péché des esprits ne l'oblige à en user de la sorte, ainsi que j'ai déjà expliqué dans l'article septième, et dans le premier Éclaircissement vers la fin.

Pour prévenir quelques instances qu'on pourrait me faire, je crois devoir dire, que les hommes ont tort de se consulter eux-mêmes, lorsqu'ils veulent savoir ce que Dieu peut faire ou vouloir. Ils ne doivent pas juger de ses volontés par le sentiment intérieur qu'ils ont de leurs propres inclinations. Ils feraient souvent un Dieu injuste, cruel, pécheur, pour le faire souverainement puissant. Ils doivent se défaire du principe général de leurs préjugés, qui leur fait juger de toutes choses par rapport à eux. Ils ne doivent attribuer à Dieu que ce qu'ils conçoivent clairement être renfermé dans l'idée de l'être infiniment parfait : car il ne faut juger des choses que par des idées claires. Alors le Dieu qu'ils adoreront ne sera point semblable à ceux de l'antiquité, qui étaient cruels, adultères, voluptueux, comme les personnes qui les avaient imaginés. Il ne sera pas même semblable à celui de quelques chrétiens, qui pour le faire aussi puissant que le pécheur souhaite d'être, lui donnent le pouvoir absolu d'agir contre tout ordre, de laisser le péché impuni, et de condamner à des peines éternelles, des personnes quelque justes et quelque innocentes qu'elles puissent être.

* Voyez l'Éclaircissement du chapitre VI de la II<sup>e</sup> partie du III<sup>e</sup> Livre ou le 9<sup>e</sup> des *Entretiens sur la métaphysique*.

## SECONDE OBJECTION

### CONTRE LE PREMIER ARTICLE

Si Dieu veut l'ordre, qui fait les monstres : je ne dis pas parmi les hommes, car ils ont péché, mais parmi les animaux et les plantes ? Quelle est la cause de la corruption générale de l'air laquelle engendre tant de maladies ? Par quel ordre est-ce que les saisons se dérèglent, et que le soleil ou la gelée brûle les fruits de la terre ? Est-ce agir avec sagesse et avec ordre que de donner à un animal des parties entièrement inutiles, et que de faire geler des fruits après les avoir tout formés ? N'est-ce pas plutôt que Dieu fait ce qu'il lui plaît, et que sa puissance est au-dessus de tout ordre et de toute règle ? Car, pour parler des choses de plus grande conséquence que de quelques fruits, dont il est permis de faire ce que l'on veut, la terre dont Dieu fait des vases de colère, est la même que celle dont il fait des vases de miséricorde[1]. On a vu souvent l'injustice sur le trône, la vertu cruellement opprimée, et l'impiété dans une prospérité continuelle.

*Réponse*

Voilà de ces difficultés qui ne sont propres qu'à obscurcir la vérité, parce qu'elles ne naissent que des ténèbres de l'esprit. On sait que Dieu est juste ; on voit que les méchants sont heureux ; doit-on nier ce qu'on voit, doit-on douter de ce qu'on sait ; à cause qu'on sera peut-être assez stupide pour ne pas savoir, et assez libertin pour ne pas croire ce que la religion nous apprend des peines futures ? De même on sait que Dieu est sage, et qu'il ne fait rien que de bien ; on voit des monstres, ou des ouvrages défectueux. Que croira-t-on ? Que Dieu s'est trompé, ou que ces monstres ne sont point de lui. Certainement si l'on a du sens et de la fermeté d'esprit, on ne croira ni l'un ni l'autre ; car il est évident que Dieu fait tout, et qu'il ne peut rien faire qui ne soit autant parfait qu'il le peut être, par rapport à la simplicité et au petit nombre des moyens, dont

1. Voir saint Paul, *Épître aux Romains*, IX, 21.

il se sert et doit se servir pour former son ouvrage. Il faut se tenir ferme à ce qu'on voit, sans se laisser ébranler par des difficultés qu'il est impossible de résoudre, lorsque c'est notre ignorance qui est cause de cette impossibilité. Si l'ignorance forme des difficultés, et si de pareilles difficultés renversent les sentiments les mieux établis, qu'y aura-t-il de certain parmi des hommes qui ne savent pas toutes choses ? Quoi, les lumières les plus éclatantes ne pourront pas dissiper les moindres ténèbres ; et les ténèbres les plus légères obscurciront les lumières les plus claires et les plus vives ?

Mais quoiqu'on se puisse dispenser de répondre à de semblables difficultés, sans affaiblir le principe que l'on a établi, cependant il est bon que l'on sache qu'elles ne sont pas sans réponse. Car l'esprit de l'homme est si injuste dans ses jugements, qu'il pourrait peut-être préférer des sentiments, qui semblent être des suites de ces difficultés imaginaires, à des vérités constantes, desquelles on ne peut douter que lorsque l'on en veut douter, et que dans ce dessein on cesse de les considérer. Je dis donc que Dieu veut* l'ordre, quoiqu'il y ait des monstres ; et que c'est même à cause que Dieu veut et agit toujours selon l'ordre immuable de ses perfections, qu'il y a des monstres. En voici la raison :

L'ordre demande que les lois de la nature, par lesquelles Dieu produit cette variété infinie qui se trouve dans le monde, soient très simples et en très petit nombre, telles qu'elles sont en effet ; car cette conduite porte le caractère d'une sagesse infinie. Or c'est la simplicité de ces lois générales, qui en certaines rencontres particulières, et à cause de la disposition du sujet, produit des mouvements irréguliers, ou plutôt des arrangements monstrueux ; et par conséquent c'est à cause que Dieu veut l'ordre qu'il y a des monstres. Ainsi Dieu ne veut pas positivement ou directement qu'il y ait des monstres ; mais il veut positivement, certaines lois de la communication des mouvements, desquelles les monstres sont des suites nécessaires ; et il veut ces lois, à cause qu'étant très simples, elles ne

* Voyez dans les *Entretiens sur la métaphysique* ce qui regarde la providence : Entretien 9 et suivants.

laissent pas d'être capables de produire cette variété de formes que l'on ne peut trop admirer.

Par exemple, en conséquence des lois générales de la communication des mouvements, il y a des corps qui sont poussés vers le centre de la terre. Le corps d'un homme ou d'un animal est un de ces corps ; ce qui le soutient en l'air fond sous ses pieds. Est-il juste et dans l'ordre que Dieu change ses volontés générales pour ce cas particulier ? Certainement cela ne paraît pas vraisemblable. Il faut donc que cet animal se brise le corps ou s'estropie. On doit raisonner de même de la génération des monstres.

L'ordre veut bien que tous les êtres aient ce qui est nécessaire pour leur conservation, et pour la propagation de leur espèce ; pourvu que cela se puisse faire par des voies simples et dignes de la sagesse de Dieu. Aussi voyons-nous que les animaux et les plantes mêmes, ont des moyens généraux pour se conserver et pour continuer leur espèce ; et si quelques animaux en manquent dans certaines rencontres particulières, c'est que les lois générales selon lesquelles ils ont été produits, ne l'ont pu permettre, à cause que ces lois ne les regardent pas seuls, mais qu'elles regardent généralement tous les êtres, et qu'il faut préférer les avantages publics aux particuliers.

Il est évident que si Dieu ne faisait qu'un animal, il ne le ferait pas monstrueux. Mais l'ordre voudrait que Dieu ne fît pas cet animal par les mêmes lois par lesquelles il produit présentement tous les autres. Car l'action de Dieu doit être proportionnée à son dessein. Dieu par les lois de la nature ne veut pas faire un seul animal, il veut faire un monde : et il le doit faire par les voies les plus simples, comme l'ordre le demande. Il suffit donc que ce monde ne soit point monstrueux, ou que les effets généraux soient dignes des lois générales, afin qu'on ne puisse rien reprendre dans la conduite de Dieu.

Si Dieu avait établi des lois particulières pour les changements particuliers, ou s'il avait mis dans chaque chose une *nature* ou un principe particulier de tous les mouvements qui lui arrivent ; j'avoue qu'il serait difficile de justifier sa sagesse contre tant de dérèglements visibles. Il faudrait peut-être avouer ou que Dieu ne veut pas l'ordre, ou qu'il ne sait ou ne peut pas remédier au désordre. Car enfin il ne me paraît pas possible d'allier le nombre presque infini des causes secondes, ou des forces, vertus, qualités, facultés naturelles, avec ce qu'on appelle jeux ou dérèglements de la nature, sans blesser la sagesse et la puissance infinie de l'Auteur de toutes choses[1]. Dieu faisant tout, il est nécessaire de recourir à la simplicité des lois générales pour justifier la providence divine, comme on le trouvera expliqué* ailleurs.

## OBJECTION

### CONTRE LE SECOND ARTICLE

Dieu ne peut jamais agir pour lui. On ne fait rien d'inutile quand on est sage, et tout ce que Dieu ferait pour lui serait inutile, car rien ne lui manque. Dieu se suffit pleinement à lui-même : il a par la nécessité de son être tout le bien qu'il pourrait se vouloir : il ne se souhaite rien. Il ne fait donc rien pour soi, puisqu'il n'agit que par l'efficace de ses volontés. La nature du bien c'est de se communiquer et de se répandre : c'est d'être utile aux autres et non pas à soi : c'est de chercher, c'est, si on le peut, de créer des personnes que l'on puisse rendre heureuses. Ainsi Dieu étant essentiellement et souverainement bon, il y a contradiction qu'il agisse pour lui.

*Réponse*

Dieu peut agir *pour lui* en deux manières, ou afin de tirer quelque avantage de ce qu'il fait, ou afin que sa créature trouve son bonheur et sa perfection en lui : Je n'examine point présentement** si Dieu agit pour lui selon la première manière, et si pour recevoir quelque honneur digne

1. L'ordre de la volonté divine suit la simplicité des voies qui implique parfois certains arrangements monstrueux.

* Voyez le *Traité de la nature et de la grâce*, et mes *Réponses à M. Arn[auld]* ou les *Entretiens métaphysiques* déjà cités.

** Voyez le 9e des *Entretiens sur la métaphysique*.

de lui, il a fait et rétabli toutes choses par son Fils, en qui selon l'Écriture, toutes les créatures subsistent. Je soutiens seulement que Dieu ne peut ni faire ni conserver les esprits, afin qu'ils connaissent et qu'ils aiment les créatures comme leur bien, ou la cause de leur bonheur, puisqu'elles ne le sont pas. C'est une loi immuable, éternelle, nécessaire, qu'ils connaissent et qu'ils aiment Dieu, comme je l'ai expliqué dans le troisième article. Ainsi cette objection ne combat point mon principe, elle le favorise au contraire : et s'il est certain que la nature du bien est de se répandre et de se communiquer au-dehors, car je n'examine pas cet axiome, il est évident que Dieu étant essentiellement et souverainement bon, il y a contradiction qu'il n'agisse pas pour lui dans le sens que je prétends établir.

## OBJECTION

### CONTRE LE QUATRIÈME ARTICLE

Comme l'ignorance est une suite du péché, Adam avant sa chute avait une connaissance parfaite de la nature de son corps, et de tous ceux qui l'environnaient. Il n'avait donc pas besoin d'être averti de ce qu'il devait faire pour la conservation de sa vie. Il fallait par exemple qu'il connût parfaitement la nature de tous les animaux, pour leur imposer, comme il fit, des noms qui leur convinssent. Car il n'appartient qu'aux sages d'imposer le nom aux choses, disent Platon et Pythagore.

*Réponse*

On se trompe. L'ignorance n'est ni un mal ni une suite du péché : c'est l'erreur ou l'aveuglement de l'esprit qui est un mal, et une suite du péché. Il n'y a que Dieu qui sache tout et qui n'ignore rien : il y a de l'ignorance dans les intelligences les plus éclairées. Tout ce qui est fini ne peut comprendre l'infini : ainsi il n'y a point d'esprit qui puisse seulement comprendre toutes les propriétés des triangles. Adam savait dans le moment de sa création tout ce qu'il était à propos qu'il sût, et rien davantage ; et il n'était pas à propos qu'il sût exactement la disposition de toutes les parties de son corps, et de ceux dont il usait : j'en ai dit les raisons dans cet article et* ailleurs.

L'imposition des noms est plutôt dans l'Écriture une marque d'autorité que d'une connaissance parfaite. Comme le Seigneur du Ciel avait fait Adam seigneur de la terre,** il voulait bien qu'Adam donnât des noms aux animaux, comme il en avait donné lui-même aux étoiles. Il est évident que des sons ou des paroles n'ont point, et ne peuvent point avoir naturellement de rapport aux choses qu'elles signifient, quoi qu'en disent le divin Platon et le mystérieux Pythagore[3]. On pourrait peut-être expliquer la nature d'un cheval, ou d'un bœuf dans un livre entier, mais un mot n'est pas un livre ; et il est ridicule de s'imaginer que des monosyllabes comme *sus*, qui en hébreu signifie un cheval, et *schor* qui signifie un bœuf, représentent la nature de ces animaux. Cependant il y a bien de l'apparence que ce sont là les noms qu'Adam leur a donnés : car ils se trouvent dans la Genèse*** ; et l'auteur même de la Genèse assure que les noms qu'Adam donna aux animaux, sont ceux-là mêmes qui étaient en usage de son temps, car je ne vois pas qu'il veuille dire autre chose par ces paroles : *Omne quod vocavit Adam animae viventis, ipsum est nomen ejus*[4].

Mais je veux qu'Adam ait donné aux animaux des noms qui aient quelque rapport à leur nature, et je souscris aux savantes étymologies qu'un auteur de ce siècle[5] nous en donne. Je veux que le premier homme ait appelé les gros animaux domestiques *behemoth*, à cause qu'ils gardent le silence, le bélier *ajil*, parce qu'il est fort ; le bouc *saïr*, parce

* T. I, chap. v[1].

1. *De la recherche de la vérité*, L.I, ch. v, §1.

** *Omnibus eis nomina vocat* (Ps., XLIX[2]).

2. *Psaumes;* XLIX, 12 (« À toutes ces choses il donne des noms »).

3. Le rapport entre les choses et leurs noms n'est pas naturel, contrairement à la thèse de Cratyle, dans le dialogue de Platon *Cratyle*, 390, e), et à celle de Pythagore rapportée par Cicéron dans les *Tusculanes*, I, XXV, 62.

*** Chap. XLIX, 17 et XXXII, s.

4. *Genèse*, II, 19 (« Chaque animal vivant porte le nom par lequel Adam l'a appelé »).

5. Il s'agit de S. Bochart, auteur d'un ouvrage intitulé *Hiérozoïcon* (1663).

qu'il est velu ; le pourceau *chazir*, parce qu'il a les yeux petits ; et l'âne *chamor*, parce qu'en Orient il y en a beaucoup de rouges. Mais je ne vois pas qu'il faille autre chose qu'ouvrir les yeux pour savoir si le bouc est velu, l'âne rouge, et si le pourceau a les yeux grands ou petits. Adam appelle *beir* et *behemoth*, ce que nous appelons une brute ou un gros animal domestique, parce que ces bêtes sont muettes et stupides : qu'en doit-on conclure ? Qu'il connaissait parfaitement leur nature ? Cela n'est point évident. J'appréhenderais plutôt qu'on en voulût conclure qu'Adam étant assez simple pour interroger un bœuf comme le plus gros des animaux domestiques, et qu'ayant été surpris qu'il ne savait pas répondre, il le méprisa et l'appela comme par mépris du nom de *beir* et de *behemoth*.

## SECONDE OBJECTION

### CONTRE LE QUATRIÈME ARTICLE

Il y a des sentiments prévenants qui sont incommodes et qui font de la peine. Adam était juste et innocent : il ne devait donc pas en être frappé. Il devait donc en toutes rencontres se conduire par raison et par lumière, et non par des sentiments prévenants, semblables à ceux que nous avons présentement.

*Réponse*

J'avoue qu'il y a des sentiments prévenants qui sont désagréables et pénibles. Mais ces sentiments ne faisaient jamais de peine au premier homme : parce que dans l'instant qu'ils lui faisaient de la peine, il voulait n'en être frappé ; et dans le même instant qu'il avait cette volonté, il n'en était plus touché. Ces sentiments ne faisaient que l'avertir avec respect de ce qu'il devait faire ou ne pas faire ; ils ne troublaient point sa félicité ; ils lui faisaient seulement comprendre qu'il pouvait la perdre ; et que celui qui le rendait heureux, pouvait le punir et le rendre misérable, s'il lui manquait de fidélité.

Pour se persuader que le premier homme ne sentait jamais de douleur vive qui le surprît, il n'y a qu'à considérer deux choses. La première, que la douleur est fort légère, lorsque les mouvements auxquels elle est attachée, sont très faibles : puisqu'elle est toujours proportionnée à la force des mouvements qui se communiquent jusqu'à la partie principale du cerveau. La seconde, qu'il est de la nature du mouvement de renfermer toujours succession de temps, et qu'il ne peut être violent dans le premier instant qu'il est communiqué à des parties telles que sont les nerfs de notre corps qui sont un peu lâches depuis le cerveau jusques à la peau. Cela supposé, il est visible que le premier homme ne sentait jamais de douleur violente qui le surprît, et qui fût capable de le rendre malheureux : car il pouvait arrêter les mouvements qui la causaient. Mais, s'il pouvait les faire cesser dans le même instant qu'ils commençaient leur action, certainement il n'y manquait pas, puisqu'il voulait être heureux et que l'aversion est naturellement jointe avec le sentiment de la douleur. Outre cela son innocence méritait bien qu'il fût protégé d'une manière particulière.

Adam ne souffrait donc jamais de douleur violente : mais je ne crois pas qu'on soit obligé de dire qu'il n'en sentait pas même de légères, comme serait celle qu'on a, lorsqu'on goûte d'un fruit vert, pensant qu'il est mûr. Sa félicité aurait été bien petite, si elle avait été troublée par si peu de choses : car la délicatesse est une marque de faiblesse, et le plaisir et la joie sont peu solides, lorsque la moindre chose les dissipe et les anéantit. La douleur ne trouble véritablement le bonheur, que lorsqu'elle est involontaire, et qu'elle subsiste en nous malgré nous. Jésus-Christ était encore heureux sur la croix, quoiqu'il souffrît de très grandes douleurs, parce qu'il ne souffrait rien qu'il ne voulût bien souffrir. Ainsi Adam ne souffrant rien malgré lui ; on ne peut pas dire, qu'on le fasse malheureux avant son péché, à cause qu'on suppose ici, qu'il était averti par des sentiments prévenants, mais respectueux et soumis, de ce qu'il devait éviter pour la conservation de sa vie.

## OBJECTION

### CONTRE LE CINQUIÈME ARTICLE

Adam sentait des plaisirs prévenants, les plaisirs prévenants sont des mouvements involontaires. Donc Adam était agité par des mouvements involontaires.

*Réponse*

Je réponds qu'en Adam ses sentiments prévenaient sa raison. J'en ai donné les preuves dans l'article quatrième. Mais je nie qu'ils prévinssent sa volonté, ou qu'ils excitassent en elle quelques mouvements rebelles. Car Adam voulait bien être averti par ces sentiments de ce qu'il devait faire pour la conservation de sa vie ; mais il ne voulait jamais être agité malgré lui ; car cela se contredit. De plus lorsqu'il voulait s'appliquer à la contemplation de la vérité sans la moindre distraction d'esprit, ses sens et ses passions, étaient dans un parfait silence. L'ordre le veut : et c'est une suite nécessaire du pouvoir absolu qu'il avait sur son corps.

Je réponds en second lieu, qu'il n'est pas vrai que le plaisir de l'âme soit la même chose que son mouvement et son amour*. Le plaisir et l'amour sont des manières d'être de l'âme : mais le plaisir n'a point de rapport nécessaire à l'objet qui semble le causer, et l'amour a nécessairement rapport au bien. Le plaisir est à l'âme ce que la figure est au corps et le mouvement est au corps ce que l'amour est à l'âme. Or le mouvement d'un corps est bien différent de sa figure. Je veux que l'âme qui est incessamment poussée vers le bien, avance pour ainsi dire, plus facilement vers lui, lorsqu'elle a un sentiment de plaisir, que lorsqu'elle souffre de la douleur : de même qu'un corps poussé roule plus facilement lorsqu'il a une figure sphérique, que lorsqu'il en a une cubique. Mais la figure d'un corps est différente de son mouvement, et il peut être sphérique et demeurer en repos. Il est vrai que les esprits ne sont pas comme les corps : ils ne peuvent sentir de plaisir sans être

* Voyez l'Éclaircissement sur le IIIe chapitre du Ve Livre[1].

1. Il s'agit du XIVe Éclaircissement relatif à la différence entre amour, plaisir et joie.

en mouvement, parce que Dieu qui ne les fait et ne les conserve que pour lui, les pousse incessamment vers le bien. Mais cela ne prouve pas que le plaisir soit la même chose dans l'âme que son mouvement, car deux choses, quoique différentes, peuvent se rencontrer toujours l'une avec l'autre.

Je réponds enfin, que quand même le plaisir ne serait pas différent de l'amour ou du mouvement de l'âme, celui que le premier homme sentait dans l'usage des biens du corps, ne le portait point à aimer ces corps. Le plaisir porte l'âme vers l'objet qui le cause en elle ; je le veux. Mais ce n'est pas le fruit que nous mangeons avec plaisir, qui cause en nous ce plaisir. Les corps ne peuvent agir dans l'âme, et la rendre en quelque manière heureuse : il n'y a que Dieu qui le puisse. C'est par erreur que nous pensons que les corps ont en eux ce que nous sentons à leur occasion. Adam n'était pas assez stupide avant son péché, pour s'imaginer que les corps fussent cause de ses plaisirs. Ainsi le mouvement qui accompagnait ses plaisirs, ne portait que son corps, et non point son cœur, vers les objets sensibles. Si le plaisir a contribué à la chute du premier homme ce n'est point en faisant en lui ce qu'il fait présentement en nous. C'est seulement que remplissant ou partageant la capacité qu'il avait de penser, il a effacé ou diminué dans son esprit la présence de son vrai bien et de son devoir.

## OBJECTION

### CONTRE LE SIXIÈME ARTICLE

Quelle apparence que la volonté immuable de Dieu ait été dépendante de celle d'un homme, et qu'en faveur d'Adam il y ait eu des exceptions dans la loi générale de la communication des mouvements.

*Réponse*

Au moins n'est-il point évident, qu'il ne puisse y avoir de telles exceptions. Or il est évident, que l'ordre immuable demande que le corps soit soumis à l'esprit, et il y a contradiction que Dieu n'aime et ne veuille pas l'ordre*, car Dieu aime nécessairement son Fils, cette sagesse à qui il communique toute sa substance. Donc il était nécessaire avant le péché du premier homme, qu'il y eût en sa faveur des exceptions dans la loi générale de la communication des mouvements. Cela paraît peut-être abstrait : voici quelque chose de plus sensible.

L'homme, quoique pécheur, a le pouvoir de remuer et d'arrêter son bras, lorsqu'il lui plaît. Donc, selon les différentes volontés de l'homme, les esprits animaux sont déterminés pour produire ou pour arrêter quelques mouvements dans son corps ; ce qui certainement ne se peut faire par la loi générale de la communication des mouvements. Ainsi la volonté de Dieu étant encore aujourd'hui, s'il est permis de parler ainsi, soumise à la nôtre, pourquoi n'aurait-elle pas été soumise à celle d'Adam ? Si pour le bien du corps et pour la société civile, Dieu empêche dans les pécheurs la communication des mouvements, pourquoi ne l'eût-il pas empêchée en faveur d'un homme juste, pour le bien de son âme, et pour conserver l'union et la société qu'il avait avec lui ? car Dieu n'avait fait l'homme que pour lui. Comme Dieu ne veut point avoir de société avec les pécheurs, il leur a ôté après le péché le pouvoir qu'ils avaient de quitter, pour ainsi dire, le corps pour s'unir à lui. Mais il leur a laissé le pouvoir d'arrêter ou de changer la communication des mouvements par rapport à la conservation de la vie, et à la société civile : parce qu'il n'a pas voulu détruire son ouvrage, et qu'avant même qu'il l'eût formé, il a eu dessein, selon saint Paul[1], de le rétablir et de le reformer en Jésus-Christ.

## OBJECTION

### CONTRE LE SEPTIÈME ARTICLE

L'homme transporte encore présentement son corps de tous côtés ; il en remue, comme il lui plaît, toutes les parties, dont le mouvement est nécessaire pour la

* Dans l'Éclaircissement qui regarde la *nature des idées* j'expliquerai plus particulièrement ce que c'est que l'*Ordre* et pourquoi Dieu l'aime nécessairement.

1. *Épître aux Colossiens*, I, 20.

recherche des biens et pour la fuite des maux sensibles. Et par conséquent il arrête ou change à tous moments la communication naturelle des mouvements, non seulement pour des choses de peu de conséquence ; mais encore pour des choses inutiles à la vie et à la société civile, et même pour des crimes qui rompent la société, qui abrègent la vie, et qui déshonorent Dieu en toutes manières. Dieu veut l'ordre, j'en conviens. Mais l'ordre demande-t-il que les lois des mouvements soient violées pour le mal, et qu'elles soient inviolables pour le bien ? Pourquoi faut-il que l'homme n'ait pas le pouvoir d'arrêter les mouvements que les objets sensibles produisent dans son corps, puisque ces mouvements l'empêchent de faire le bien, de se rapprocher de Dieu et de se remettre dans son devoir ; et qu'il ait encore le pouvoir de faire tant de mal dans le monde, par sa langue, par son bras, et par les autres parties de son corps, desquelles les mouvements dépendent de sa volonté ?

*Réponse*

Pour répondre à cette objection, il faut considérer que l'homme ayant péché devait rentrer dans le néant*. Car n'étant plus dans l'ordre, et n'y pouvant rentrer, il devait cesser d'être. Dieu n'aime que l'ordre ; le pécheur n'est point dans l'ordre. Dieu ne l'aime donc point. Le pécheur ne peut donc subsister, puisque les créatures ne subsistent que parce que Dieu veut qu'elles soient, et que Dieu ne veut point qu'elles soient s'il ne les aime. Le pécheur ne peut aussi par lui-même rentrer dans l'ordre ; parce qu'il ne peut par lui-même se justifier, et que tout ce qu'il peut souffrir, ne peut égaler son offense. Il devrait donc rentrer dans le néant. Mais comme il n'est pas raisonnable de penser que Dieu fasse un ouvrage pour l'anéantir, ou pour le laisser tomber dans un état pire que le néant, il est évident que Dieu n'aurait point fait l'homme, ni permis son péché qu'il avait prévu, s'il n'avait eu en vue l'Incarnation de son Fils, en qui toutes choses subsistent, et par qui l'univers reçoit une beauté, une perfection, une grandeur digne de la sagesse et de la puissance de son Auteur.

* Voyez le IIe et le Ve Entretien des *Conversations chrétiennes*, auxquelles j'ai déjà renvoyé.

On peut donc considérer que l'homme après son péché est sans Réparateur, mais dans l'attente d'un Réparateur. Si on le considère sans Réparateur, on voit clairement qu'il ne doit point avoir de société avec Dieu, qu'il ne peut pas avoir en lui-même la moindre force pour se rapprocher de Dieu ; qu'il faut que Dieu le repousse, pour ainsi dire, lorsqu'il prétend quitter le corps pour s'unir avec lui ; c'est-à-dire, que l'homme après son péché doit perdre le pouvoir de se délivrer des impressions sensibles et des mouvements de la concupiscence. Il devrait même être anéanti par les raisons que je viens de dire. Mais il attend un Réparateur. Et si on le considère dans l'attente de ce Réparateur, on voit bien qu'il doit subsister, lui et sa postérité de laquelle ce Réparateur doit naître, et dont il doit former son Église ; et qu'ainsi il est nécessaire que l'homme après son péché, conserve encore le pouvoir de remuer diversement certaines parties du corps dont les mouvements peuvent être utiles à sa conservation.

Il est vrai que les hommes abusent à toute heure du pouvoir qu'ils ont de produire certains mouvements ; et que le pouvoir, par exemple, qu'ils ont de remuer diversement leur langue, est cause d'un nombre infini de maux. Mais si l'on y prend garde, on verra que ce pouvoir est absolument nécessaire pour entretenir la société ; pour se soulager les uns les autres dans les besoins de la vie présente, et pour s'instruire de la religion, qui donne espérance de ce Libérateur pour lequel le monde subsiste. Si l'on examine avec soin quels sont les mouvements que nous pouvons produire, on verra clairement que Dieu ne nous a laissé de pouvoir sur notre corps, qu'autant qu'il en faut pour conserver sa vie, et pour entretenir la société civile. Le battement du cœur, par exemple, la dilatation du diaphragme, le mouvement péristaltique des viscères, la circulation des esprits et du sang, et divers mouvements des nerfs dans les passions se produisent en nous sans attendre les ordres de l'âme. Comme ils doivent être à peu près les mêmes dans les mêmes occasions, rien n'oblige Dieu à les soumettre présentement à la volonté des hommes. Mais les mouvements des muscles qui servent à remuer la langue, les bras et les jambes, devant changer à tous moments, selon la diversité presque infinie des objets bons ou mauvais qui nous environnent, il a été nécessaire que ces mouvements dépendissent de la volonté des hommes.

*Or il faut prendre garde que Dieu agit toujours par les voies les plus simples, et que les lois de la nature doivent être générales ; et qu'ainsi nous ayant donné le pouvoir de remuer notre bras et notre langue, il ne doit pas nous ôter celui de frapper un homme injustement ou de le calomnier. Car si nos facultés naturelles dépendaient de nos desseins il n'y aurait point d'uniformité ni de règle certaine dans les lois de la nature ; lesquelles cependant doivent être très simples et très générales, pour être dignes de la sagesse de Dieu et conformes à l'ordre. De sorte que Dieu, en conséquence de ces décrets, aime mieux faire le *matériel*[1] du péché, comme disent les théologiens, ou servir à l'injustice des hommes, comme parle un de ses prophètes**, que de changer ses volontés pour arrêter les désordres des pécheurs : Mais il réserve à se venger de la manière indigne dont on le traite, lorsqu'il lui sera permis de le faire, sans aller contre l'immutabilité de ses décrets, c'est-à-dire, lorsque la mort ayant corrompu le corps des voluptueux, Dieu ne sera plus dans la nécessité qu'il s'est imposée de leur donner des sentiments et des pensées qui y aient rapport.

## OBJECTION

### CONTRE LES ARTICLES ONZIÈME ET DOUZIÈME

Le péché originel ne rend pas seulement l'homme esclave de son corps et sujet aux mouvements de la concupiscence, il le remplit aussi de vices tout spirituels ; non seulement le corps de l'enfant avant son baptême, est

* J'ai expliqué au long la providence dans les *Entretiens sur la métaphysique* où j'ai déjà renvoyé.

1. Le « matériel » ou encore le « physique » du péché ne vient pas de nous mais de l'œuvre de Dieu. Voir le Ier Éclaircissement.

** *Servire me fecistis in peccatis vostris* (Is., XLIII, 24[2]).

2. « Vous m'avez fait servir à vos péchés. »

corrompu, mais encore son âme et toutes ses facultés sont infectées du péché. Quoique la rébellion du corps soit le principe de quelques vices grossiers tels que sont l'intempérance et l'impudicité, elle n'est point cause des vices purement spirituels tels que peuvent être l'orgueil et l'envie. Ainsi le péché originel est quelque chose de bien différent de la concupiscence avec laquelle nous naissons ; et c'est apparemment la privation de la grâce ou de la justice originelle.

*Réponse*

J'avoue que les enfants sont privés de la justice originelle ; et je le prouve même lorsque je fais voir qu'ils ne naissent point justes, et que Dieu les hait. Car on ne peut, ce me semble, donner d'idée plus claire de justice et de droiture, qu'en disant qu'une volonté est droite lorsqu'elle aime Dieu, et qu'elle est déréglée lorsqu'elle est tournée vers les corps. Mais si par la justice ou la grâce originelle, on veut entendre certaines qualités inconnues, semblables à celles que l'on dit que Dieu avait répandues dans l'âme du premier homme, pour l'orner et la rendre agréable à ses yeux ; il est encore évident que la privation de cette justice n'est point le péché originel ; car à proprement parler cette privation ne se transmet point. Si les enfants n'ont point ces qualités, c'est que Dieu ne les leur donne pas ; et si Dieu ne les leur donne pas, c'est qu'ils en sont indignes. C'est donc cette indignité qui se transmet et qui est cause de la privation de la justice originelle. Ainsi c'est cette indignité qui est proprement le péché originel.

Or cette indignité qui consiste, comme je l'ai fait voir, en ce que les inclinations des enfants sont actuellement corrompues, que leur cœur est tourné vers les corps et qu'ils les aiment, est réellement en eux ; ce n'est point l'imputation du péché de leur père ; ils sont effectivement dans le désordre. De même que ceux qui sont justifiés par Jésus-Christ, dont Adam était la figure, ne sont point justifiés par imputation. Ils sont effectivement rétablis dans l'ordre par une justice intérieure, différente de celle de Jésus-Christ, quoiqu'il n'y ait que Jésus-Christ qui la leur ait méritée.

L'âme n'a que deux rapports naturels ou essentiels, l'un à Dieu, l'autre à son corps. Or il est évident que le rapport ou l'union qu'elle a avec Dieu ne peut la corrompre ou la rendre vicieuse. Donc elle n'est telle dans le moment qu'elle est créée, que par le rapport qu'elle a avec son corps. Ainsi il est nécessaire de dire, ou que l'orgueil et les autres vices qu'on appelle spirituels, se peuvent communiquer par le corps, ou que les enfants n'y sont point sujets dans le moment de leur naissance. Je dis dans le moment de leur naissance, car je ne nie pas que ces mauvaises habitudes ne s'acquièrent facilement. Quoique les pures intelligences n'aient rapport qu'à Dieu, et que dans le moment de leur création elles ne fussent sujettes à aucun vice, néanmoins elles sont tombées dans le désordre. Mais ce n'est que parce qu'elles ont fait un mauvais usage de leur liberté ; et les enfants n'en ont fait aucun usage, car le péché originel n'est point libre.

Mais au fond, je crois que ceux-là se trompent, qui pensent que la rébellion du corps n'est cause que des vices grossiers, tels que sont l'intempérance et l'impudicité ; et non de ceux qu'on appelle spirituels, comme l'orgueil et l'envie ; et je suis persuadé qu'il y a une telle correspondance entre les dispositions de notre cerveau et celles de notre âme, qu'il n'y a peut-être point de mauvaise habitude dans l'âme, qui n'ait son principe dans le corps.

Saint Paul en plusieurs endroits appelle la loi, la sagesse, les désirs, et les œuvres de la chair, tout ce qui est contraire à la loi de l'esprit. Il ne parle point de vices spirituels. Il met* entre les œuvres de la chair, l'idolâtrie, les hérésies, les dissensions et plusieurs autres vices qu'on appelle spirituels. C'est selon sa doctrine suivre les mouvements de la chair, que de se laisser aller à la vaine gloire, à la colère et à l'envie. Enfin il paraît par les expressions de cet apôtre que tout péché vient de la chair ; non que la chair le commette, ou que l'esprit de l'homme, sans la grâce ou sans l'esprit de Jésus-Christ, fasse le bien ; mais parce que la chair agit sur l'esprit de l'homme de telle manière qu'il ne fait point de mal qu'elle ne l'y ait sollicité. Voici comme parle saint Paul dans l'Épître aux Romains : *Je me plais*

* Gal., V.

*dans la loi de Dieu selon l'homme intérieur. Mais je vois dans les membres de mon corps une autre loi qui combat contre la loi de mon esprit, et qui me rend captif sous la loi du péché qui est dans les membres de mon corps.* Et plus bas : *Ainsi je suis moi-même soumis à la loi de Dieu selon l'esprit, et à la loi du péché selon la chair*[1]. Il parle de la même manière dans plusieurs autres endroits de ses Épîtres. Ainsi la concupiscence ou la rébellion du corps ne porte pas seulement aux vices qu'on appelle charnels ou déshonnêtes, mais encore à ceux qu'on croit être spirituels. Je vais tâcher de le prouver d'une manière sensible.

Lorsqu'une personne se trouve en compagnie, il est, ce me semble, certain qu'il se produit machinalement dans son cerveau des traces, et qu'il s'excite dans ses esprits animaux des mouvements, qui font naître en son âme des pensées et des inclinations mauvaises. Nos pensées dans ces rencontres ne sont point naturellement conformes à la vérité, ni nos inclinations à l'ordre ; elles naissent en nous pour le bien du corps et de la vie présente, à cause que c'est le corps qui les excite. Ainsi elles nous font perdre la présence de Dieu, et la pensée de notre devoir, et elles ne tendent qu'à nous faire considérer par les autres hommes, comme dignes de leur affection et de leur estime. Cet orgueil secret qui se réveille en nous dans ces occasions, est donc un vice spirituel, dont la rébellion du corps est le principe.

Par exemple, si les personnes devant qui nous sommes, sont élevées en dignité, l'éclat de leur grandeur nous éblouit et nous abat. Comme les traces que leur présence excite dans notre cerveau, sont quelquefois très grandes, et que les mouvements en sont vifs ; elles rayonnent pour ainsi dire dans tout notre corps ; elles se répandent sur notre visage et elles y marquent sensiblement le respect et la crainte, et tous nos sentiments les plus cachés. Ces traces agissent ensuite par ces expressions sensibles de nos mouvements intérieurs sur la personne qui nous regarde ; elles la disposent à des sentiments de douceur et d'honnêteté par des traces que notre air respectueux ou craintif pro-

1. *Épître aux Romains*, VII, 22-23, 25. Voir aussi *Épître aux Galates*, V, 16-19, 26.

duisent machinalement dans son cerveau, lesquelles rejaillissant sur son visage, elles y effacent cette majesté qui y paraissait auparavant, et donnent au reste de son corps une posture qui arrête ensuite notre trouble, et qui nous rassure. Ainsi après plusieurs contrecoups de ces expressions sensibles, notre air et nos manières se fixent enfin dans l'état que la personne qui domine sur nous le souhaite.

Or comme tous les mouvements des esprits animaux sont accompagnés des mouvements de l'âme, et que les traces du cerveau sont suivies des pensées de l'esprit, il est évident qu'étant maintenant privés du pouvoir d'effacer ces traces et d'arrêter ces mouvements, nous nous trouvons sollicités par la présence de la personne qui domine sur nous, à entrer dans tous ses sentiments et tous ses désirs, et à nous appliquer entièrement à elle ; de même qu'elle est portée à s'appliquer à nous, quoique d'une manière différente. Et c'est pour cela que la conversation du monde réveille et fortifie la concupiscence de l'orgueil ; comme les commerces déshonnêtes, la bonne chère et la jouissance des plaisirs des sens, augmentent la concupiscence charnelle ; ce qu'il est très nécessaire de remarquer pour la morale.

C'est une chose fort utile qu'il y ait dans le cerveau des traces qui représentent incessamment l'homme à lui-même, afin qu'il ait soin de sa personne ; et qu'il y en ait d'autres qui servent à former et à entretenir la société, puisque les hommes ne sont pas faits pour vivre seuls. Mais l'homme ayant perdu le pouvoir d'effacer ces traces, lorsqu'il le voudrait et qu'il serait à propos ; elles le sollicitent sans cesse au mal. Comme il ne peut s'empêcher de se représenter à soi-même, il est incessamment excité à des mouvements d'orgueil et de vanité, à mépriser les autres, et à rapporter toutes choses à soi : et comme il n'est pas maître des traces qui le sollicitent à entretenir la société avec les autres, il est agité comme malgré lui par des mouvements de complaisance, de flatterie, de jalousie, et de semblables inclinations. Ainsi tous ces vices qu'on appelle spirituels viennent de la chair aussi bien que l'impudicité et l'intempérance.

Non seulement il y a dans notre cerveau des dispositions qui excitent en nous des sentiments et des mouvements, par rapport à la propagation de l'espèce et à la conservation de la vie ; il y en a peut-être un plus grand nombre qui réveillent en nous des pensées et des passions, par rapport à la société, à nos établissements particuliers, et à ceux de nos amis. Nous sommes unis par la nature à tous les corps qui nous environnent, et par ces corps à toutes les choses qui ont quelque rapport à nous. Or nous ne pouvons y être unis que par certaines dispositions qui sont dans notre cerveau. Ainsi n'ayant point le pouvoir d'empêcher l'action de ces dispositions naturelles, notre union se change en dépendance, et nous devenons sujets par notre corps à toutes sortes de vices.

Nous ne sommes pas de pures intelligences : toutes les dispositions de notre âme produisent quelques dispositions dans notre corps, comme les dispositions de notre corps excitent de pareilles dispositions dans notre âme. Ce n'est pas que l'âme ne puisse absolument rien recevoir que par le corps : mais c'est que tant qu'elle y est unie, elle ne peut recevoir de changement dans ses modifications, sans que le corps en reçoive aussi lui-même. Il est vrai qu'elle peut être éclairée, ou recevoir de nouvelles idées, sans que le corps y ait nécessairement quelque part : mais c'est parce que les idées pures ne sont point des modifications de l'âme, comme je l'ai prouvé ailleurs. Je ne parle que des idées sensibles [1], car ces idées renferment un sentiment, et tout sentiment est une manière d'être qui meut et intéresse l'âme.

## SECONDE OBJECTION

### CONTRE LES ARTICLES ONZIÈME ET DOUZIÈME

Si le péché originel se transmet à cause de la communication qui se rencontre entre le cerveau de la mère et celui de son enfant, c'est la mère qui est cause de ce péché, et le

1. Sur cette question du lien entre la sensibilité et l'idée qui montre que nous ne sommes pas de purs esprits, voir le Livre III de *La Recherche de la vérité* (II^e^ partie, ch. VI).

père n'y a point de part. Cependant saint Paul nous apprend, *que c'est par l'homme que le péché est entré dans le monde : il ne parle pas seulement de la femme. Donc, etc.

*Réponse*

David assure que sa mère ***l'a conçu dans l'iniquité* : et l'Ecclésiastique dit que *le péché vient de la femme, et que c'est par elle que nous sommes tous sujets à la mort* : l'un et l'autre ne parlent point de l'homme. Saint Paul au contraire dit que c'est par l'homme que le péché est entré dans le monde, il ne parle point de la femme. Comment accorder ces témoignages, et lequel des deux de l'homme ou de la femme devrait-on justifier, s'il était nécessaire de justifier l'un ou l'autre ? Dans le discours on n'attribue jamais à la femme une chose à laquelle elle n'a point de part, et qui est seulement de l'homme : mais on attribue souvent à l'homme ce qui est de la femme, à cause que le mari en est le chef et le maître. Nous voyons que les Évangélistes, et même la Sainte Vierge appelle saint Joseph père de Jésus, lorsqu'elle dit à son fils : Voilà votre père et moi qui vous cherchions ; ****Ecce pater tuus et ego dolentes quaerebamus te*[3]. Ainsi puisque l'Écriture sainte nous assure que c'est par la femme que nous sommes tous sujets à la mort et au péché, il est absolument nécessaire de le croire : cela ne se peut rejeter sur l'homme seul. Mais quoiqu'elle nous assure en d'autres endroits que c'est par l'homme que le péché est entré dans le monde, il n'y a pas tout à fait une pareille nécessité de le croire, puisqu'on peut attribuer à l'homme ce qui est de la femme. Et si l'on était obligé par la foi d'excuser l'homme ou la femme, il serait plus raisonnable d'excuser l'homme que la femme[4].

* *Sicut per unum hominem peccatum in hunc mundum intravit*, etc. (Rom., v[1]).

1. *Épître aux Romains*, V, 12 (« De même que par un seul homme le péché est entré dans ce monde »).

** *In iniquitatibus conceptus sum et in peccatis concepit me mater mea* (Ps., L, 7). *A muliere initium factum est peccati, et per illam omnes morimur* (Eccle., xxv, 24[2]).

2. « J'ai été conçu dans l'iniquité, dans le péché ma mère m'a conçu. » « Le péché a commencé par la femme et c'est par elle que nous mourrons tous. »

*** Luc, II, 48.

3. Luc, *Évangile*, II, 48 (« Voici que ton père et moi-même te cherchions affligés »).

4. Voir l'introduction de la présente édition, p. 21.

Cependant je crois qu'on doit expliquer à la lettre les passages que je viens de citer, et de dire que l'homme et la femme sont véritablement cause du péché, chacun à leur manière. La femme en ce que c'est par elle que le péché se communique, comme c'est par elle que l'homme engendre des enfants : et l'homme, parce que son péché est cause de la concupiscence, comme son action l'est de la fécondité de la femme, ou de la communication qui est entre la femme et son enfant.

Il est certain que c'est l'homme qui rend la femme féconde, et par conséquent c'est lui qui est cause de la communication, qui se trouve entre le corps de la mère et celui de son enfant, puisque cette communication est le principe de la vie des enfants. Or cette communication ne donne pas seulement aux corps des enfants les dispositions de celui de la mère, elle donne aussi à leur esprit les dispositions de son esprit. Donc on peut dire que c'est *par un homme que le péché est entré dans le monde*, comme le dit saint Paul ; et néanmoins à cause de cette communication, il faut dire aussi que *le péché vient de la femme* ; que c'est *par elle que nous sommes tous sujets à la mort ; et que notre mère nous a conçus dans l'iniquité*, comme il est dit dans d'autres endroits de l'Écriture.

On dira peut-être, que quand même l'homme n'aurait point péché, la femme aurait eu des enfants pécheurs : car ayant elle-même péché, elle avait perdu le pouvoir que Dieu lui avait donné sur son corps : Et ainsi quoique l'homme fût demeuré juste, elle aurait corrompu le cerveau, et par conséquent l'esprit de son enfant, à cause de la communication qu'elle avait avec lui.

Certainement cela ne paraît pas vraisemblable : car l'homme juste, sachant ce qu'il fait, ne peut pas donner à une femme cette misérable fécondité d'engendrer des enfants pécheurs. S'il demeure juste, il ne veut avoir des enfants que pour Dieu, et des enfants pécheurs ne peuvent jamais être agréables à Dieu ; car je ne suppose point ici de médiateur. Je veux néanmoins qu'en ce cas le mariage n'eût point été rompu, et que l'homme se fût approché de la femme. Mais il est certain que le corps de la femme appartenait à son mari : ce corps avait été tiré du sien ; ce n'était qu'une même chair, *duo in carne una*[1]. Il est encore certain que les enfants appartiennent autant au père qu'à la mère. Cela étant, on ne peut pas se persuader que la femme après son péché eût perdu le pouvoir qu'elle avait sur son corps, si son mari n'eût péché aussi bien qu'elle. Car si la femme eût été privée de ce pouvoir, le mari demeurant dans l'innocence, il y aurait eu ce désordre dans l'univers, qu'un homme juste aurait eu un corps corrompu et des enfants pécheurs. Or il est contre l'ordre, ou plutôt il y a contradiction, qu'un Dieu juste punisse l'homme lorsqu'il est dans une parfaite innocence. C'est pour cela qu'Ève ne sent point de mouvements involontaires et rebelles incontinent après son péché : elle n'a point encore de honte de se voir nue : elle ne se cache point : elle s'approche au contraire de son mari quoique nu comme elle : ses yeux ne sont point encore ouverts : elle est comme auparavant la maîtresse absolue de son corps. L'ordre voulait qu'incontinent après son péché, son âme fût troublée par la rébellion de son corps, et par la honte de sa nudité et de celle de son mari ; car il n'était pas juste que Dieu suspendît davantage les lois de la communication des mouvements en sa faveur, comme j'ai dit dans l'article septième. Mais parce que son corps est à son mari, et que son mari est encore innocent, elle n'est point punie dans ce corps : cette punition est différée jusqu'à ce qu'il ait mangé lui-même du fruit qu'elle lui présenta. *Ce fut alors qu'ils sentirent l'un et l'autre la rébellion de leur corps, qu'ils virent qu'ils étaient nus ; et que la honte les obligea de se couvrir de feuilles de figuier. Ainsi il faut dire qu'Adam est véritablement cause du péché originel et de la concupiscence, puisque c'est son péché qui a privé sa femme aussi bien que lui du pouvoir qu'ils avaient sur leur corps ; et que c'est par le défaut de ce pouvoir que la femme produit dans le cerveau de son enfant des traces qui corrompent l'âme dès le moment qu'elle est créée. Néanmoins que ce soit l'homme ou la femme qui ait introduit le péché dans le monde, c'est la

* Gen., III.

1. *Genèse*, II, 24 (« Deux en une seule chair »).

même chose selon saint Augustin. ***Sive autem a muliere, sive ab Adam dicatur, initium factum esse peccati et per illam omnes mori, utrumque ad primum hominem pertinet : quoniam sicut novimus ; mulier ex viro est, et utriusque caro una est.*

## OBJECTION

### CONTRE L'ARTICLE DOUZIÈME

C'est deviner que de dire que la communication du cerveau de la mère avec celui de son enfant, soit nécessaire ou utile à la conformation du fœtus : car il n'y a point de communication entre le cerveau d'une poule et de ses poulets, et cependant les poulets se forment parfaitement bien.

*Réponse*

Je réponds que dans le chapitre septième du second Livre, j'ai suffisamment démontré cette communication par l'usage que j'en fais pour expliquer la génération des monstres, et certaines marques et appréhensions naturelles. Car il est évident qu'un homme qui tombe en pâmoison à la vue d'une couleuvre, à cause que sa mère en a été épouvantée lorsqu'elle le portait dans son sein, ne peut avoir cette faiblesse, que parce qu'il s'est formé autrefois dans son cerveau des traces pareilles à celles qui s'ouvrent lorsqu'il voit une couleuvre, et que ces traces ont été accompagnées d'un pareil accident. Ainsi je ne devine point, car je ne me hasarde pas de déterminer en quoi consiste précisément cette communication. Je crois même que les voies par lesquelles elle se fait, échapperont toujours à l'adresse des plus habiles anatomistes. Je pourrais dire qu'elle se fait par les racines que

* Aug., *De peccat. mer. et remiss*[1].

1. Saint Augustin, *De la peine et de la rémission des péchés du baptême des enfants*, l. I, ch. XII : « Qu'on dise que la femme a été le principe du péché ou qu'on dise que c'est Adam, et que c'est par elle que nous mourrons tous, cela a également rapport au premier homme : car, comme nous le savons tous, la femme vient de l'homme et tous deux sont une seule chair. »

le fœtus pousse dans le sein de la mère, et par les nerfs dont cette partie de la mère est apparemment remplie. Et en cela je ne devinerais pas plus qu'un homme qui n'ayant jamais vu les machines de la Samaritaine, assurerait qu'il y a des roues et des pompes pour y élever l'eau[1]. Cependant je crois qu'il est permis quelquefois de deviner, pourvu qu'on ne veuille point passer pour prophète, et qu'on ne parle point avec trop d'assurance. Je crois qu'il est permis de dire ce qu'on pense, pourvu qu'on ne s'attribue point l'infaillibilité, et qu'on ne domine point injustement sur les esprits par des manières décisives, ou par le secours de quelques termes scientifiques capables d'imposer aux lecteurs peu attentifs. Ce n'est pas toujours deviner que de dire des choses qui ne se voient point, et qui sont contraires aux préjugés ; pourvu qu'on ne dise que des choses qui se conçoivent bien, et qui entrent facilement dans l'esprit de ceux qui veulent bien entendre raison.

Je dis donc, qu'en supposant les lois générales de la communication des mouvements telles qu'elles sont, il y a bien de l'apparence que la communication particulière du cerveau de la mère avec celui de son enfant est nécessaire, afin que le corps de celui-ci se forme comme il le doit être ; ou pour le moins qu'elle est nécessaire, afin que le cerveau de l'enfant reçoive certaines dispositions, qui doivent changer selon les temps et selon les pays, ainsi que j'ai expliqué dans le même chapitre.

J'avoue qu'il n'y a point de communication entre le cerveau d'une poule et celui du poulet qui se forme dans un œuf, et que néanmoins le corps des poulets ne laisse pas de se former parfaitement bien. Mais on doit prendre garde que le poulet est bien plus avancé dans l'œuf, lorsque la poule le pond, que le fœtus lorsqu'il descend dans la matrice. On en doit juger ainsi, puisqu'il faut moins de temps pour éclore des œufs, qu'il n'en faut, par exemple, pour des petits chiens ; quoique le ventre d'une chienne étant fort chaud et son sang toujours en mouvement, les chiens dussent être plus tôt formés que les œufs

1. Près du Pont-Neuf, on avait construit, entre 1603 et 1608, une grande pompe hydraulique ornée d'une décoration représentant l'épisode de Jésus et de la Samaritaine.

éclos, si les poulets n'étaient pas plus avancés dans leurs œufs que les petits chiens dans leurs germes. Or il y a bien de l'apparence que cette formation fort avancée du poulet dans son œuf avant que d'avoir été pondu, a été produite ou réglée par la communication dont je parle.

Je réponds en second lieu, que l'accroissement du corps des oiseaux est peut-être plus conforme aux lois générales du mouvement, que celui des animaux à quatre pieds ; et qu'ainsi la communication du cerveau de la mère avec celui de ses petits, n'est pas si nécessaire dans les oiseaux que dans les autres animaux. Car la raison qui rend cette communication nécessaire, est apparemment pour remédier au défaut des lois générales, qui ne suffisent pas dans quelques cas particuliers à la formation ou à l'accroissement des animaux.

Enfin je réponds qu'il n'est pas nécessaire pour la conservation de la vie des oiseaux, qu'il y ait autant de dispositions particulières dans leur cerveau que dans celui des autres animaux ; ils ont des ailes pour fuir le mal, et pour attraper leur proie ; ils n'ont point besoin de tous ces ressorts particuliers, qui sont le principe de l'adresse et de la docilité de quelques animaux domestiques. Ainsi il n'est pas nécessaire que leur mère en les formant les instruise de beaucoup de choses, ou les rende capables d'en être instruits par une disposition du cerveau propre pour la docilité. Ceux qui dressent les jeunes chiens à la chasse, en trouvent quelquefois qui arrêtent naturellement, à cause seulement de l'instruction qu'ils ont reçue de leur mère, qui a souvent chassé étant pleine. On remarque presque toujours de la différence entre les traces de ces animaux, et qu'il y en a de plus dociles et capables d'une meilleure instruction que les autres de même espèce. Mais je ne pense pas qu'il y ait jamais eu d'oiseau qui ait rien appris d'extraordinaire à ses petits, et qu'une poule par exemple, ait jamais fait de poussin qui sût faire autre chose que ce qu'ils font tous naturellement. Les oiseaux ne sont donc pas si dociles ni si capables d'instruction que les autres animaux. La disposition de leur cerveau n'est pas ordinairement capable de beaucoup de changements ; ils n'agissent pas tant par imitation que quelques animaux domestiques. Les petits canards qu'une poule mène, n'attendent pas son exemple pour se jeter dans l'eau ; et les poussins au contraire ne s'accoutument pas à nager, quoique la cane qui les a couvés et qui les conduit nage incessamment. Mais il y a des animaux qui imitent facilement et promptement des mouvements extraordinaires qu'ils voient faire à d'autres. Cependant je ne prétends pas qu'on doive fort s'arrêter à ces dernières réflexions : elles ne sont pas nécessaires pour établir ce que je prétends.

## SECONDE OBJECTION

### CONTRE L'ARTICLE DOUZIÈME

C'est encore deviner que d'assurer que la mère avant son péché aurait pu s'entretenir avec son fruit, car il n'y a point de rapport nécessaire entre nos pensées et les mouvements qui se passent dans notre cerveau. Ainsi cette communication du cerveau de la mère au cerveau de l'enfant est inutile.

*Réponse*

Il est évident que sans cette communication l'enfant n'aurait pu sans un miracle particulier, avoir de commerce avec sa mère, ni la mère avec son enfant. Or avant le péché l'ordre voulait que la mère fût avertie de tous les besoins corporels de son enfant, et que l'enfant n'ignorât pas les obligations qu'il avait à ses parents. Donc puisque toutes choses eussent été dans l'ordre avant le péché, et que Dieu agit toujours d'une manière conforme à l'ordre, la mère et l'enfant eussent eu quelque commerce par le moyen de cette communication.

Pour comprendre en quoi ce commerce aurait pu consister, il faut se souvenir que la liaison des traces du cerveau avec les idées de l'âme, se peut faire en plusieurs manières, ou par la nature, ou par la volonté des hommes, ou par quelque autre manière, ainsi que je l'ai expliqué dans le second Livre*.

Lorsqu'on regarde un carré, ou l'air d'une personne qui souffre quelque douleur, on a dans l'esprit l'idée d'un carré, ou celle d'une personne affligée ; cela est général à toutes les nations, et la liaison qui est entre ces idées et ces traces est naturelle. Lorsqu'un Français entend prononcer ou qu'on lit ce mot, *carré*, il a aussi l'idée d'un carré ; mais la liaison qui

* Chap. V de la I^re^ partie.

est entre le son ou les caractères de ce mot et son idée, n'est point naturelle, elle n'est point aussi générale à tous les hommes. Je dis donc que la mère et l'enfant auraient eu naturellement commerce entre eux sur toutes les choses qui se peuvent représenter à l'esprit par les liaisons naturelles. Que si la mère, par exemple, eût vu un carré, l'enfant l'aurait vu aussi, et que si l'enfant se fût imaginé quelque figure, il aurait aussi réveillé la trace de la même figure dans l'imagination de sa mère. Mais la mère et l'enfant n'auraient point eu naturellement de commerce entre eux sur des choses purement spirituelles, ni même sur des choses corporelles, lorsqu'ils les auraient conçues sans faire usage de leurs sens ou de leur imagination. La mère aurait pensé à Dieu, elle aurait entendu ou lu ce mot *carré*, ou quelque autre semblable, sans que l'enfant eût pu découvrir quelle pensée elle aurait eue ; si ce n'est qu'avec le temps elle eût pu établir avec lui un nouveau commerce d'idées intellectuelles, à peu près comme font les nourrices, lorsqu'elles apprennent à parler à leurs enfants. J'explique et je prouve ces choses.

Il me semble que j'ai assez prouvé par l'explication que j'ai donnée de la cause des aversions héréditaires, et des marques que l'on tire de sa naissance, que les traces des mères se communiquent à leurs enfants. Or les traces des choses corporelles sont inséparables de leurs idées. Donc ces idées se communiquent aussi, et les enfants voient, sentent, imaginent les mêmes choses que leurs mères. C'est maintenant malgré eux qu'ils sentent ce que sentent leurs mères ; mais s'ils n'étaient point pécheurs, ils auraient le pouvoir d'empêcher lorsqu'ils le voudraient, l'effet de la communication qu'ils ont avec leurs mères. Ils pourraient même réveiller dans leur cerveau les traces qu'ils auraient reçues d'elles, par la même raison que nous imaginons ce qui nous plaît, lorsque nous n'avons point de sentiments trop vifs. Cela supposé, il est évident que lorsque la mère serait attentive à son enfant, elle pourrait découvrir par une espèce de contrecoup, s'il recevrait ou non l'impression qu'elle exciterait en lui, et même les autres choses auxquelles il penserait. Car de même que la mère ne pourrait ébranler les fibres de son cerveau, sans que ceux de l'enfant en reçussent l'impression, l'enfant ne pourrait aussi arrêter cet ébranlement, ou en exciter quelque autre, sans que la mère en fût avertie par quelque légère impression ; pourvu qu'elle s'y rendît parfaitement attentive par le pouvoir qu'elle aurait de faire cesser tout autre bruit que celui que son enfant exciterait en elle. Ainsi il faut demeurer d'accord que la mère et l'enfant auraient eu ensemble quelque commerce avant le péché, ou nier le rapport du cerveau de l'un au cerveau de l'autre, ou le pouvoir de l'âme sur le corps, tel que je l'ai établi auparavant. Cela paraît évident, quoique l'imagination s'en effarouche et que les préjugés s'y opposent. Il est vrai que ce commerce n'aurait été d'abord que pour les choses qui tombent sous les sens et sous l'imagination, les enfants ne tenant à leur mère que par le corps, il n'est pas absolument nécessaire qu'ils reçoivent par elle d'autres idées que celles des objets sensibles. Car leur âme étant étroitement unie à Dieu, si on les considère sans péché, ils reçoivent immédiatement de lui toutes les idées qui n'ont point de rapport au corps. Mais comme l'on peut avec le temps attacher les idées les plus abstraites à des choses sensibles qui n'y ont point de rapport, le commerce des mères avec leurs enfants se fût apparemment bientôt étendu aux choses les plus spirituelles, si elles se fussent efforcées de s'entretenir avec eux sur ces matières.

Je sais bien que ce que je dis ici ne paraîtra pas fort raisonnable à la plupart des hommes, et que ceux mêmes qui combattent contre les préjugés et contre l'effort continuel des impressions sensibles, seront surpris de la nouveauté de cette pensée. Mais si on fait une sérieuse réflexion sur la manière dont un maître instruit son disciple ; si l'on considère de combien de différents moyens il est obligé de se servir pour lui découvrir les idées qu'il a des choses, les comparaisons qu'il en fait, les jugements qu'il en porte, et les autres dispositions de son esprit à leur égard : on verra que sans le péché les mères auraient eu bien plus de facilité à découvrir leurs pensées, et leurs dispositions intérieures à leurs enfants, que les maîtres à leurs disciples : pourvu que l'on suppose seulement que les traces du cerveau des mères s'impriment dans celui de leurs enfants, ce qui est, ce me semble, assez évident par tout ce que je viens de dire. Car enfin il est visible que la parole et tous les signes extérieurs dont nous nous servons pour exprimer nos pensées aux autres hommes, n'ont l'effet que nous souhaitons, que parce qu'ils impriment dans le cerveau de ceux qui nous écoutent, les mêmes traces, et qu'ils excitent les mêmes émotions d'esprits, qui accompagnent nos idées et notre disposition intérieure à leur égard.

## OBJECTION

### CONTRE L'ARTICLE DIX-SEPTIÈME ET CEUX QUI LE SUIVENT

Il y a de la témérité à dire que les enfants dans le baptême sont justifiés par des mouvements actuels de leur volonté vers Dieu. Il ne faut point donner d'ouverture à des opinions nouvelles : cela n'est propre qu'à faire du bruit.

*Réponse*

Je demeure d'accord qu'il ne faut point dire positivement que les enfants soient justifiés par des actes formels de leur volonté. Je crois que l'on n'en sait rien, et il ne faut assurer positivement que ce que l'on sait. Je crois même que l'habitude de leur charité n'a été précédée d'aucun acte d'amour de Dieu. Mais comme il n'y a que trop de gens qui sont portés à croire que la justification des enfants n'est qu'extérieure et par *imputation*, à cause, disent-ils, qu'ils sont incapables de former aucun acte d'amour de Dieu : je crois qu'il est à propos de leur faire voir que ce n'est que par préjugé qu'ils sont dans ce sentiment. Car les préjugés des hommes à l'égard des enfants sont tels, qu'on s'imagine ordinairement, qu'ils ne pensent point dans le sein de leur mère et dans leurs premières années, et même qu'ils sont absolument incapables de penser. On croit qu'ils n'ont point encore en eux-mêmes les idées des choses ; que ce sont les maîtres qui les leur inspirent dans le discours ; et que s'ils ont quelques inclinations, elles ne sont point de même nature que les nôtres, et qu'elles ne peuvent les porter jusqu'au souverain bien. La plupart des hommes ne comprennent point distinctement que l'âme des enfants est comme celle des personnes avancées en âge ; qu'elle ne se fortifie et ne se perfectionne pas comme le corps ; et que si elle était délivrée pour un moment de l'impression que le corps fait sur elle, et mue par la délectation de la grâce, elle serait en ce moment plus éclairée et plus pure que celles des plus grands saints, qui ressentent toujours dans leur esprit et dans leur cœur quelques effets de la concupiscence.

On regarde communément la concupiscence comme si elle était naturelle ; on ne pense pas toujours qu'elle est une suite du péché. Ainsi on juge sans y penser que la stupidité des enfants est une suite nécessaire de la faiblesse de leur corps, de la jeunesse de leur âge, et même de l'incapacité de leur esprit. Or ce jugement ou ce préjugé se représente sans cesse à l'esprit, et il le préoccupe de telle manière qu'il l'empêche d'examiner la chose en elle-même. Ainsi ceux qui ont parlé de l'effet du baptême dans les siècles passés, n'ont point expliqué la régénération des enfants par des mouvements actuels de leur cœur : non qu'ils aient jugé par de fortes raisons que cela n'était pas possible ; car il ne paraît pas de leurs ouvrages qu'ils l'aient seulement examiné. Mais (comme il paraît assez) parce qu'ils l'ont supposé ainsi, et qu'ils ne se sont presque pas avisés d'en douter, ou peut-être parce qu'ils n'ont pas voulu donner une explication qui eût choqué les préjugés, dans un temps où l'on ne s'efforçait pas de s'en délivrer, autant qu'on le fait présentement.

Mais si l'on regarde la nécessité qu'il y a de donner une explication plus précise, que celle par exemple que donne saint Augustin en quelques endroits, laquelle favorise* *l'imputation*[2], quoique ailleurs il parle d'une manière qui ne la favorise** pas. Si on considère que *l'imputation* est fort commode, qu'il semble en ce cas qu'elle ait été reçue par quelques anciens théologiens*** très orthodoxes, et qu'elle

* *De nupt. et concup.*, lib. I, cap. XXV-XXVII, et *Contra Julianum*, lib. VI, cap. XIX, et ailleurs[1].

1. *Le Mariage et la Concupiscence*, l. I, ch. XXV-XXVII et *Contre Julien*, l. VI, ch. XIX.

2. Sur la théorie de l'« imputation », voir plus haut, p. 223, n. 2.

** Epist., XXIII, *De peccat. mer.*, cap. XIX[3], et ailleurs.

3. Lettre XXII et *De la peine et de la rémission des péchés*.

*** Innoc. III, in 3a decret. *De baptismo et ejus effectu*, cap. Majores. Et *in* Concil. Viennensi generali XV°, sous Clément V[4].

4. Lettre d'Innocent III sur l'effet du baptême (environ fin 1201) et XVe concile œcuménique, Concile de Vienne (1311-1312), sous Clément V.

est même absolument nécessaire pour ceux qui nient, quoique sans raison les habitudes de l'âme, (et en même temps ils nient que les enfants soient capables d'amour actuel), lesquels il est peut-être bon de contenter si on le peut : enfin, si l'on veut avoir égard à l'équité naturelle qui défend de condamner des intentions secrètes, on pourra peut-être juger que ce que je dis n'est pas vraisemblable : mais je ne crois pas qu'on puisse trouver mauvais que je le dise dans le dessein que j'ai de contenter les esprits, même les plus fâcheux, sur les difficultés qu'ils ont touchant la transmission et la rémission du péché originel, parce que la nécessité d'un médiateur et toute la religion supposent la corruption de notre nature par ce péché.

# IX^e ÉCLAIRCISSEMENT

## SUR LE TROISIÈME CHAPITRE DE LA TROISIÈME PARTIE DU SECOND LIVRE

*Dans lequel je parle de la force de l'imagination des auteurs, et principalement de Tertullien.*

Comme je suis convaincu que le principe le plus général et le plus fécond des erreurs qui se rencontrent dans les sciences, et principalement dans la morale, est l'impression que les imaginations vives font sur l'esprit des hommes, qui se conduisent plutôt par machine que par raison ; j'ai cru que je devais faire sentir cette vérité en toutes les manières qui pourraient réveiller les esprits de leur assoupissement à son égard. Et parce que les exemples nous frappent vivement, surtout lorsqu'ils ont quelque chose de grand et d'extraordinaire, j'ai pensé que les noms illustres de Tertullien, de Sénèque, et de Montaigne seraient capables d'exciter l'attention des lecteurs, et de les convaincre sensiblement de cette domination contagieuse de l'imagination sur la raison. Car enfin si des paroles toutes mortes, et qui ne sont point animées par l'air et les manières sensibles de ces fameux auteurs, ont encore plus de force que la raison de certaines gens : si le tour de l'expression qui ne donne qu'une faible idée de l'action sensible, que l'imagination répand vivement sur le visage, et sur le reste du corps de ceux qui sont pénétrés de ce qu'ils disent, est capable d'agiter, de pénétrer et de convaincre une infinité de personnes : certainement on doit demeurer d'accord qu'il n'y a rien de plus dangereux que d'écouter avec respect les personnes dont l'imagination est forte et vive. Car leur air et leur manière est un langage naturel si fort et si convaincant ; ils savent passionner si vivement toutes choses, qu'ils soulèvent presque toujours les sens et les passions contre la raison ; et qu'ils répandent, pour ainsi dire, la conviction et la certitude dans tous ceux qui les regardent.

J'avais bien prévu, en apportant ces grands exemples, que je ne guérirais pas tous ceux qui auraient été frappés d'étonnement et d'admiration à la lecture de ces trois fameux auteurs. Il n'est pas nécessaire de connaître beaucoup l'homme, pour savoir que les blessures que le cerveau a reçues, se guérissent plus difficilement que celles des autres parties du corps ; et qu'il est plus facile de fermer une plaie qui n'est point exposée à l'action de quelque corps qui la puisse renouveler, que de guérir parfaitement certains préjugés qui se justifient à tous moments par des raisons qui paraissent d'autant plus vraisemblables qu'elles sont plus sensibles.

Il est très difficile de fermer exactement les traces du cerveau, parce qu'elles sont exposées aux cours des esprits, et qu'elles peuvent être incessamment renouvelées par une infinité de traces qu'on peut appeler accessoires. Ces sortes de blessures ne peuvent ordinairement se guérir ou se rejoindre, que lorsque le cerveau en ayant reçu d'autres plus profondes et qui leur sont opposées, il se fait une forte et continuelle révulsion dans les esprits. Car on ne doit pas croire qu'un préjugé soit entièrement guéri dès qu'on se l'imagine, à cause qu'on n'en est point actuellement frappé. Un préjugé n'est entièrement guéri, que lorsque la trace est bien rejointe ; et non pas dès que les esprits commencent à n'y prendre plus leur cours pour quelque raison particulière.

Je savais donc bien que ceux qui avaient été abattus et renversés par la force et les mouvements de Tertullien, relevés et éblouis par la grandeur et les beautés de Sénèque, gagnés et corrompus par les manières libres et naturelles de Montaigne, ne changeraient pas de sentiment après la lecture de quelques pages de mon livre. Je jugeais au contraire qu'ils auraient du chagrin de ce que j'aurais tâché de dissiper l'enchantement qui les charme.

Mais comme j'espérais que ces exemples seraient utiles à mon dessein, pour les raisons que je viens de dire ; j'ai cru que je devais avoir plus d'égard à l'utilité de plusieurs personnes qui ne sont point préoccupées, qu'au chagrin de quelques particuliers, que je jugeais bien devoir critiquer la liberté que j'ai prise. Je considérais qu'il y a peu de personnes si fort prévenues d'estime pour ces auteurs qu'il n'y ait encore quelque espérance de retour vers la Raison. Je jugeais enfin que n'y ayant peut-être personne de préoccupé à l'égard de tous les trois ensemble, à cause de la diversité du caractère de leurs imaginations, les plus entêtés même trouveraient que j'ai raison en bien des choses.

Je sais le respect que je dois avoir pour les ouvrages de Tertullien : tant à cause des sujets qu'il traite, qu'à cause de l'approbation qu'ils ont eue de plusieurs personnes qui doivent en savoir juger. Et j'ai suffisamment fait connaître cette disposition de mon esprit par les choses que j'en ai dites, et par la qualité du livre *de Pallio*[1], duquel seul j'ai parlé avec liberté, quoiqu'il y en eût d'autres qui eussent peut-être été plus propres à mon dessein.

Mais après tout, je ne crois pas que le temps doive changer ou grossir les idées des choses, que toutes les antiquités soient vénérables, et que de fausses raisons et des manières extravagantes soient dignes de respect, à cause qu'elles sont au monde longtemps avant nous. Je ne pense pas qu'on doive recevoir des obscurités affectées comme des mystères sacrés ; des saillies d'imagination comme des lumières éclatantes ; les chaleurs de l'Afrique qui agissent dans un esprit naturellement plein d'ardeur, comme des mouvements de l'esprit prophétique, qui ne peut annoncer que des vérités sublimes.

Je sais bien que ceux mêmes qui ont le plus de respect pour les ouvrages de Tertullien, demeurent d'accord de tout ceci, et qu'ils sont trop équitables pour soutenir les dérèglements de l'imagination contre la Raison. Mais peut-être qu'ils sont comme ces personnes judicieuses qui aiment extrêmement la vérité, et qui cependant ne laissent pas d'être sensibles aux manières. Car j'en ai vu souvent quelques-uns si enchantés par quelques expressions fortes, vives, grandes et magnifiques de Tertullien, qu'après leur avoir prouvé que cet auteur était peu judicieux et peu raisonnable, ils ne faisaient que me les répéter comme pour me gagner et pour me surprendre.

J'avoue que Tertullien a des expressions extrêmement

1. *Du manteau.*

fortes et hardies, et qu'elles produisent dans l'esprit des images très vives et très animées : et c'est justement à cause de cela que je le prends pour exemple, que les imaginations fortes ont beaucoup de pouvoir pour agiter et pour convaincre par impression. Ainsi ceux qui me font ces sortes d'objections, confirment mon sentiment, lorsqu'ils le combattent. La préoccupation et l'estime qu'ils ont pour Tertullien justifie ma conduite. Les citations fréquentes et les grands mots qu'ils en allèguent, prouvent ce que je dis. Car on ne cite presque jamais dans le discours des raisonnements entiers de cet auteur : mais on en cite souvent des expressions fortes et vives, afin d'éblouir, d'émouvoir, et de convaincre par impression sensible.

On ne doit pas ce me semble s'imaginer que je veuille m'ériger en censeur de tant de grands hommes, qui citent Tertullien à tous moments, dans la chaire et ailleurs. Ils ont leurs raisons dans l'examen desquelles je n'entre point, et je ne dois point y entrer. Il me semble que ce que j'ai dit de cet auteur est évident. Que chacun tire ses conséquences selon ses lumières, sans m'attribuer des pensées que je n'ai pas. Ceux qui veulent pénétrer dans les desseins des autres, se forment souvent des fantômes qui ne ressemblent qu'à eux-mêmes : car nous avons de coutume de répandre, pour ainsi dire, sur les autres la malignité de nos passions. Nous jugeons de tout par rapport à nous : et ceux qui me condamnent se jugent peut-être eux-mêmes, quoiqu'ils n'y fassent pas de réflexion. Mais, si on veut que je me déclare sur les citations de Tertullien, je demeure d'accord qu'on a droit de s'en servir pour plusieurs raisons ; et même qu'elles sont quelquefois très utiles pour rendre plus sensibles certaines vérités de pratique, qui sont stériles et infructueuses, tant qu'elles sont dans le plus secret de la raison, et qu'elles ne nous donnent point de mouvements contraires à ceux que les biens du corps excitent en nous.

Cependant je ne trouve pas fort déraisonnable le sentiment de ceux qui croient qu'on ne doit citer les auteurs par leur nom, que lorsqu'ils sont infaillibles, et qu'excepté dans les choses où la raison n'a point de part, ou dans lesquelles l'autorité doit avoir lieu, on ne doit jamais citer personne. Telle était autrefois la coutume des Pères. Saint Cyprien n'a jamais cité Tertullien, quoiqu'il ait pris beaucoup de choses de lui. Et s'il est vrai ce que saint Jérôme rapporte de ce saint Évêque, par ouï dire, que parlant de Tertullien, il l'appelait son maître, il faut que le nom de Tertullien n'eût pas grande autorité, ni ses expressions la force qu'elles ont maintenant sur les esprits : ou que saint Cyprien suivît la coutume de son temps avec une rigueur bien surprenante. Car c'est une chose fort étrange qu'un tel disciple n'ait point parlé de son maître dans aucun de ses ouvrages.

On se sert ordinairement de cette histoire de saint Jérôme pour défendre Tertullien : et l'on m'a dit quelquefois que j'avais tort de parler comme j'avais fait d'un homme que saint Cyprien appelait son maître. Mais je ne sais si saint Jérôme n'aurait point été trop facile à ajouter foi à ce qui faisait à l'honneur de Tertullien. *Il semble qu'il ait eu un peu trop d'inclination pour lui, puisqu'il a excusé en quelque manière sa chute, en rejetant son hérésie sur l'envie que le clergé de Rome lui portait, et sur les mauvais traitements qu'il en avait reçus. Mais, si cette histoire qui n'est fondée que sur ce que saint Jérôme a ouï dire à une seule personne, est vraie, j'avoue que je ne comprends pas le silence que saint Cyprien observe dans ses écrits à l'égard de Tertullien. Ce silence du disciple cache apparemment quelque mystère qui n'est pas avantageux au maître. Et si l'histoire aussi bien que les propres ouvrages du Tertullien, ne faisaient pas assez connaître qu'il n'est pas tout à fait digne de la grande estime que bien des gens ont pour lui ; je ne sais si la conduite de saint Cyprien, son silence, son style, ses manières, ne suffiraient pas pour la diminuer, et pour faire penser que peut-être la réputation de cet auteur n'était pas trop bien établie, dans l'Afrique même, qui lui devait être plus favorable qu'un pays aussi tempéré qu'est le nôtre.

La France et l'Afrique produisent des esprits bien différents. Le génie des Français étant naturel, raisonnable, ennemi de toutes les manières outrées, il est étrange qu'il y en ait parmi eux de passionnés pour un auteur qui n'étudie et qui ne suit point la nature ; et qui au lieu de consulter la

* *Invidia postea, et contumeliis clericorum Romanae Ecclesiae, ad Montani dogma delapsus, in multis libris novae prophetiae meminit* (Hieron., *in Catalogo de script. Eccl.*[1]).

1. Saint Jérôme, dans le *Catalogue des écrivains ecclésiastiques, De viris illustribus liber*, ch. LIII : « Plus tard, à cause de la jalousie et des outrages du clergé de l'Église romaine, étant tombé dans la dogme de Montanus, il invoque dans de nombreux livres la nouvelle prophétie. »

raison, se laisse souvent emporter par ses fougues à des expressions tout à fait obscures, monstrueuses et extravagantes.

Mais c'est peut-être que l'imagination a tant de force qu'elle affaiblit la raison, et qu'elle change même la nature. En effet, un homme passionné nous trouble, et change presque toujours la situation naturelle de notre imagination pour la conformer à la sienne. Et alors il n'y a point de mouvement qui ne paraisse naturel, point d'expression qui ne soit agréable, point de galimatias qui ne convainque ; car on n'examine rien sérieusement. Or comme les passions se justifient, et que les imaginations déréglées ne se plaisent que dans leur dérèglement, on ne peut juger sainement des choses, tant que le cerveau conserve l'impression violente qu'il a reçue. Il n'y a point d'homme passionné qui ne soit incessamment sollicité à justifier la passion qui l'anime ; il n'y a point d'homme troublé qui ne se plaise dans son trouble. Car si ceux qui s'imaginent être devenus coqs, loups, bœufs, se plaisent extrêmement dans les actions que ces animaux ont accoutumé de faire, quoiqu'elles soient tout à fait contraires à la nature de l'homme ; on peut bien juger que nous n'avons garde de condamner les manières de ceux, qui par la contagion de leur imagination nous ont en quelque manière rendus semblables à eux ; car en les condamnant, nous sentons que nous nous condamnerions nous-mêmes.

Il y a une raison fort particulière, qui fait que certains savants font gloire d'être partisans de Tertullien, et qu'ils témoignent pour cet auteur un respect extraordinaire. C'est l'obscurité qu'il affecte comme une des principales règles de sa rhétorique.

On appelle présentement galimatias toutes les expressions vides de sens, et toutes les manières de parler obscures et embarrassées mais il y a eu des gens qui *ont regardé l'obscurité comme un des plus grands secrets de l'éloquence, parmi eux l'art de persuader consistait en partie à se rendre inintelligible.

Si ceux qui parlent en public avaient toujours des idées claires et distinctes des vérités qu'ils prétendent persuader, et s'ils ne parlaient qu'à des personnes capables d'une attention

* Voyez Quintilien, *Instit. orat.*, lib. VIII, cap. II.

suffisante pour les comprendre, le précepte d'affecter l'obscurité dans le discours serait extravagant en toutes manières. Mais quoique ce précepte soit absolument contre la raison, on peut dire qu'il est assez proportionné au génie de la plupart des hommes, non seulement parce qu'il met à couvert l'ignorance de ceux qui parlent, mais encore parce que l'obscurité mystérieuse excite en bien des personnes des sentiments qui les disposent à se soumettre et à se laisser convaincre.

L'expérience fait assez voir que la plupart des hommes estiment ce qu'ils ne comprennent pas, qu'ils révèrent comme des mystères tout ce qui les passe, et qu'ils trouvent qu'un orateur a fait des merveilles, lorsqu'il les a éblouis par des manières éclatantes, et par un langage d'imagination dans lequel la raison n'a point de part.

L'inclination que les hommes ont pour la grandeur, est plus forte que celle qu'ils ont pour la vérité. Ainsi le galimatias pompeux qui persuade par impression est mieux reçu que de purs raisonnements, qui ne peuvent persuader que par leur évidence. L'évidence ne s'acquiert que par des réflexions qui coûtent toujours quelque peine à ceux qui les font ; mais la conviction sensible se répand dans l'âme et la pénètre d'une manière très agréable.

Le bien qui seul est capable de nous satisfaire, est tout ensemble infini et inaccessible, et les expressions grandes et obscures en portent le caractère. De sorte que l'obscurité excitant nos désirs, comme la grandeur excite notre admiration et notre estime, ces expressions nous gagnent par les mouvements qu'elles produisent en nous.

Lorsqu'on sait ou qu'on croit savoir un auteur obscur et difficile, on s'estime plus que ceux qui ne le savent pas ; on les regarde quelquefois comme des ignorants. La peine qu'on a prise pour l'entendre, nous intéresse dans sa défense. On justifie ses études lorsqu'on le révère et qu'on le fait révérer aux autres. Et comme on se justifie avec plaisir, on ne doit pas manquer de le louer et de le défendre avec empressement et avec des manières vives et sensibles.

Ces raisons, et quelques autres moins fortes, suffisent ce me semble pour faire comprendre que l'obscurité de Tertullien ne lui est pas désavantageuse dans l'esprit de quelques personnes ; et qu'apparemment ils n'auraient jamais eu tant d'admiration pour lui, si les vérités qui sont répandues dans ses ouvrages, y étaient réduites à leurs plus simples et plus claires idées.

On réduit toujours les rapports et les vérités mathématiques à leurs *exposants*, c'est-à-dire, aux termes les plus simples qui les expriment, et on les dégage de tout ce qui peut les embarrasser et les obscurcir ; car les géomètres aiment la vérité toute pure ; ils ne veulent point convaincre par impression, mais par évidence et par lumière. Que deviendraient beaucoup de pensées de Tertullien, si on les avait réduites à leurs exposants selon les règles des logiciens géomètres, et si on les avait ainsi dépouillées de ce faste sensible qui éblouit la raison ? On en doit faire l'expérience, si on veut juger solidement des raisonnements de cet auteur.

Je ne prétends pas toutefois que Tertullien ait dû écrire en géomètre. Les figures qui expriment nos sentiments et nos mouvements, à l'égard des vérités que nous exposons aux autres, sont absolument nécessaires. Et je crois que principalement dans les discours de religion et de morale, l'on doit se servir d'ornements qui fassent rendre à la vérité tout le respect qui lui est dû, et de mouvements qui agitent l'âme et la portent à des actions tortueuses. Mais on ne doit pas couvrir d'ornements un fantôme sans corps et sans réalité ; on ne doit pas exciter des mouvements inutiles ; et si l'on veut imprimer avec effort dans ceux qui nous écoutent la conviction et la certitude, il faut que cette conviction se rapporte à quelque chose de vrai et de solide. Il ne faut pas convaincre ni se laisser convaincre sans savoir évidemment, distinctement, précisément de quoi on convainc, ou de quoi on est convaincu. Il faut savoir ce qu'on dit, il faut savoir ce qu'on croit. Il ne faut aimer que la vérité et la lumière, et ne pas frapper les autres d'aveuglement, après nous en être laissé frapper nous-mêmes.

# DOSSIER

Ce dossier ne comporte que des textes directement liés au livre que Malebranche consacre à l'imagination dans *La Recherche de la vérité*, soit par référence explicite — ainsi des œuvres de saint Augustin, Montaigne et Descartes —, soit par appartenance à un même champ de réflexion offrant toutefois des positions aussi différentes que celles de Pascal et de Spinoza.

# BIBLIOGRAPHIE DU DOSSIER

SAINT AUGUSTIN, *Confessions*, texte établi et traduit par Pierre de Labriolle, cinquième édition, Paris, Les Belles Lettres, 1954.

MONTAIGNE, *Essais*, éditions établie par Pierre Michel, Paris, Gallimard, 1965 ; réédition 1973.

DESCARTES, *Œuvres et lettres*, textes présentés par André Bridoux, Paris, Gallimard, 1953 ; réédition « Bibliothèque de la Pléiade », 1970.

PASCAL, *Pensées*, in *Œuvres complètes*, édition de Louis Lafuma, Paris, Le Seuil, 1963 ; réédition 1975.

SPINOZA, *Éthique*, traduction nouvelle par Bernard Pautrat, Paris, Seuil, 1988.

## SAINT AUGUSTIN

### LA MÉMOIRE COMME RÉSERVE D'IMAGES

*Si l'augustinisme de Malebranche s'affirme surtout dans la théorie de la vision en Dieu, notamment à travers l'idée que c'est Dieu même — lieu de toutes les raisons créées — qui éclaire l'esprit, la pensée d'Augustin est également présente dans la réflexion de Malebranche sur l'imagination. Explicitement évoquées dans le chapitre* V *de la première partie du Livre II de* La Recherche de la vérité *, à propos des « effets surprenants de la mémoire » et de « l'admiration » qu'ils suscitaient en Augustin (354-430), les* Confessions *font apparaître les liens entre l'imagination et la mémoire, « réserve d'images », « sanctuaire infini » qui s'identifie à l'esprit lui-même pour le conduire à la contemplation de la puissance divine comme source de bonheur.*

*Très éloignées des descriptions d'ordre physiologique développées par Malebranche, très lyriques et se situant, semble-t-il, au plus près d'une expérience intime de la mémoire, les réflexions d'Augustin sur les images qui habitent notre esprit, objets d'étonnement et de surprise, s'attachent à suivre la dynamique propre des souvenirs : qu'elle soit sensible, visuelle ou liée aux sons, qu'elle soit intellectuelle, la mémoire, en sa profondeur, échappe aux lois de la volonté. Les images qu'elle soulève en la pensée peuvent surgir au gré de leur propre fantaisie, douées alors d'une vie singulière, dans le cheminement parfois sinueux de leurs associations. Dans ce « palais qui comprend tout l'univers », l'esprit tient des images à sa disposition, mais, malgré ce désir de contrôle plus d'une fois formulé, la mémoire peut toujours nous surprendre, par sa puissance protéiforme et, surtout, par sa mobilité. En cela, les images en l'esprit assurent non seulement la continuité de la vie sensible et affective à la vie intellectuelle, mais aussi l'ouverture de l'activité mentale au sentiment de l'infini. Jusque dans ses aspects paradoxaux — que révèle notamment le souvenir de l'oubli —, par le mouvement d'imagination qu'elle entraîne, la mémoire est une invitation au dépassement de soi dans la recherche de Dieu, plus intime au moi que le moi lui-même.*

Confessions, *L. X, ch.* VIII-XX,
*éd. cit., pp. 248-263.*

**VIII. 12** Je veux donc dépasser aussi cette force de ma nature pour m'élever progressivement jusqu'à Celui qui m'a fait. Et voici que j'arrive aux domaines, aux vastes palais de la mémoire, là où sont les trésors des images innombrables apportées par les perceptions multiformes des sens. Là sont renfermées toutes les images que nous formons, en augmentant, en réduisant, en modifiant d'une façon quelconque ce que nos sens ont atteint, et aussi tous les éléments mis là en dépôt, en réserve, pour autant que l'oubli ne les a pas engloutis et ensevelis.

Quand je suis là, je convoque toutes les images qu'il me plaît. Certaines se présentent aussitôt ; il en est d'autres qui se font désirer plus longtemps et qu'il faut comme arracher à de plus mystérieuses retraites ; d'autres encore qui se précipitent en masse, alors qu'on cherchait, qu'on voulait autre chose, et qui, bondissant au premier plan, semblent dire : « C'est nous peut-être... ? » Je les chasse, avec la main de l'esprit, du visage de mon souvenir, jusqu'à ce que celle que je désire sorte du nuage, et du fond de sa cachette s'offre à mes yeux. D'autres enfin, arrivent tout uniment, en séries, bien ordonnées, à mesure que je les appelle ; les premières cèdent la place aux suivantes, et, ce faisant, se rangent à l'écart pour reparaître à mon gré. C'est tout à fait ce qui se produit quand je raconte quelque chose de mémoire.

**13** C'est là que se conservent, classées séparément par espèces, les sensations qui s'y sont introduites, chacune par son entrée particulière : la lumière, toutes les couleurs, les formes corporelles, par les yeux ; toutes les variétés de sons, par les oreilles ; toutes les odeurs, par les narines ; toutes les saveurs, par la bouche ; enfin, par le sens diffus dans tout le corps, toute impression de dureté ou de mollesse, de chaud ou de froid, de doux ou de rude, de lourd ou de léger, d'externe ou d'interne. La mémoire les reçoit toutes dans son vaste habitacle, dans ses secrètes et mystérieuses sinuosités pour les rappeler, pour les reprendre au besoin. Elles y entrent toutes par la porte réservée à chacune d'elles, et s'y rangent avec ordre. Au surplus, ce ne sont pas les réalités mêmes qui y pénètrent ainsi, mais seulement les images des réalités perçues, pour y demeurer à la disposition de la pensée qui les évoque.

Ces images, comment se sont-elles formées — qui pourrait le dire ? On voit bien pourtant par quels sens elles sont captées et mises en réserve au-dedans de nous. Même dans l'obscurité et le silence, je peux, si je le désire, évoquer des couleurs par la mémoire, distinguer le blanc du noir, ou n'importe quelles autres nuances les unes des autres ; je n'ai pas à craindre qu'une incursion des sons vienne troubler les images perçues par mes yeux : ils sont pourtant là, eux aussi, mais ils se tiennent dans leur retraite séparée. Je les appelle quand il me plaît, et ils arrivent aussitôt. Même lorsque ma langue se tait, que ma gorge reste silencieuse, je chante autant que je veux ; et les images des couleurs ont beau être là, elles n'interviennent ni n'interrompent, tandis que je manie l'autre trésor dont je suis redevable à mes oreilles. Ainsi je repasse à mon gré les impressions que les autres sens ont apportées et accumulées en moi ; je discerne le parfum des lis de celui des violettes, sans flairer aucune fleur ; je préfère le miel au vin cuit, le poli au rugueux, sans avoir besoin de rien goûter ni de rien toucher — simplement par le souvenir.

**14** Tout cela se passe à l'intérieur de moi-même, dans l'ample palais de ma mémoire. C'est là, en effet, que je dispose du ciel, de la terre, de la mer, et de toutes les impressions que j'en ai reçues, hormis celles que j'ai oubliées ; c'est là que je me rencontre moi-même, que je me ressouviens de moi-même, des choses que j'ai faites, de l'époque, du lieu où je les ai faites, des sentiments que j'éprouvais en les faisant ; c'est là qu'est consigné tout ce que je me rappelle, du fait de mes propres expériences ou par ma créance personnelle. À la même réserve j'emprunte des images, tantôt les unes, tantôt les autres, images des choses dont j'ai fait moi-même l'expérience, ou que j'ai crues sur la foi de cette expérience même ; je les relie moi-même au passé, et je combine aussi pour l'avenir des actions, des événements, des espoirs ; et tout cela me devient comme présent : « Je ferai ceci, et puis ceci encore », voilà ce que je me dis dans ces vastes replis de mon esprit, tout plein des images de tant de choses et de si grandes choses. Et j'en tire tantôt une conclusion, tantôt une autre : « Oh ! si telle ou telle chose pouvait arriver ! » « Que Dieu détourne de nous ceci ou cela ! » Ainsi me parlé-je en moi-même, et tandis que je parle, s'offrent à moi les images des choses que je dis, sorties de ce même trésor de la mémoire : sans elles, il me serait impossible d'en parler.

**15** Grande, ô mon Dieu, est cette puissance de la mémoire ; oh oui ! bien grande ! C'est un sanctuaire immense, infini. Qui a jamais pénétré jusqu'au fond ? Ce n'est pourtant qu'une puissance de mon esprit, liée à ma nature : mais je ne puis concevoir intégralement ce que je suis. L'esprit est donc trop étroit pour se contenir lui-même ? Alors, où reflue ce qu'il ne peut contenir de lui ? Serait-ce hors de lui et non en lui ? Mais comment ne le contient-il pas ? Cette pensée me confond d'étonnement, et je me sens saisi d'une stupeur.

Dire que les hommes s'en vont admirer les cimes des montagnes, les vagues énormes de la mer, le large cours des fleuves, les plages sinueuses de l'Océan, les révolutions des astres, et qu'ils ne font même pas attention à eux-mêmes ! Ils ne s'émerveillent pas que je puisse parler de toutes ces choses-là, sans les voir de mes yeux ; et pourtant je n'en parlerais pas, si, ces montagnes, ces vagues, ces fleuves, ces astres que j'ai vus, cet océan que je connais seulement par ouï-dire, je ne les voyais en moi dans ma mémoire, aussi grands que mes regards pourraient les contempler au-dehors. Or, en les voyant de mes yeux, je ne les ai pourtant pas absorbés ; ces choses ne sont pas en moi, mais seulement leur image ; et, pour chacune d'elles, je sais par quel sens corporel j'en ai reçu l'impression.

**IX. 16** Ce ne sont pas seulement des réalités de ce genre que contient la capacité immense de ma mémoire. Là aussi se trouve tout ce que m'ont appris les sciences libérales, pour autant que j'ai su le retenir ; tout cela est mis à part, dans un lieu intérieur — qui, à vrai dire, n'est pas un lieu. Et ce ne sont point de simples images, ce sont ces connaissances mêmes que je porte en moi. Ce que c'est que la littérature, que l'art de discuter, combien il y a de genres de questions — tout ce que je sais de ces notions-là ne subsiste pas dans ma mémoire comme une image que je retiendrais seule en laissant au-dehors la chose elle-même. Il n'en est pas d'elles comme d'un son qui résonne et qui passe, — ainsi la voix, qui imprime aux oreilles comme une trace d'elle-même, grâce à laquelle on se donne l'illusion de l'entendre encore quand déjà elle s'est tue — ni comme d'une odeur qui, tandis qu'elle passe et se dissipe dans l'air affecte l'odorat et transmet ainsi à la mémoire une image d'elle-même, que la réminiscence permet d'évoquer ; ni comme d'une nourriture qui naturellement cesse de faire sentir sa saveur dans l'estomac, mais la garde en quelque sorte dans la mémoire ; ni comme un objet que nous percevons par un contact physique et que notre mémoire imagine, même quand il n'est plus là. Les réalités de cet ordre ne pénètrent pas jusqu'à la mémoire : seules, leurs images sont saisies avec une promptitude merveilleuse, et merveilleusement rangées comme dans des cases, d'où les tire le miracle du souvenir.

**X. 17** Mais quand j'entends dire qu'il y a trois genres de questions, à savoir : telle chose existe-t-elle ? Quelle en est l'essence ? Quelle en est la qualité ? je retiens bien l'image des sons dont ces mots sont composés, je sais que ces sons ont traversé l'air en s'accompagnant d'un bruit, et qu'ils ont déjà cessé d'être. Mais les choses elles-mêmes, signifiées par ces sons, je ne les ai atteintes par aucun sens corporel, je ne les ai vues nulle part ailleurs que dans mon esprit. Ce que j'ai enfermé dans ma mémoire, ce ne sont pas leurs images, c'est elles-mêmes.

D'où sont-elles ainsi entrées en moi ? qu'elles le disent si elles le peuvent. J'ai beau parcourir toutes les portes de ma chair, je n'en trouve aucune par où elles seraient entrées.

Les yeux disent : « Si elles sont colorées, c'est nous qui les avons transmises. » Les oreilles disent : « Si elles sont sonores, c'est nous qui les avons signalées. » Les narines disent : « Si elles sont odorantes, c'est par nous qu'elles ont passé. » Et le goût dit encore : « Si elles sont sans saveur, inutile de m'interroger. » Le tact déclare : « Si elles ne sont point corps, je ne les ai pas touchées, et si je ne les ai pas touchées, je n'ai pu les signaler. »

D'où, par où ont-elles donc pénétré dans ma mémoire ? Je n'en sais rien. Quand je les ai apprises, je ne les ai pas reçues sur la foi d'autrui : c'est dans mon propre esprit que je les ai reconnues, que je les ai approuvées comme vraies ; c'est à lui que je les ai confiées, comme un dépôt d'où je les pourrais tirer quand il me plairait. Elles y étaient donc même avant que je les apprisse ; mais elles n'étaient pas encore dans ma mémoire. Alors, où étaient-elles, et comment se fait-il que, lorsqu'on me les a exposées, je les aie reconnues et me sois écrié : « Mais oui, cela est vrai ! » C'est donc que déjà elles étaient bien dans ma mémoire, mais reléguées, ensevelies dans de si merveilleuses profondeurs, qu'à défaut des leçons qui les en ont exhumées, jamais peut-être je n'y eusse songé.

**XI. 18** Ainsi, d'après cette analyse, apprendre des notions de ce genre — dont nous ne recueillons pas les images par l'intermédiaire des sens, mais que nous voyons en nous-mêmes sans le secours d'images, telles qu'elles sont en leur réalité même — cela revient à rassembler par la pensée les fragments épars, incoordonnés que contenait la mémoire ; et, par la force de l'attention, les obliger à se tenir toujours sous notre main dans cette mémoire où ils se cachaient en désordre et à l'abandon, et à se présenter aisément à notre esprit, dès qu'il y applique son effort déjà familier.

Combien de notions de ce genre porte ma mémoire, notions déjà toutes trouvées et pour ainsi dire sous notre main (c'est le mot que j'ai employé) ; et c'est cela qu'on appelle « apprendre » et « savoir ». Que je cesse de les évoquer, fût-ce pendant un temps assez court, les voilà qui de nouveau s'engloutissent, se dispersent dans les plus occultes habitacles ; il faut alors que la pensée les retrouve comme si elles étaient nouvelles, les tire encore une fois de là, — elles n'ont pas d'autre endroit où se tenir — et les groupe encore une fois (*cogenda*) pour qu'elles puissent être sues ; autrement dit, de dispersées qu'elles étaient, il faut qu'il les rassemble. D'où l'expression *cogitare*, car *cogo* est à *cogito*, ce qu'*ago* est à *agito*, *facio* à *factito*. Cependant l'intelligence a revendiqué ce mot (*cogito*) pour son usage propre, en sorte que ces *rassemblements* qui se font exclusivement dans l'esprit, ces *groupements* (*cogitur*), c'est proprement ce qu'on appelle penser (*cogitare*).

**XII. 19** La mémoire renferme aussi les rapports, les lois innombrables des nombres et des mesures. Rien de tout cela n'a été imprimé en nous par les sens corporels, car ces notions ne sont ni colorées, ni sonores, ni odorantes, ni sapides, ni tangibles. J'entends bien, quand on en parle, le son des mots qui les désignent ; mais autres sont les mots, autres les choses. Les mots ont un son différent, selon qu'ils sont grecs ou latins ; ces notions, elles, ne sont ni grecques ni latines, elles n'appartiennent en propre à aucune langue. J'ai vu des lignes tracées par des gens de métier, aussi déliées qu'un fil d'araignée. Mais les lignes (mathématiques) ne sont nullement l'image de celles que m'a fait connaître mon œil charnel. Celui-là les connaît, qui les reconnaît en lui-même, sans songer le moins du monde à une réalité quelconque. Tous mes sens corporels m'ont fait connaître les nombres nombrés ; mais autres sont les nombres nombrants ; ils ne sont point l'image des premiers, et c'est pourquoi ils ont une existence absolue. Qu'il rie de moi, en me lisant, celui qui ne les voit pas. Je le plaindrais de son rire même !

**XIII. 20** Toutes ces notions, je les retiens par la mémoire ; et, comment je les ai acquises, je m'en souviens de même. J'ai entendu maintes objections qu'on oppose bien à tort à ces évidences, et je les retiens aussi par la mémoire. Les dites objections ont beau être fausses, le fait que je m'en souviens subsiste. Le départ que j'ai fait entre ces vérités, et les contradictions sans fondement qu'on dresse contre elles, je me les rappelle ; et c'est par deux opérations différentes que je vois maintenant, d'une part, que je fais cette distinction, et que je me rappelle, d'autre part, l'avoir faite souvent, en y songeant à mainte reprise. Ainsi, je me souviens d'avoir souvent compris ces choses, et quant à ce fait que je les démêle et les comprends, je le serre dans ma mémoire pour me rappeler plus tard que je les ai comprises aujourd'hui. Je me souviens donc de m'être souvenu ; et si dans l'avenir, je me rappelle que j'ai pu m'en souvenir présentement, ce sera, bien entendu, à la force de ma mémoire que je devrai de me le rappeler.

**XIV. 21** Cette même mémoire contient aussi les impressions de l'âme, non pas telles qu'elles sont dans l'âme au moment où celle-ci les éprouve, mais d'une manière fort différente et qui correspond à la nature même de la mémoire.

Je me rappelle avoir été gai, sans l'être présentement ; triste, sans l'être présentement ; je me souviens d'avoir eu peur tel jour, sans avoir peur en ce moment ; tel désir passé me revient en mémoire, sans que je le ressente encore. Quelquefois, au contraire je me rappelle avec joie ma tristesse passée ; avec tristesse ma joie.

Le fait n'est pas surprenant, quand il s'agit d'impressions purement physiques ; car autre chose est le corps, autre chose l'âme. Que je me rappelle avec plaisir une douleur jadis subie dans mon corps, cela n'est pas tellement étonnant. Mais il en va autrement dans l'ordre moral. La mémoire, c'est l'esprit lui-même. Quand nous confions une mission à quelqu'un et qu'il importe qu'il ne l'oublie pas, nous lui disons : « Mets-toi bien cela dans l'esprit. » Et, en cas d'oubli, nous disons : « Je n'ai plus eu telle chose dans l'esprit… cela m'est sorti de l'esprit. » C'est bien la mémoire que nous désignons par ce mot « esprit ».

À ce prix, comment se fait-il qu'au moment où je me rappelle avec plaisir une tristesse passée, mon esprit ait de la joie, ma mémoire de la tristesse ? Si mon esprit est joyeux, c'est que la joie est en lui ; comment ma mémoire n'est-elle pas triste, puisque la tristesse est également en elle ? Serait-elle indépendante de l'esprit ? Qui oserait le soutenir ?

Sans doute la mémoire est-elle comme l'estomac de l'âme, et la joie ou la tristesse comme une nourriture douce ou amère : lorsque ces impressions sont transmises à la mémoire, elles passent, pour ainsi dire, dans cet estomac, et elles y peuvent séjourner, mais frustrées de toute saveur.

Il est ridicule de vouloir trouver une similitude entre ces choses-là — et pourtant, il n'y a pas tellement de différence.

**22** Et tenez ! c'est de ma mémoire que je tire mon affirmation, quand je déclare qu'il y a quatre passions, le désir, la joie, la crainte, la tristesse. Et toutes les discussions que je puis élever à leur propos, quand je divise chacune de ces passions en espèces correspondant à leur genre et que je les définis, c'est là que je trouve, et de là que je tire tout ce que j'en dis. Je ne sens pourtant en moi-même aucun trouble de leur fait, quand je les évoque par le souvenir. Avant même que je ne m'en souvinsse pour en disserter, elles y étaient déjà ; c'est pour cela que, grâce au souvenir, j'ai pu les en tirer.

De même que, par la rumination, la nourriture revient de l'estomac à la bouche, peut-être par le souvenir ces impressions reviennent-elles du fond de la mémoire. Mais alors, pourquoi la douceur de la joie ou l'amertume de la tristesse ne se font-elles pas sentir à la *bouche* de la pensée chez celui qui en discute, autrement dit, qui s'en souvient ? Serait-ce là justement le point de dissemblance, puisque toute similitude complète est exclue ? Qui, en effet, parlerait volontiers de ces choses-là, si chaque fois qu'on articulait le mot de tristesse ou de crainte, il fallait éprouver le sentiment qui y correspond ?

Pourtant nous n'en parlerions pas, si nous ne trouvions dans notre mémoire, non seulement les sons de ces mots, selon l'image imprimée en nous par les sens, mais encore l'idée même des sentiments qu'ils désignent. Ces concepts, ce n'est pas par une des portes de notre chair qu'ils ont pénétré en nous : l'âme elle-même, par l'expérience qu'elle a faite de ces passions, les a senties et confiées à la mémoire ; à moins que la mémoire elle-même les ait enregistrées, même sans ce mandat.

**XV. 23** Cette représentation se fait-elle ou non au moyen d'images ? la chose n'est pas facile à dire.

Je prononce le mot de pierre, de soleil, alors que ni

pierre, ni soleil ne se trouvent présents à mes sens : ma mémoire en garde évidemment l'image à ma disposition. Je parle de la douleur physique ; elle ne m'est pas non plus présente, puisque je ne souffre pas. Pourtant, si je n'en avais pas l'image présente à la mémoire, je ne saurais de quoi je parle, et, dans la discussion, je ne saurais la distinguer du plaisir. Je prononce le mot de santé, alors que je suis moi-même en bonne santé. Cet état m'est donc bien présent. Cependant si je n'en avais l'image aussi dans ma mémoire, je ne me souviendrais absolument pas de ce que signifie cette articulation sonore. Les malades, quand on parlerait de santé devant eux, ne reconnaîtraient pas de quoi il s'agit, si la force de leur mémoire n'en retenait l'image, quoique de la réalité même leur corps soit frustré.

Je nomme les nombres nombrants et voici qu'ils sont dans ma mémoire, non pas seulement leurs images, mais eux-mêmes. Je nomme l'image du soleil, et elle est là, dans ma mémoire ; et, ce n'est pas l'image d'une image que je me représente, mais l'image elle-même, qui s'offre dès que je l'appelle. Je nomme la mémoire, et je reconnais ce que je nomme. Mais où puis-je la reconnaître, sinon dans la mémoire elle-même ? Serait-ce donc par sa propre image qu'elle est présente à elle-même, et non par sa réalité même ?

**XVI. 24** Mais quoi ! lorsque je prononce le mot oubli, et que je reconnais pareillement ce que je nomme, comment le reconnaîtrais-je si je ne m'en souvenais ? Je ne parle pas du son même de ce mot, mais de la chose dont il est le signe. Si j'avais oublié celle-ci, il me serait, bien entendu, impossible de reconnaître ce que le son signifie. Quand je me rappelle la mémoire, c'est par elle-même qu'elle est présente à elle-même ; mais quand je me rappelle l'oubli, mémoire et oubli me sont également présents, la mémoire grâce à laquelle je me rappelle, l'oubli que je me rappelle. Mais qu'est-ce que l'oubli, sinon une lacune de mémoire ? Comment peut-il donc être présent pour que je me souvienne de lui, alors que, du moment qu'il est là, il me devient impossible de me souvenir ? Cependant si nous retenons par la mémoire ce dont nous nous souvenons ; si, d'autre part, faute de nous rappeler l'oubli, nous ne pouvons absolument pas reconnaître la signification de ce mot, quand nous l'entendons prononcer, c'est donc que la mémoire retient l'oubli. Il est présent, autrement nous l'oublierions ; mais dès qu'il est là, nous oublions.

En faut-il conclure que ce n'est pas lui-même qui est dans notre mémoire, quand nous nous souvenons de lui, mais seulement son image, puisque, si l'oubli était lui-même présent, il nous ferait non pas souvenir mais oublier ?

Qui donc dénouera cette énigme ? Qui saura en percer le mystère ?

25 Pour ma part, Seigneur, je m'épuise sur ce problème, — et c'est sur moi-même que je m'épuise. Je suis pour moi une terre de difficulté et de sueurs accablantes. Car enfin nous ne scrutons pas en ce moment les contrées célestes ; nous ne mesurons pas la distance des astres, ni ne cherchons les lois de l'équilibre terrestre. C'est moi qui me souviens, moi, c'est-à-dire mon esprit. Rien d'étonnant que soit loin de moi tout ce que je ne suis pas. Mais quoi de plus proche de moi que moi-même ? Et voilà que je ne puis comprendre l'essence même de ma mémoire, alors que, sans elle, je ne pourrais même pas me nommer. Que dois-je dire, puisqu'il est pour moi certain que je me rappelle l'oubli ? Dirai-je que ce dont je me souviens n'est pas dans mon souvenir ? Ou bien dirai-je que si l'oubli est dans mon souvenir, c'est pour que je n'oublie pas ? Double hypothèse tout à fait absurde.

Que penser de cette troisième solution ? Le moyen de soutenir que c'est l'image de l'oubli que retient ma mémoire, non l'oubli lui-même, lorsque je me le rappelle ? Oui, le moyen de le soutenir, puisque, quand l'image d'une chose quelconque s'imprime dans la mémoire, il est nécessaire que préalablement la chose elle-même soit là, dont l'image se détache pour pouvoir s'imprimer. C'est ainsi que je me souviens de Carthage, des lieux où j'ai vécu, des figures que j'ai rencontrées et de tout ce que mes sens m'ont fait connaître ; pareillement de la santé ou de la douleur physique. Quand toutes ces réalités étaient là, ma mémoire en a recueilli les images, me permettant ainsi de les contempler comme présentes, de les repasser dans mon esprit, quand, absentes, je me les rappellerais.

Donc, si la mémoire conserve, non pas l'oubli lui-même, mais son image, il a bien fallu qu'il fût présent, pour que son image fût prise. Mais s'il était présent, comment pouvait-il inscrire son image dans la mémoire, puisque par sa seule présence l'oubli efface tout ce qu'il trouve déjà noté ? Et pourtant quelque incompréhensible, quelqu'inexplicable que cela soit, je suis certain que d'une façon ou d'une autre, je me souviens de l'oubli même, ce destructeur de tout souvenir.

**XVII. 26** Quelle force dans la mémoire ! C'est un je ne sais quoi, digne d'inspirer un effroi sacré, ô mon Dieu, que sa profondeur, son infinie multiplicité ! Et cela, c'est mon esprit ; et cela, c'est moi-même ! Que suis-je donc, ô mon Dieu ? Quelle est mon essence ? Une vie variée, multiforme, d'une immensité prodigieuse.

Voyez, il y a dans ma mémoire des champs, des antres, des cavernes innombrables, peuplées à l'infini d'innombrables choses de toute espèce, qui y habitent, soit en images seulement, comme pour les corps ; soit en elles-mêmes, comme pour les sciences ; soit sous forme de je ne sais quelles notions ou notations, comme pour les affections de l'âme, que la mémoire retient, alors même que l'âme ne les éprouve plus, quoiqu'il n'y ait rien dans la mémoire qui ne soit dans l'esprit. À travers tout ce domaine, je cours de-ci de-là, je vole d'un côté puis de l'autre, je m'enfonce aussi loin que je peux : de limites nulle part ! Tant est grande la puissance de la mémoire, tant est grande la puissance de la vie chez l'homme, qui ne vit que pour mourir !

Que faire, ô vous, ma véritable vie, ô mon Dieu ! Je dépasserai aussi cette puissance mienne, qu'on appelle la mémoire, je la dépasserai pour m'élancer vers vous, douce lumière. Que me dites-vous ? Voici que m'aidant de mon âme pour monter jusqu'à vous, qui demeurez là-haut au-dessus de moi, je dépasserai aussi cette puissance mienne qu'on appelle la mémoire, dans mon désir de vous atteindre du côté où vous êtes accessible et de vous embrasser du côté où cet embrassement est possible. La mémoire — les bêtes, les oiseaux l'ont aussi : autrement ils ne retrouveraient pas leurs nids, et tant d'habitudes qui leur sont familières. Ces habitudes même impliquent qu'ils ont la mémoire. Je dépasserai donc aussi la mémoire pour atteindre Celui qui « m'a séparé des animaux et m'a fait plus sage que les oiseaux du ciel ». Je dépasserai aussi la mémoire, mais pour vous trouver où ? ô Dieu véritablement bon, sécurité de douceur, pour vous trouver où ? Si je vous trouve en dehors de ma mémoire, c'est donc que je suis oublieux de vous ? Et comment vous trouverai-je si je ne me souviens plus de vous ?

**XVIII. 27** La femme qui perdit une drachme et la chercha avec sa lanterne, ne l'eût pas trouvée si elle ne s'en fût plus souvenue. L'eût-elle trouvée, comment aurait-elle su que c'était bien la sienne, sans se souvenir ? Je me souviens d'avoir cherché et retrouvé bien des objets perdus ; et je sais fort bien que, pendant mes recherches, quand on me demandait : « Serait-ce peut-être ceci ? Serait-ce par hasard cela ? » je répondais négativement, tant qu'on ne m'offrait pas ce que je cherchais. Si je ne m'étais pas rappelé l'objet perdu, quel qu'il fût, on aurait pu me l'offrir, je ne l'eusse pas retrouvé, faute de le reconnaître. Il en va de même chaque fois qu'on cherche une chose perdue et qu'on la retrouve. Quand un objet disparaît de nos yeux, mais non de notre mémoire, — je parle d'un objet matériel et visible, — son image reste fixée au-dedans de nous et nous le cherchons jusqu'à ce qu'il soit rendu à nos yeux. Une fois retrouvé on le reconnaît d'après cette image intérieure. Au surplus, nous ne disons pas avoir retrouvé une chose égarée, si nous ne la reconnaissons pas, et reconnaître implique que nous nous souvenons. Elle n'était perdue que pour nos yeux, mais notre mémoire la possédait toujours.

**XIX. 28** Mais quoi ! lorsque la mémoire elle-même perd quelque chose, comme c'est le cas quand nous oublions et que nous cherchons à nous rappeler, où cherchons-nous donc, sinon dans la mémoire elle-même ? Nous présente-t-elle une chose pour une autre, nous l'écartons jusqu'à ce que s'offre celle que nous cherchons ; et quand elle arrive enfin, nous nous écrions : « La voilà ! », ce que nous ne dirions pas si nous ne la reconnaissions point ; or pour la reconnaître, il faut bien que nous en gardions le souvenir. Le fait est, cependant, que nous l'avions oubliée.

Ou bien, doit-on admettre que cette chose ne nous avait pas complètement échappé, et qu'à l'aide de la partie que nous en tenions encore nous en cherchions l'autre partie, parce que notre mémoire sentait bien qu'elle ne pouvait plus se la représenter en totalité, selon son ordinaire, et comme tronquée de cette habitude, et claudicante, revendiquait le membre manquant ?

C'est ce qui se passe quand une personne de nous connue, s'offre, soit à nos yeux, soit à notre pensée, sans que son nom nous revienne. Ce nom, nous le cherchons ; si un nom qui n'est pas le sien s'offre à nous, nous ne le lions pas à sa personne, parce que cette association ne s'est jamais formée dans notre pensée ; nous le rejetons, jusqu'à ce que se présente enfin celui en qui notre notion coutumière de cette personne trouve d'une façon complète la satisfaction souhaitée. Mais d'où sort-il, ce nom, si ce n'est de notre mémoire même ? Quand nous le reconnaissons, grâce à l'aide obligeante d'autrui, c'est bien d'elle qu'il sort. Il n'est pas pour nous quelque chose de nouveau, à quoi nous ajoutons foi ; non, nous nous le rappelons alors, et déclarons que c'est bien lui. S'il était complètement effacé en nous, aucun memento n'en éveillerait en nous le souvenir. Se souvenir d'avoir oublié quelque chose, c'est ne pas l'avoir oubliée totalement. Un objet fût-il perdu, nous n'irions pas le rechercher si aucun souvenir ne nous en était resté.

**XX. 29** Comment donc vous chercher, ô mon Dieu ? Quand je vous cherche, vous, mon Dieu, c'est le bonheur que je cherche. Ah ! puissé-je vous chercher pour que vive mon âme ! Car mon corps vit de mon âme, et mon âme vit de vous ! Comment, dès lors, chercher le bonheur, puisque je ne le possède pas tant que je n'ai pas dit, tant que je n'ai pas été obligé de dire : « C'est assez ; il est là... » ? Comment le chercher ? Est-ce par le ressouvenir, comme si, l'ayant oublié, j'avais encore conscience de mon oubli ? Le bonheur, n'est-ce pas ce que tous veulent, ce à quoi il n'est personne qui n'aspire ? Où donc l'ont-ils connu pour le vouloir ainsi ? Où l'ont-ils vu pour l'aimer de la sorte ? Sûrement nous le possédons : comment ? je ne sais. Il y a une certaine mesure de félicité qu'il suffit de posséder pour être heureux ; d'autres ne sont heureux qu'en espérance. Ceux-ci n'ont qu'une dose de bonheur inférieure à ceux qui sont déjà en possession du bonheur, mais ils sont cependant plus avantagés que ceux qui ne sont heureux ni en fait, ni en espérance. Encore ces déshérités doivent-ils connaître quelque chose, autrement ils n'auraient pas une telle volonté d'être heureux, volonté qui chez eux n'est pas douteuse. Oui, ils le connaissent ; comment ? Je ne sais. Ils en ont je ne sais quelle notion. Et le problème qui me préoccupe, c'est de déterminer si cette notion réside dans la mémoire ; si elle y réside, c'est donc que nous avons été heureux autrefois. Le fûmes-nous tous individuellement, ou seulement en cet homme qui, le premier, commit le péché, en qui nous sommes tous morts, et de qui nous sommes nés des êtres de misère ? Je ne veux pas l'examiner présentement ; je cherche simplement si la notion de vie heureuse se trouve dans la mémoire. Si nous ne la connaissions pas, nous ne l'aimerions pas. À peine en entendons-nous le nom, qu'aussitôt nous avouons tous que c'est à la chose même que nous aspirons. Car ce n'est pas le son de ce mot qui nous séduit : qu'un Grec l'entende articuler en latin, il y restera insensible, ne comprenant pas de quoi il s'agit. Mais nous autres nous y prenons le même plaisir qu'il y goûte à l'entendre prononcer en grec. C'est que la chose signifiée n'est en elle-même ni grecque, ni latine ; et c'est elle que les Grecs, les Latins, les étrangers qui parlent n'importe quelle autre langue, rêvent d'atteindre. Elle est donc connue de tous les hommes : si on pouvait leur demander, en une interrogation unique, s'ils veulent être heureux, tous, sans hésiter, répondraient que oui. Unanimité invraisemblable, si leur mémoire ne gardait quelque souvenir de la réalité que ce mot exprime.

# MONTAIGNE

## LES MERVEILLES DE L'IMAGINATION : MAUX ET REMÈDES

*Taxé par Malebranche de complaisance et de séduction, auteur trop persuasif pour ne pas emporter l'imagination de ses lecteurs, cet « homme qui se divertit » (*De la recherche de la vérité*, L.II, III*[e] *partie, chapitre 5) semble pourtant avoir plus d'une fois inspiré son détracteur : dans le chapitre qu'il consacre à la force de l'imagination, Montaigne (1533-1592) propose en effet à notre réflexion presque tous les thèmes développés par Malebranche : de la contagion des imaginations aux processus de mimétisme, de la communication des impressions par sympathie au pouvoir de suggestion.*

*En soulignant « l'étroite couture de l'esprit et du corps s'entre-communiquant leurs fortunes », l'auteur des* Essais *fait véritablement œuvre de philosophe, même si sa plume emprunte souvent les chemins de traverse que lui offre le vaste répertoire de légendes et d'anecdotes auquel ont puisé les penseurs de la Renaissance, tel Jean Bodin (1530-1596), par exemple, dans sa* Démonomancie des sorciers. *L'imagination apparaît comme le lieu même de l'union de l'âme et du corps, nous offrant alors un terrain d'observation privilégié pour constater la puissance des images sur notre équilibre physique et psychique. À suivre Montaigne dans ses descriptions de maladies « imaginaires » mais non moins réelles, de troubles sexuels menant à l'impuissance, ou de désordres mentaux responsables d'anomalies monstrueuses, on pourrait croire que l'imagination est tout entière une faculté nuisible. Mais l'analyse de Montaigne est beaucoup trop fine et nuancée, lucide et avertie, pour s'arrêter à un jugement négatif : sa grande force et sa profonde originalité est de prendre en compte, dans ces prodiges d'une imagination souvent pathologique, le rôle du corps, ses ryth-*

*mes, ses impératifs, ses demandes et les signes ou les avertissements qu'il nous donne pour nous prévenir contre la maladie. Autant Malebranche condamne l'union de l'âme et du corps comme la source de tous les malheurs des hommes, autant Montaigne est attentif à respecter l'ordre et l'harmonie du corps humain : il y va de notre santé et le corps ne doit pas être trop contrarié sous peine de se venger en nous faisant souffrir par quelque maladie.*

*Comment l'imagination peut-elle intervenir dans cet ordre, elle qui est coupable des dérèglements physiques liés au pouvoir de suggestion ou d'autosuggestion ? Si la raison peut redonner son équilibre à un esprit perturbé, l'imagination peut, elle aussi, selon ses lois d'association et de compensation, remédier au mal qu'elle aura pu provoquer : poison et contrepoison sont réunis en la même puissance, pourvu que soit permis le principe du libre jeu des contraires. Les effets néfastes d'une représentation peuvent être dissipés par l'action de la représentation opposée. Cette analyse des lois de la « fantaisie » peut paraître archaïque, pourtant elle appelle bien souvent, à travers la conscience des forces qui s'opposent en l'homme, certains rapprochements avec la pensée de Freud.*

Essais, L.I, chap. XXI<br>éd. cit., pp. 163-173.

# DE LA FORCE DE L'IMAGINATION

« *Fortis imaginatio generat casum*[1] », disent les clercs. Je suis de ceux qui sentent très grand effort de l'imagination. Chacun en est heurté, mais aucuns en sont renversés. Son impression me perce. Et mon art est de lui échapper, non pas de lui résister. Je vivrais de la seule assistance de personnes saines et gaies. La vue des angoisses d'autrui m'angoisse matériellement, et a mon sentiment souvent usurpé le sentiment d'un tiers. Un tousseur continuel irrite mon poumon et mon gosier. Je visite plus mal volontiers les malades auxquels le devoir m'intéresse, que ceux auxquels je m'attends moins et que je considère moins. Je saisis le mal que j'étudie, et le couche en moi. Je ne trouve pas étrange qu'elle donne et les fièvres et la mort à ceux qui la laissent faire et qui lui applaudissent. Simon Thomas était un grand médecin de son temps. Il me souvient que, me rencontrant un jour à Toulouse chez un riche vieillard pulmonique, et traitant avec lui des moyens de sa guérison, il lui dit que c'en était l'un de me donner occasion de me plaire en sa compagnie, et, que, fichant ses yeux sur la fraîcheur de mon visage et sa pensée sur cette allégresse et vigueur qui regorgeait de mon adolescence, et remplissant tous ses sens de cet état florissant en quoi j'étais, son habitude s'en pourrait amender. Mais il oubliait à dire que la mienne s'en pourrait empirer aussi.

Gallus Vibius banda si bien son âme à comprendre l'essence et les mouvements de la folie, qu'il emporta son jugement hors de son siège, si qu'onques depuis il ne l'y put remettre ; et se pouvait vanter d'être devenu fol par

1. « Une imagination forte produit l'événement. »

sagesse. Il y en a qui, de frayeur, anticipent la main du bourreau. Et celui qu'on débandait pour lui lire sa grâce, se trouva raide mort sur l'échafaud du seul coup de son imagination. Nous tressuons, nous tremblons, nous pâlissons et rougissons aux secousses de nos imaginations, et renversés dans la plume sentons notre corps agité à leur branle, quelquefois jusques à en expirer. Et la jeunesse bouillante s'échauffe si avant en son harnois, tout endormie, qu'elle assouvit en songe ses amoureux désirs,

*Ut quasi transactis saepe omnibus rebus profundant*
*Fluminis ingentes fluctus, vestémque cruentent*[1]

Et encore qu'il ne soit pas nouveau de voir croître la nuit des cornes à tel qui ne les avait pas en se couchant, toutefois l'événement de Cyppus, roi d'Italie, est mémorable, lequel pour avoir assisté le jour avec grande affection au combat des taureaux, et avoir eu en songe toute la nuit des cornes en la tête, les produisit en son front par la force de l'imagination. La passion donna au fils de Crésus la voix que nature lui avait refusée. Et Antiochus prit la fièvre de la beauté de Stratonice trop vivement empreinte en son âme. Pline dit avoir vu Lucius Cossitius de femme changé en homme le jour de ses noces. Pontanus et d'autres racontent pareilles métamorphoses advenues en Italie ces siècles passés, et par véhément désir de lui et de sa mère,

*Vota puer solvit, quæ fœmina voverat Iphis*[2].

Passant à Vitry-le-François, jc pus voir un homme que l'évêque de Soissons avait nommé Germain en confirmation, lequel tous les habitants de là ont connu et vu fille, jusques à l'âge de vingt-deux ans, nommée Marie. Il était à cette heure-là fort barbu, et vieil, et point marié. Faisant, dit-il, quelque effort en sautant, ses membres virils se

1. Lucrèce, chant IV : « Souvent, comme s'ils avaient consommé l'acte, ils répandent les vastes flots de leur sève et en souillent leur vêtement. »

2. Ovide, *Métamophoses*, chant IX : « Iphis acquitta, garçon, les vœux qu'il avait faits étant fille. »

produisirent ; et est encore en usage, entre les filles de là, une chanson, par laquelle elles s'entravertissent de ne faire point de grandes enjambées, de peur de devenir garçons, comme Marie Germain. Ce n'est pas tant de merveille, que cette sorte d'accident se rencontre fréquent ; car si l'imagination peut en telles choses, elle est si continuellement et si vigoureusement attachée à ce sujet, que, pour n'avoir si souvent à rechoir en même pensée et âpreté de désir, elle a meilleur compte d'incorporer, une fois pour toutes, cette virile partie aux filles.

Les uns attribuent à la force de l'imagination les cicatrices du roi Dagobert et de saint François. On dit que les corps s'en enlèvent telle fois de leur place. Et Celse récite d'un prêtre, qui ravissait son âme en telle extase, que le corps en demeurait longue espace sans respiration et sans sentiment. Saint Augustin en nomme un autre, à qui il ne fallait que faire ouïr des cris lamentables et plaintifs, soudain il défaillait et s'emportait si vivement hors de soi, qu'on avait beau le tempêter et hurler, et le pincer, et le griller, jusques à ce qu'il fût ressuscité : lors il disait avoir ouï des voix, mais comme venant de loin, et s'apercevait de ses échaudures et meurtrissures. Et, que ce ne fût une obstination apostée[1] contre son sentiment, cela le montrait, qu'il n'avait cependant ni pouls ni haleine.

Il est vraisemblable que le principal crédit des miracles, des visions, des enchantements et de tels effets extraordinaires, vienne de la puissance de l'imagination agissant principalement contre les âmes du vulgaire, plus molles. On leur a si fort saisi la créance qu'ils pensent voir ce qu'ils ne voient pas.

Je suis encore de cette opinion, que ces plaisantes liaisons de quoi notre monde se voit si entravé, qu'il ne se parle d'autre chose, ce sont volontiers des impressions de l'appréhension et de la crainte. Car je sais par expérience, que tel, de qui je puis répondre comme de moi-même, en qui il ne pouvait choir soupçon aucun de faiblesse, et aussi peu d'enchantement, ayant ouï faire le conte à un sien compagnon, d'une défaillance extraordinaire, en quoi il était tombé sur le point qu'il en avait le moins de besoin, se

1. Feinte.

trouvant en pareille occasion, l'horreur de ce conte lui vint à coup si rudement frapper l'imagination, qu'il en encourut une fortune pareille ; et de là en hors[1] fut sujet à y rechoir, ce vilain souvenir de son inconvénient le gourmandant et tyrannisant. Il trouva quelque remède à cette rêverie par une autre rêverie. C'est que, avouant lui-même et prêchant avant la main cette sienne sujétion, la contention de son âme se soulageait sur ce, qu'apportant ce mal comme attendu, son obligation en amoindrissait et lui en pesait moins. Quand il a eu loi, à son choix (sa pensée débrouillée et débandée, son corps se trouvant en son dû) de le faire lors premièrement tenter, saisir et surprendre à la connaissance d'autrui, il s'est guéri tout net à l'endroit de ce sujet.

À qui on a été une fois capable, on n'est plus incapable, sinon par juste faiblesse.

Ce malheur n'est à craindre qu'aux entreprises où notre âme se trouve outre mesure tendue de désir et de respect, et notamment si les commodités se rencontrent imprévues et pressantes ; on n'a pas moyen de se ravoir de ce trouble. J'en sais, à qui il a servi d'y apporter le corps même commencé à rassasier d'ailleurs, pour endormir l'ardeur de cette fureur, et qui par l'âge se trouve moins impuissant de ce qu'il est moins puissant. Et tel autre à qui il a servi aussi qu'un ami l'ait assuré d'être fourni d'une contre-batterie d'enchantements certains à le préserver. Il vaut mieux que je dise comment ce fut. Un comte de très bon lieu, de qui j'étais fort privé, se mariant avec une belle dame qui avait été poursuivie de tel qui assistait à la fête, mettait en grand peine ses amis et nommément une vieille dame, sa parente, qui présidait à ces noces et les faisait chez elle, craintive de ces sorcelleries ; ce qu'elle me fit entendre. Je la priai s'en reposer sur moi. J'avais de fortune en mes coffres certaine petite pièce d'or plate, où étaient gravées quelques figures célestes, contre le coup de soleil et ôter la douleur de tête, la logeant à point sur la couture du test, et, pour l'y tenir, elle était cousue à un ruban propre à rattacher sous le menton. Rêverie germaine à celle de quoi nous parlons. Jacques Peletier m'avait fait

1. Désormais.

ce présent singulier. J'avisai d'en tirer quelque usage. Et dis au comte qu'il pourrait courir fortune comme les autres, y ayant là des hommes pour lui en vouloir prêter d'une ; mais que hardiment il s'allât coucher ; que je lui ferais un tour d'ami ; et n'épargnerais à son besoin un miracle, qui était en ma puissance, pourvu que, sur son honneur, il me promît de le tenir très fidèlement secret ; seulement, comme sur la nuit on irait lui porter le réveillon, s'il lui était mal allé, il me fît un tel signe. Il avait eu l'âme et les oreilles si battues, qu'il se trouva lié du trouble de son imagination, et me fit son signe. Je luis dis lors, qu'il se levât sous couleur de nous chasser, et prît en se jouant la robe de nuit que j'avais sur moi (nous étions de taille fort voisine) et s'en vêtît, tant qu'il aurait exécuté mon ordonnance, qui fut : quand nous serions sortis, qu'il se retirât à tomber de l'eau ; dît trois fois telles oraisons, et fît tels mouvements ; qu'à chacune de ces trois fois, il ceignît le ruban que je lui mettais en main, et couchât bien soigneusement la médaille qui y était attachée, sur ses rognons, la figure en telle posture ; cela fait, ayant bien étreint ce ruban pour qu'il ne se pût ni dénouer, ni mouvoir de sa place, que, en toute assurance, il s'en retournât à son prix fait, et n'oubliât de rejeter ma robe sur son lit, en manière qu'elle les abritât tous deux. Ces singeries sont le principal de l'effet, notre pensée ne se pouvant démêler que moyens si étranges ne viennent de quelqu'abstruse science. Leur inanité leur donne poids et révérence. Somme, il fut certain que mes caractères se trouvèrent plus Vénériens que Solaires, plus en action qu'en prohibition. Ce fut une humeur prompte et curieuse qui me convia à tel effet, éloigné de ma nature. Je suis ennemi des actions subtiles et feintes, et hais la finesse, en mes mains, non seulement récréative, mais aussi profitable. Si l'action n'est vicieuse, la route l'est.

Amasis, roi d'Égypte, épousa Laodice, très belle fille grecque ; et lui, qui se montrait gentil compagnon partout ailleurs, se trouva court à jouir d'elle, et menaça de la tuer, estimant que ce fut quelque sorcerie. Comme ès choses qui consistent en fantaisie, elle le rejeta à la dévotion, et ayant fait ses vœux et promesses à Vénus, il se trouva divinement remis dès la première nuit d'emprès ses oblations et sacrifices.

Or, elles ont tort de nous recueillir de ces contenances mineuses[1], querelleuses et fuyardes, qui nous éteignent en nous allumant. La bru de Pythagore disait que la femme qui se couche avec un homme, doit avec la cotte laisser aussi la honte, et la reprendre avec le cotillon. L'âme de l'assaillant, troublée de plusieurs diverses alarmes, se perd aisément ; et à qui l'imagination a fait une fois souffrir cette honte (et elle ne le fait souffrir qu'aux premières accointances, d'autant qu'elles sont plus bouillantes et âpres, et aussi qu'en cette première connaissance, on craint beaucoup plus de faillir), ayant mal commencé, il entre en fièvre et dépit de cet accident qui lui dure aux occasions suivantes.

Les mariés, le temps étant tout leur, ne doivent ni presser, ni tâter leur entreprise, s'ils ne sont prêts ; et vaut mieux faillir indécemment à étrenner la couche nuptiale, pleine d'agitation et de fièvre, attendant une et une autre commodité plus privée et moins alarmée, que de tomber en une perpétuelle misère, pour s'être étonné et désespéré du premier refus. Avant la possession prise, le patient se doit à saillies et divers temps légèrement essayer et offrir, sans se piquer et opiniâtrer à se convaincre définitivement soi-même. Ceux qui savent leurs membres de nature docile, qu'ils se soignent seulement de contre-piper leur fantaisie.

On a raison de remarquer l'indocile liberté de ce membre, s'ingérant si importunément, lorsque nous n'en avons que faire, et défaillant si importunément, lorsque nous en avons le plus affaire, et contestant de l'autorité si impérieusement avec notre volonté, refusant avec tant de fierté et d'obstination nos sollicitations et mentales et manuelles. Si toutefois en ce qu'on gourmande sa rébellion, et qu'on en tire preuve de sa condamnation, il m'avait payé pour plaider sa cause, à l'aventure mettrais-je en soupçons nos autres membres, ses compagnons, de lui être allé dresser, par belle envie de l'importance et douceur de son usage, cette querelle apostée, et avoir par complot

1. Minaudières

armé le monde à l'encontre de lui, le chargeant malignement seul de leur faute commune. Car je vous donne à penser, s'il y a une seule des parties de notre corps qui ne refuse à notre volonté souvent son opération et qui souvent ne l'exerce contre notre volonté. Elles ont chacune des passions propres, qui les éveillent et endorment, sans notre congé. À quant de fois témoignent les mouvements forcés de notre visage les pensées que nous tenions secrètes, et nous trahissent aux assistants. Cette même cause qui anime ce membre, anime aussi sans notre su le cœur, le poumon et le pouls ; la vue d'un objet agréable répandant imperceptiblement en nous la flamme d'une émotion fiévreuse. N'y a-t-il que ces muscles et ces veines qui s'élèvent et se couchent sans l'aveu, non seulement de notre volonté, mais aussi de notre pensée ? Nous ne commandons pas à nos cheveux de se hérisser, et à notre peau de frémir de désir ou de crainte. La main se porte souvent où nous ne l'envoyons pas. La langue se transit, et la voix se fige à son heure. Lors même que, n'ayant de quoi frire, nous le lui défendrions volontiers, l'appétit de manger et de boire ne laisse pas d'émouvoir les parties qui lui sont sujettes, ni plus ni moins que cet autre appétit ; et nous abandonne de même, hors de propos, quand bon lui semble. Les outils qui servent à décharger le ventre ont leurs propres dilatations et compressions, outre et contre notre avis, comme ceux-ci destinés à décharger nos rognons. Et ce que, pour autoriser la toute-puissance de notre volonté, saint Augustin allègue avoir vu quelqu'un qui commandait à son derrière autant de pets qu'il en voulait, et que Vivès, son glossateur, enchérit d'un autre exemple de son temps, de pets organisés suivant le ton des vers qu'on leur prononçait, ne suppose non plus pure l'obéissance de ce membre ; car en est-il ordinairement de plus indiscret et tumultuaire. Joint que j'en sais un si turbulent et revêche, qu'il y a quarante ans qu'il tient son maître à péter d'une haleine et d'une obligation constante et irrémittente, et le mène ainsi à la mort. Et plût à Dieu que je ne le susse que par les histoires, combien de fois notre ventre par le refus d'un seul pet, nous mène jusqu'aux portes d'une mort très angoisseuse ; et que l'Empereur, qui nous donna liberté de péter partout, nous en eût donné le pouvoir!

Mais notre volonté, pour les droits de qui nous mettons en avant ce reproche, combien plus vraisemblablement la pouvons-nous marquer de rébellion et sédition par son dérèglement et désobéissance! Veut-elle toujours ce que nous voudrions qu'elle voulût? Ne veut-elle pas souvent ce que nous lui prohibons de vouloir; et à notre évident dommage? Se laisse-t-elle non plus mener aux conclusions de notre raison? Enfin je dirais pour monsieur ma partie, que « plaise à considérer qu'en ce fait, sa cause étant inséparablement conjointe à un consort et indistinctement, on ne s'adresse pourtant qu'à lui, et par des arguments et charges telles, vu la condition des parties, qu'elles ne peuvent aucunement appartenir ni concerner son dit consort. Partant se voit l'animosité et illégalité manifeste des accusateurs ». Quoi qu'il en soit, protestant que les avocats et juges ont beau quereller et sentencier, nature tirera cependant son train; qui n'aurait fait que raison, quand elle aurait doué ce membre de quelque particulier privilège, auteur du seul ouvrage immortel des mortels. Pourtant[1] est à Socrate action divine que la génération; et amour, désir d'immortalité et Démon immortel lui-même.

Tel, à l'aventure, par cet effet de l'imagination, laisse ici les écrouelles, que son compagnon rapporte en Espagne. Voilà pourquoi, en telles choses, l'on a accoutumé de demander une âme préparée. Pourquoi pratiquent les médecins avant main[2] la créance de leur patient avec tant de fausses promesses de sa guérison, si ce n'est afin que l'effet de l'imagination supplée l'imposture de leur aposème[3]? Ils savent qu'un des maîtres de ce métier leur a laissé par écrit, qu'il s'est trouvé des hommes à qui la seule vue de la médecine faisait l'opération.

Et tout ce caprice m'est tombé présentement en main, sur le conte que me faisait un domestique apothicaire de feu mon père, homme simple et Suisse, nation peu vaine et mensongère, d'avoir connu longtemps un marchand à

1. C'est pourquoi.
2. D'avance.
3. Décoction.

Toulouse, maladif et sujet à la pierre, qui avait souvent besoin de clystères, et se les faisait diversement ordonner aux médecins, selon l'occurrence de son mal. Apportés qu'ils étaient, il n'y avait rien omis des formes accoutumées ; souvent il tâtait s'ils étaient trop chauds. Le voilà couché, renversé, et toutes les approches faites, sauf qu'il ne s'y faisait aucune injection. L'apothicaire retiré après cette cérémonie, le patient accommodé, comme s'il avait véritablement pris le clystère, il en sentait pareil effet à ceux qui les prennent. Et si le médecin n'en trouvait l'opération suffisante, il lui en redonnait deux ou trois autres, de même forme. Mon témoin jute que, pour épargner la dépense (car il les payait comme s'il les eût reçus), la femme de ce malade ayant quelquefois essayé d'y faire seulement mettre de l'eau tiède, l'effet en découvrit la fourbe, et pour avoir trouvé ceux-là inutiles, qu'il fallut revenir à la première façon.

Une femme, pensant avoir avalé une épingle avec son pain, criait et se tourmentait comme ayant une douleur insupportable au gosier, où elle pensait la sentir arrêtée ; mais, parce qu'il n'y avait ni enflure ni altération par le dehors, un habile homme, ayant jugé que ce n'était que fantaisie et opinion, prise de quelque morceau de pain qui l'avait piquée en passant, la fit vomir et jeta à la dérobée, dans ce qu'elle rendit, une épingle tordue. Cette femme, cuidant l'avoir rendue, se sentit soudain déchargée de sa douleur. Je sais qu'un gentilhomme, ayant traité chez lui une bonne compagnie, se vanta trois ou quatre jours après, par manière de jeu (car il n'en était rien), de leur avoir fait manger un chat en pâte ; de quoi une demoiselle de la troupe prit telle horreur, qu'en étant tombée en un grand dévoiement d'estomac et fièvre, il fut impossible de la sauver. Les bêtes mêmes se voient comme nous sujettes à la force de l'imagination. Témoin les chiens, qui se laissent mourir de deuil de la perte de leurs maîtres. Nous les voyons aussi japper et trémousser en songe, hennir les chevaux et se débattre.

Mais tout ceci se peut rapporter à l'étroite couture de l'esprit et du corps s'entre-communiquant leurs fortunes. C'est autre chose que l'imagination agisse quelquefois, non contre son corps seulement, mais contre le corps d'autrui. Et tout ainsi qu'un corps rejette son mal à son voisin, comme il se voit en la peste, en la vérole, et au mal des yeux, qui se chargent de l'un à l'autre :

*Dum spectant oculi laesos, laeduntur et ipsi*
*Multaque corporibus transitione nocent*[1] ;

pareillement, l'imagination ébranlée avec véhémence, élance des traits qui puissent offenser l'objet étranger. L'ancienneté a tenu de certaines femmes en Scythie, qu'animées et courroucées contre quelqu'un, elles le tuaient du seul regard. Les tortues et les autruches couvent leurs œufs de la seule vue, signe qu'ils y ont quelque vertu éjaculatrice. Et quant aux sorciers, on les dit avoir des yeux offensifs et nuisants,

*Nescio quis teneros oculus mihi fascinat agnos*[2].

Ce sont pour moi mauvais répondants, que magiciens. Tant y a que nous voyons par expérience les femmes envoyer aux corps des enfants qu'elles portent au ventre des marques de leurs fantaisies, témoin celle qui engendra le more. Et il fut présenté à Charles, roi de Bohême et empereur, une fille d'auprès de Pise, toute velue et hérissée, que sa mère disait voir été ainsi conçue, à cause d'une image de saint Jean-Baptiste pendue en son lit. Des animaux il en est de même, témoin les brebis de Jacob, et les perdrix et les lièvres, que la neige blanchit aux montagnes. On vit dernièrement chez moi un chat guettant un oiseau au haut d'un arbre, et, s'étant fiché la vue ferme l'un contre l'autre quelque espace de temps, l'oiseau s'être laissé choir comme mort entre les pattes du chat, ou enivré par sa propre imagination, ou attiré par quelque force attractive du chat. Ceux qui aiment la volerie[3] ont ouï faire

1. Ovide, *Les Remèdes de l'amour*, chant V : « En regardant des yeux malades, les yeux deviennent malades eux aussi, et beaucoup de maux se transmettent d'un corps à l'autre. »

2. Virgile, *Bucoliques*, III : « Je ne sais quel œil fascine mes tendres agneaux. »

3. La chasse au moyen des oiseaux de proie.

le conte du fauconnier qui, arrêtant obstinément sa vue contre un milan en l'air, gageait de la seule force de sa vue le ramener contre-bas ; et le faisait, à ce qu'on dit. Car les histoires que j'emprunte, je les renvoie sur la conscience de ceux de qui je les prends.

Les discours sont à moi, et se tiennent par la preuve de la raison, non de l'expérience ; chacun y peut joindre ses exemples : et qui n'en a point, qu'il ne laisse pas de croire qu'il en est, vu le nombre et variété des accidents.

Si je ne comme[1] bien, qu'un autre comme pour moi.

Aussi en l'étude que je traite de nos mœurs et mouvements, les témoignages fabuleux, pourvu qu'ils soient possibles, y servent comme les vrais. Advenu ou non advenu, à Paris ou à Rome, à Jean ou à Pierre, c'est toujours un tour de l'humaine capacité, duquel je suis utilement avisé par ce récit. Je le vois et en fais mon profit également en ombre que en corps. Et aux diverses leçons qu'ont souvent les histoires, je prends à me servir de celle qui est la plus rare et mémorable. Il y a des auteurs desquels la fin, c'est dire les événements. La mienne, si j'y savais advenir, serait dire sur ce qui peut advenir. Il est justement permis aux écholes de supposer des similitudes, quand ils n'en ont point. Je n'en fais pas ainsi pourtant, et surpasse de ce côté-là en religion superstitieuse, toute foi historiale. Aux exemples que je tire céans, de ce que j'ai ouï, fait ou dit, je me suis défendu d'oser altérer jusques aux plus légères et inutiles circonstances. Ma conscience ne falsifie pas un iota, ma science, je ne sais. Sur ce propos, j'entre parfois en pensée qu'il puisse assez bien convenir à un théologien, à un philosophe, et telles gens d'exquise et exacte conscience et prudence, d'écrire l'histoire. Comment peuvent-ils engager leur foi sur une foi populaire? Comment répondre des pensées de personnes inconnues et donner pour argent comptant leurs conjectures? Des actions à divers membres, qui se passent en leur présence, ils refuseraient d'en rendre témoignage, assermentés par un juge ; et n'ont homme si familier, des intentions duquel ils entreprennent de pleinement répondre. Je tiens moins hasardeux d'écrire les choses passées que présentes ;

1. Commente.

d'autant que l'écrivain n'a à rendre compte que d'une vérité empruntée. Aucuns me convient d'écrire les affaires de mon temps, estimant que je les vois d'une vue moins blessée de passion qu'un autre, et de plus près, pour l'accès que fortune m'a donné aux chefs de divers partis. Mais ils ne disent pas que, pour la gloire de Salluste, je n'en prendrais pas la peine ; ennemi juré d'obligation, d'assiduité, de constance ; qu'il n'est rien si contraire à mon style qu'une narration étendue : je me recoupe si souvent à faute d'haleine, je n'ai ni composition, ni explication qui vaille, ignorant au-delà d'un enfant les phrases et vocables qui servent aux choses plus communes ; pourtant ai-je pris à dire ce que je sais dire, accommodant la matière à ma force ; si j'en prenais qui me guidât, ma mesure pourrait faillir à la sienne ; que ma liberté, étant si libre, j'eusse publié des jugements, à mon gré même et selon raison, illégitimes et punissables. Plutarque nous dirait volontiers de ce qu'il en a fait, que c'est l'ouvrage d'autrui que ses exemples soient en tout et partout véritables ; qu'ils soient utiles à la postérité, et présentés d'un lustre qui nous éclaire à la vertu, que c'est son ouvrage. Il n'est pas dangereux, comme en une drogue médicinale en un conte ancien, qu'il soit ainsi ou ainsi.

# DESCARTES

## LA VOLONTÉ, FORCE DE L'ÂME

*Les nombreuses références de Malebranche au* Traité de l'homme *et, surtout, au* Traité des passions de l'âme *nous invitent à une lecture simultanée du Livre de la* Recherche de la vérité *consacré à l'imagination et des œuvres de Descartes (1596-1650). La théorie des impressions et des associations d'images développées par Malebranche doit en effet beaucoup à la conception cartésienne des « esprits animaux », corps subtils qui communiquent leurs mouvements à l'âme. Elle se fonde notamment sur la description des mécanismes de la perception, de la mémoire et de l'habitude. Se référant à la localisation de l'union de l'âme et du corps dans la « glande pinéale », Malebranche admet certains éléments de l'anatomie cartésienne, alors que Spinoza verra, au contraire, dans cette idée une « hypothèse plus occulte que toutes les qualités occultes » (*Éthique, *l. V, préface).*

*Lorsqu'il analyse les rapports entre l'activité et la passivité de l'âme, Malebranche est encore très cartésien, distinguant entre les perceptions qui se rapportent à l'âme et celles qui sont liées au corps : les articles 20 à 50 du traité des* Passions de l'âme *sont essentiellement consacrés à l'examen de cette distinction, mais, à la différence de Malebranche qui s'interrogera plutôt sur l'origine du malheur des hommes dont les passions et l'imagination sont la traduction et le symptôme, Descartes envisage essentiellement le rôle que la volonté peut jouer dans la maîtrise des passions. Il ne s'agit donc pas d'incriminer l'imagination et les différentes passions en les rendant responsables de tous les écarts mons-*

*trueux de la nature depuis le péché originel, mais il convient d'assurer le plein pouvoir de la volonté sur les passions.*

Les Passions de l'âme,<br>
*articles 20 à 50, éd. cit., pp. 705-722.*<br>
*Lettre à Meyssonnier,*<br>
*29 janvier 1640,*<br>
*éd. cit., pp. 1066-1067.*

Art. 19. *De la perception.*

Nos perceptions sont aussi de deux sortes, et les unes ont l'âme pour cause, les autres le corps. Celles qui ont l'âme pour cause sont les perceptions de nos volontés et de toutes les imaginations ou autres pensées qui en dépendent ; car il est certain que nous ne saurions vouloir aucune chose que nous n'apercevions par même moyen que nous la voulons ; et bien qu'au regard de notre âme ce soit une action de vouloir quelque chose, on peut dire que c'est aussi en elle une passion d'apercevoir qu'elle veut ; toutefois, à cause que cette perception et cette volonté ne sont en effet qu'une même chose, la dénomination se fait toujours par ce qui est le plus noble, et ainsi on n'a point coutume de la nommer une passion, mais seulement une action.

Art. 20. *Des imaginations et autres pensées qui sont formées par l'âme.*

Lorsque notre âme s'applique à imaginer quelque chose qui n'est point, comme à se représenter un palais enchanté ou une chimère, et aussi lorsqu'elle s'applique à considérer quelque chose qui est seulement intelligible et non point imaginable, par exemple à considérer sa propre nature, les perceptions qu'elle a de ces choses dépendent principalement de la volonté qui fait qu'elle les aperçoit ; c'est pourquoi on a coutume de les considérer comme des actions plutôt que comme des passions.

ART. 21. *Des imaginations qui n'ont pour cause que le corps.*

Entre les perceptions qui sont causées par le corps, la plupart dépendent des nerfs ; mais il y en a aussi quelques-unes qui n'en dépendent point, et qu'on nomme des imaginations, ainsi que celles dont je viens de parler, desquelles néanmoins elles diffèrent en ce que notre volonté ne s'emploie point à les former, ce qui fait qu'elles ne peuvent être mises au nombre des actions de l'âme, et elles ne procèdent que de ce que les esprits étant diversement agités, et rencontrant les traces de diverses impressions qui ont précédé dans le cerveau, ils y prennent leur cours fortuitement par certains pores plutôt que par d'autres. Telles sont les illusions de nos songes et aussi les rêveries que nous avons souvent étant éveillés, lorsque notre pensée erre nonchalamment sans s'appliquer à rien de soi-même. Or, encore que quelques-unes de ces imaginations soient des passions de l'âme, en prenant ce mot en sa plus propre et plus parfaite signification, et qu'elles puissent être toutes ainsi nommées, si on le prend en une signification plus générale, toutefois, pour ce qu'elles n'ont pas une cause si notable et si déterminée que les perceptions que l'âme reçoit par l'entremise des nerfs, et qu'elles semblent n'en être que l'ombre et la peinture, avant que nous les puissions bien distinguer, il faut considérer la différence qui est entre ces autres.

ART. 22. *De la différence qui est entre les autres perceptions.*

Toutes les perceptions que je n'ai pas encore expliquées viennent à l'âme par l'entremise des nerfs, et il y a entre elles cette différence que nous les rapportons les unes aux objets de dehors, qui frappent nos sens, les autres à notre corps ou à quelques-unes de ses parties, et enfin les autres à notre âme.

ART. 23. *Des perceptions que nous rapportons aux objets qui sont hors de nous.*

Celles que nous rapportons à des choses qui sont hors de nous, à savoir, aux objets de nos sens, sont causées, au moins lorsque notre opinion n'est point fausse, par ces objets qui, excitant quelques mouvements dans les organes des sens extérieurs, en excitent aussi par l'entremise des nerfs dans le cerveau, lesquels font que l'âme les sent. Ainsi lorsque nous voyons la lumière d'un flambeau et que nous oyons le son d'une cloche, ce son et cette lumière sont deux diverses actions qui, par cela seul qu'elles excitent deux divers mouvements en quelques-uns de nos nerfs, et par leur moyen dans le cerveau, donnent à l'âme deux sentiments différents, lesquels nous rapportons tellement aux sujets que nous supposons être leurs causes, que nous pensons voir le flambeau même et ouïr la cloche, non pas sentir seulement des mouvements qui viennent d'eux.

ART. 24. *Des perceptions que nous rapportons à notre corps.*

Les perceptions que nous rapportons à notre corps ou à quelques-unes de ses parties sont celles que nous avons de la faim, de la soif et de nos autres appétits naturels, à quoi on peut joindre la douleur, la chaleur et les autres affections que nous sentons comme dans nos membres, et non pas comme dans les objets qui sont hors de nous : ainsi nous pouvons sentir en même temps, et par l'entremise des mêmes nerfs, la froideur de notre main et la chaleur de la flamme dont elle s'approche, ou bien, au contraire, la chaleur de la main et le froid de l'air auquel elle est exposée, sans qu'il y ait aucune différence entre les actions qui nous font sentir le chaud ou le froid qui est en notre main et celles qui nous font sentir celui qui est hors de nous, sinon que, l'une de ces actions survenant à l'autre, nous jugeons que la première est déjà en nous, et que celle qui survient n'y est pas encore, mais en l'objet qui la cause.

ART. 25. *Des perceptions que nous rapportons à notre âme.*

Les perceptions qu'on rapporte seulement à l'âme sont celles dont on sent les effets comme en l'âme même, et desquelles on ne connaît communément aucune cause prochaine à laquelle on les puisse rapporter : tels sont les sentiments de joie, de colère, et autre semblables, qui sont quelquefois excités en nous par les objets qui meuvent nos nerfs, et quelquefois aussi par d'autres causes. Or, encore que toutes nos perceptions, tant celles qu'on rapporte aux objets qui sont hors de nous que celles qu'on rapporte aux diverses affections de notre corps, soient véritablement des passions au regard de notre âme lorsqu'on prend ce mot en sa plus générale signification, toutefois on a coutume de le restreindre à signifier seulement celles qui se rapportent à l'âme même, et ce ne sont que ces dernières que j'ai entrepris ici d'expliquer sous le nom de passions de l'âme.

ART. 26. *Que les imaginations qui ne dépendent que du mouvement fortuit des esprits, peuvent être d'aussi véritables passions que les perceptions qui dépendent des nerfs.*

Il reste ici à remarquer que toutes les mêmes choses que l'âme aperçoit par l'entremise des nerfs lui peuvent aussi être représentées par le cours fortuit des esprits, sans qu'il y ait autre différence sinon que les impressions qui viennent dans le cerveau par les nerfs ont coutume d'être plus vives et plus expresses que celles que les esprits y excitent : ce qui m'a fait dire en l'article 21 que celles-ci sont comme l'ombre et la peinture des autres. Il faut aussi remarquer qu'il arrive quelquefois que cette peinture est si semblable à la chose qu'elle représente, qu'on peut y être trompé touchant les perceptions qui se rapportent aux objets qui sont hors de nous, ou bien celles qui se rapportent à quelques parties de notre corps, mais qu'on ne peut pas l'être en même façon touchant les passions, d'autant qu'elles sont si proches et si intérieures à notre âme qu'il est impossible qu'elle les sente sans qu'elles soient véritablement telles qu'elle les sent. Ainsi souvent lorsqu'on dort, et même quelquefois étant éveillé, on imagine si fortement certaines choses qu'on pense les voir devant soi ou les sentir en son corps, bien qu'elles n'y soient aucunement ; mais, encore qu'on soit endormi et qu'on rêve, on ne saurait se sentir triste ou ému de quelque autre passion, qu'il ne soit très vrai que l'âme a en soi cette passion.

ART. 27. *La définition des passions de l'âme.*

Après avoir considéré en quoi les passions de l'âme diffèrent de toutes ses autres pensées, il me semble qu'on peut généralement les définir des perceptions, ou des sentiments, ou des émotions de l'âme, qu'on rapporte particulièrement à elle, et qui sont causées, entretenues et fortifiées par quelque mouvement des esprits.

ART. 28. *Explication de la première partie de cette définition.*

On les peut nommer des perceptions lorsqu'on se sert généralement de ce mot pour signifier toutes les pensées qui ne sont point des actions de l'âme ou des volontés, mais non point lorsqu'on ne s'en sert que pour signifier des connaissances évidentes ; car l'expérience fait voir que ceux qui sont les plus agités par leurs passions ne sont pas ceux qui les connaissent le mieux, et qu'elles sont du nombre des perceptions que l'étroite alliance qui est entre l'âme et le corps rend confuses et obscures. On les peut aussi nommer des sentiments, à cause qu'elles sont reçues en l'âme en même façon que les objets des sens extérieurs, et ne sont pas autrement connues par elle ; mais on peut encore mieux les nommer des émotions de l'âme, non seulement à cause que ce nom peut être attribué à tous les changements qui arrivent en elle, c'est-à-dire à toutes les diverses pensées qui lui viennent, mais particulièrement parce que, de toutes les sortes de pensées qu'elle peut avoir, il n'y en a point d'autres qui l'agitent et l'ébranlent si fort que font ces passions.

ART. 29. *Explication de son autre partie.*

J'ajoute qu'elles se rapportent particulièrement à l'âme, pour les distinguer des autres sentiments qu'on rapporte, les uns aux objets extérieurs, comme les odeurs, les sons, les couleurs ; les autres à notre corps, comme la faim, la soif, la douleur. J'ajoute aussi qu'elles sont causées, entretenues et fortifiées par quelque mouvement des esprits, afin de les distinguer de nos volontés, qu'on peut nommer des émotions de l'âme qui se rapportent à elle, mais qui sont causées par elle-même, et aussi afin d'expliquer leur dernière et plus prochaine cause, qui les distingue derechef des autres sentiments.

ART. 30. *Que l'âme est unie à toutes les parties du corps conjointement.*

Mais pour entendre plus parfaitement toutes ces choses, il est besoin de savoir que l'âme est véritablement jointe à tout le corps, et qu'on ne peut pas proprement dire qu'elle soit en quelqu'une de ses parties à l'exclusion des autres, à cause qu'il est un et en quelque façon indivisible, à raison de la disposition de ses organes qui se rapportent tellement tous l'un à l'autre que, lorsque quelqu'un d'eux est ôté, cela rend tout le corps défectueux ; et à cause qu'elle est d'une nature qui n'a aucun rapport à l'étendue ni aux dimensions ou autres propriétés de la matière dont le corps est composé, mais seulement à tout l'assemblage de ses organes, comme il paraît de ce qu'on ne saurait aucunement concevoir la moitié ou le tiers d'une âme ni quelle étendue elle occupe, et qu'elle ne devient point plus petite de ce qu'on retranche quelque partie du corps, mais qu'elle s'en sépare entièrement lorsqu'on dissout l'assemblage de ses organes.

ART. 31. *Qu'il y a une petite glande dans le cerveau en laquelle l'âme exerce ses fonctions plus particulièrement que dans les autres parties.*

Il est besoin aussi de savoir que, bien que l'âme soit jointe à tout le corps, il y a néanmoins en lui quelque partie en laquelle elle exerce ses fonctions plus particulièrement qu'en toutes les autres ; et on croit communément que cette partie est le cerveau, ou peut-être le cœur : le cerveau, à cause que c'est à lui que se rapportent les organes des sens ; et le cœur, à cause que c'est comme en lui qu'on sent les passions. Mais, en examinant la chose avec soin, il me semble avoir évidemment reconnu que la partie du corps en laquelle l'âme exerce immédiatement ses fonctions n'est nullement le cœur, ni aussi tout le cerveau, mais seulement la plus intérieure de ses parties, qui est une certaine glande fort petite, située dans le milieu de sa substance, et tellement suspendue au-dessus du conduit par lequel les esprits de ses cavités antérieures ont communication avec ceux de la postérieure, que les moindres mouvements qui sont en elle peuvent beaucoup pour changer le cours de ces esprits, et réciproquement que les moindres changements qui arrivent au cours des esprits peuvent beaucoup pour changer les mouvements de cette glande.

ART. 32. *Comment on connaît que cette glande est le principal siège de l'âme.*

La raison qui me persuade que l'âme ne peut avoir en tout le corps aucun autre lieu que cette glande où elle exerce immédiatement ses fonctions est que je considère que les autres parties de notre cerveau sont toutes doubles, comme aussi nous avons deux yeux, deux mains, deux oreilles, et enfin tous les organes de nos sens extérieurs sont doubles ; et que, d'autant que nous n'avons qu'une seule et simple pensée d'une même chose en même temps, il faut nécessairement qu'il y ait quelque lieu où les deux images qui viennent par les deux yeux, où les deux autres impressions qui viennent d'un seul objet par les doubles organes des autres sens, se puissent assembler en une avant qu'elles parviennent à l'âme, afin qu'elles ne lui représentent pas deux objets au lieu d'un. Et on peut aisément concevoir que ces images ou autres impressions se réunissent en cette glande par l'entremise des esprits qui remplissent les cavités du cerveau, mais il n'y a aucun autre endroit dans le corps où elles puissent ainsi être unies, sinon ensuite de ce qu'elles le sont en cette glande.

ART. 33. *Que le siège des passions n'est pas dans le cœur.*

Pour l'opinion de ceux qui pensent que l'âme reçoit ses passions dans le cœur, elle n'est aucunement considérable, car elle n'est fondée que sur ce que les passions y font sentir quelque altération ; et il est aisé à remarquer que cette altération n'est sentie, comme dans le cœur, que par l'entremise d'un petit nerf qui descend du cerveau vers lui, ainsi que la douleur est sentie comme dans le pied par l'entremise des nerfs du pied, et les astres sont aperçus comme dans le ciel par l'entremise de leur lumière et des nerfs optiques : en sorte qu'il n'est pas plus nécessaire que notre âme exerce immédiatement ses fonctions dans le cœur pour y sentir ses passions qu'il est nécessaire qu'elle soit dans le ciel pour y voir les astres.

### ART. 34. *Comment l'âme et le corps agissent l'un contre l'autre.*

Concevons donc ici que l'âme a son siège principal dans la petite glande qui est au milieu du cerveau, d'où elle rayonne en tout le reste du corps par l'entremise des esprits, des nerfs et même du sang, qui, participant aux impressions des esprits, les peut porter par les artères en tous les membres ; et nous souvenant de ce qui a été dit ci-dessus de la machine de notre corps, à savoir, que les petits filets de nos nerfs sont tellement distribués en toutes ses parties qu'à l'occasion des divers mouvements qui y sont excités par les objets sensibles, ils ouvrent diversement les pores du cerveau, ce qui fait que les esprits animaux contenus en ces cavités entrent diversement dans les muscles, au moyen de quoi ils peuvent mouvoir les membres en toutes les diverses façons qu'ils sont capables d'être mus, et aussi que toutes les autres causes qui peuvent diversement mouvoir les esprits suffisent pour les conduire en divers muscles ; ajoutons ici que la petite glande qui est le principal siège de l'âme est tellement suspendue entre les cavités qui contiennent ces esprits qu'elle peut être mue par eux en autant de diverses façons qu'il y a de diversités sensibles dans les objets ; mais qu'elle peut aussi être diversement mue par l'âme, laquelle est de telle nature qu'elle reçoit autant de diverses impressions en elle, c'est-à-dire qu'elle a autant de diverses perceptions qu'il arrive de divers mouvements en cette glande ; comme aussi réciproquement la machine du corps est tellement composée que, de cela seul que cette glande est diversement mue par l'âme ou par telle autre cause que ce puisse être, elle pousse les esprits qui l'environnent vers les pores du cerveau, qui les conduisent par les nerfs dans les muscles, au moyen de quoi elle leur fait mouvoir les membres.

ART. 35. *Exemple de la façon que les impressions des objets s'unissent en la glande qui est au milieu du cerveau.*

Ainsi, par exemple, si nous voyons quelque animal venir vers nous, la lumière réfléchie de son corps en peint deux images, une en chacun de nos yeux, et ces deux images en forment deux autres, par l'entremise des nerfs optiques, dans la superficie intérieure du cerveau qui regarde ses concavités ; puis, de là, par l'entremise des esprits dont ses cavités sont remplies, ces images rayonnent en telle sorte vers la petite glande que ces esprits environnent, que le mouvement qui compose chaque point de l'une des images tend vers le même point de la glande vers lequel tend le mouvement qui forme le point de l'autre image, lequel représente la même partie de cet animal, au moyen de quoi les deux images qui sont dans le cerveau n'en composent qu'une seule sur la glande, qui, agissant immédiatement contre l'âme, lui fait voir la figure de cet animal.

ART. 36. *Exemple de la façon que les passions sont excitées en l'âme.*

Et, outre cela, si cette figure est fort étrange et fort effroyable, c'est-à-dire si elle a beaucoup de rapport avec les choses qui ont été auparavant nuisibles au corps, cela excite en l'âme la passion de la crainte, et ensuite celle de la hardiesse, ou bien celle de la peur et de l'épouvante, selon le divers tempérament du corps ou la force de l'âme, et selon qu'on s'est auparavant garanti par la défense ou par la fuite contre les choses nuisibles auxquelles l'impression présente a du rapport ; car cela rend le cerveau tellement disposé en quelques hommes, que les esprits réfléchis de l'image ainsi formée sur la glande vont de là se rendre partie dans les nerfs qui servent à tourner le dos et remuer les jambes pour s'enfuir, et partie en ceux qui élargissent ou étrécissent tellement les orifices du cœur, ou bien qui agitent tellement les autres parties d'où le sang lui est envoyé, que ce sang y étant raréfié d'autre façon que de coutume, il envoie des esprits au cerveau qui sont propres à entretenir et fortifier la passion de la peur, c'est-à-dire qui sont propres à tenir ouverts ou bien à ouvrir derechef les pores du cerveau qui les conduisent dans les mêmes nerfs ; car de cela seul que ces esprits entrent en ces pores ils excitent un mouvement particulier en cette glande, lequel est institué de la nature pour faire sentir à l'âme cette passion ; et parce que ces pores se rapportent principalement aux petits nerfs qui servent à resserrer ou élargir les orifices du cœur, cela fait que l'âme la sent principalement comme dans le cœur.

ART. 37. *Comment il paraît qu'elles sont toutes causées par quelque mouvement des esprits.*

Et parce que le semblable arrive en toutes les autres passions, à savoir, qu'elles sont principalement causées par les esprits qui sont contenus dans les cavités du cerveau, en tant qu'ils prennent leur cours vers les nerfs qui servent à élargir ou étrécir les orifices du cœur, ou à pousser diversement vers lui le sang qui est dans les autres parties, ou, en quelque autre façon que ce soit, à entretenir la même passion, on peut clairement entendre de ceci pourquoi j'ai mis ci-dessus en leur définition qu'elles sont causées par quelque mouvement particulier des esprits.

ART. 38. *Exemple des mouvements du corps qui accompagnent les passions et ne dépendent point de l'âme.*

Au reste, en même façon que le cours que prennent ces esprits vers les nerfs du cœur suffit pour donner le mouvement à la glande par lequel la peur est mise dans l'âme, ainsi aussi, par cela seul que quelques esprits vont en même temps vers les nerfs qui servent à remuer les jambes pour fuir, ils causent un autre mouvement en la même glande par le moyen duquel l'âme sent et aperçoit cette fuite, laquelle peut en cette façon être excitée dans le corps par la seule disposition des organes et sans que l'âme y contribue.

ART. 39. *Comment une même cause peut exciter diverses passions et divers hommes.*

La même impression que la présence d'un objet effroyable fait sur la glande, et qui cause la peur en quelques hommes, peut exciter en d'autres le courage et la hardiesse, dont la raison est que tous les cerveaux ne sont pas disposés en même façon, et que le même mouvement de la glande qui en quelques-uns excite la peur fait dans les autres que les esprits entrent dans les pores du cerveau qui les conduisent partie dans les nerfs qui servent à remuer les mains pour se défendre, et partie en ceux qui agitent et poussent le sang vers le cœur, en la façon qui est requise pour produire des esprits propres à continuer cette défense et en retenir la volonté.

ART. 40. *Quel est le principal effet des passions.*

Car il est besoin de remarquer que le principal effet de toutes les passions dans les hommes est qu'elles incitent et disposent leur âme à vouloir les choses auxquelles elles préparent leur corps ; en sorte que le sentiment de la peur l'incite à vouloir fuir, celui de la hardiesse à vouloir combattre, et ainsi des autres.

ART. 41. *Quel est le pouvoir de l'âme au regard du corps.*

Mais la volonté est tellement libre de sa nature, qu'elle ne peut jamais être contrainte ; et des deux sortes de pensées que j'ai distinguées en l'âme, dont les unes sont ses actions, à savoir, ses volontés, les autres ses passions, en prenant ce mot en sa plus générale signification, qui comprend toutes sortes de perceptions, les premières sont absolument en son pouvoir et ne peuvent qu'indirectement être changées par le corps, comme au contraire les dernières dépendent absolument des actions qui les produisent, et elles ne peuvent qu'indirectement être changées par l'âme, excepté lorsqu'elle est elle-même leur cause. Et toute l'action de l'âme consiste en ce que, par cela seul qu'elle veut quelque chose, elle fait que la petite glande à qui elle est étroitement jointe se meut en la façon qui est requise pour produire l'effet qui se rapporte à cette volonté.

ART. 42. *Comment on trouve en sa mémoire les choses dont on veut se souvenir.*

Ainsi, lorsque l'âme veut se souvenir de quelque chose, cette volonté fait que la glande, se penchant successivement vers divers côtés, pousse les esprits vers divers endroits du cerveau, jusques à ce qu'ils rencontrent celui où sont les traces que l'objet dont on veut se souvenir y a laissées ; car ces traces ne sont autre chose sinon que les pores du cerveau, par où les esprits ont auparavant pris leur cours à cause de la présence de cet objet, ont acquis par cela une plus grande facilité que les autres à être ouverts derechef en même façon par les esprits qui viennent vers eux ; en sorte que ces esprits rencontrant ces pores entrent dedans plus facilement que dans les autres, au moyen de quoi ils excitent un mouvement particulier en la glande, lequel représente à l'âme le même objet et lui fait connaître qu'il est celui duquel elle voulait se souvenir.

ART. 43. *Comment l'âme peut imaginer, être attentive et mouvoir le corps.*

Ainsi, quand on veut imaginer quelque chose qu'on n'a jamais vue, cette volonté a la force de faire que la glande se meut en la façon qui est requise pour pousser les esprits vers les pores du cerveau par l'ouverture desquels cette chose peut être représentée ; ainsi, quand on veut arrêter son attention à considérer quelque temps un même objet, cette volonté retient la glande pendant ce temps-là penchée vers un même côté ; ainsi, enfin, quand on veut marcher ou mouvoir son corps en quelque autre façon, cette volonté fait que la glande pousse les esprits vers les muscles qui servent à cet effet.

ART. 44. *Que chaque volonté est naturellement jointe à quelque mouvement de la glande ; mais que, par industrie ou par habitude, on la peut joindre à d'autres.*

Toutefois ce n'est pas toujours la volonté d'exciter en nous quelque mouvement ou quelque autre effet qui peut faire que nous l'excitons ; mais cela change selon que la nature ou l'habitude ont diversement joint chaque mouvement de la glande à chaque pensée. Ainsi, par exemple, si on veut disposer ses yeux à regarder un objet fort éloigné, cette volonté fait que leur prunelle s'élargit ; et si on les veut disposer à regarder un objet fort proche, cette volonté fait qu'elle s'étrécit ; mais si on pense seulement à élargir la prunelle, on a beau en avoir la volonté, on ne l'élargit point pour cela, d'autant que la nature n'a pas joint le mouvement de la glande qui sert à pousser les esprits vers le nerf optique en la façon qui est requise pour élargir ou étrécir la prunelle avec la volonté de l'élargir ou étrécir, mais bien avec celle de regarder des objets éloignés ou proches. Et lorsqu'en parlant nous ne pensons qu'au sens de ce que nous voulons dire, cela fait que nous remuons la langue et les lèvres beaucoup plus promptement et beaucoup mieux que si nous pensions à les remuer en toutes les façons qui sont requises pour proférer les mêmes paroles, d'autant que l'habitude que nous avons acquise en apprenant à parler a fait que nous avons joint l'action de l'âme, qui, par l'entremise de la glande, peut mouvoir la langue et les lèvres, avec la signification des paroles qui suivent de ces mouvements plutôt qu'avec les mouvements mêmes.

ART. 45. *Quel est le pouvoir de l'âme au regard de ses passions.*

Nos passions ne peuvent pas aussi directement être excitées ni ôtées par l'action de notre volonté, mais elles peuvent l'être indirectement par la représentation des choses qui ont coutume d'être jointes avec les passions que nous voulons avoir, et qui sont contraires à celles que nous voulons rejeter. Ainsi, pour exciter en soi la hardiesse et ôter la peur, il ne suffit pas d'en avoir la volonté, mais il faut s'appliquer à considérer les raisons, les objets ou les exemples qui persuadent que le péril n'est pas grand ; qu'il y a toujours plus de sûreté en la défense qu'en la fuite ; qu'on aura de la gloire et de la joie d'avoir vaincu, au lieu qu'on ne peut attendre que du regret et de la honte d'avoir fui, et choses semblables.

ART. 46. *Quelle est la raison qui empêche que l'âme ne puisse entièrement disposer de ses passions.*

Il y a une raison particulière qui empêche l'âme de pouvoir promptement changer ou arrêter ses passions, laquelle m'a donné sujet de mettre ci-dessus en leur définition qu'elles sont non seulement causées, mais aussi entretenues et fortifiées par quelque mouvement particulier des esprits. Cette raison est qu'elles sont presque toutes accompagnées de quelque émotion qui se fait dans le cœur, et par conséquent aussi en tout le sang et les esprits, en sorte que, jusqu'à ce que cette émotion ait cessé, elles demeurent présentes à notre pensée en même façon que les objets sensibles y sont présents pendant qu'ils agissent contre les organes de nos sens. Et comme l'âme, en se rendant fort attentive à quelque autre chose, peut s'empêcher d'ouïr un petit bruit ou de sentir une petite douleur, mais ne peut s'empêcher en même façon d'ouïr le tonnerre ou de sentir le feu qui brûle la main, ainsi elle peut aisément surmonter les moindres passions, mais non pas les plus violentes et les plus fortes, sinon après que l'émotion du sang et des esprits est apaisée. Le plus que la volonté puisse faire pendant que cette émotion est en sa vigueur, c'est de ne pas consentir à ses effets et de retenir plusieurs des mouvements auxquels elle dispose le corps. Par exemple, si la colère fait lever la main pour frapper, la volonté peut ordinairement la retenir ; si la peur incite les gens à fuir, la volonté les peut arrêter, et ainsi des autres.

ART. 47. *En quoi consistent les combats qu'on a coutume d'imaginer entre la partie inférieure et la supérieure de l'âme.*

Et ce n'est qu'en la répugnance qui est entre les mouvements que le corps par ses esprits et l'âme par sa volonté tendent à exciter en même temps dans la glande, que consistent tous les combats qu'on a coutume d'imaginer entre la partie inférieure de l'âme qu'on nomme sensitive et la supérieure, qui est raisonnable, ou bien entre les appétits naturels et la volonté ; car il n'y a en nous qu'une seule âme, et cette âme n'a en soi aucune diversité de parties : la même qui est sensitive est raisonnable, et tous ses appétits sont des volontés. L'erreur qu'on a commise en lui faisant jouer divers personnages qui sont ordinairement contraires les uns aux autres ne vient que de ce qu'on n'a pas bien distingué ses fonctions d'avec celles du corps, auquel seul on doit attribuer tout ce qui peut être remarqué en nous qui répugne à notre raison ; en sorte qu'il n'y a point en ceci d'autre combat sinon que la petite glande qui est au milieu du cerveau pouvant être poussée d'un côté par l'âme et de l'autre par les esprits animaux, qui ne sont que des corps, ainsi que j'ai dit ci-dessus, il arrive souvent que ces deux impulsions sont contraires, et que la plus forte empêche l'effet de l'autre. Or on peut distinguer deux sortes de mouvements excités par les esprits dans la glande : les uns représentent à l'âme les objets qui meuvent les sens, ou les impressions qui se rencontrent dans le cerveau et ne font aucun effort sur sa volonté ; les autres y font quelque effort, à savoir, ceux qui causent les passions ou les mouvements du corps qui les accompagnent ; et, pour les premiers, encore qu'ils empêchent souvent les actions de l'âme ou bien qu'ils soient empêchés par elles, toutefois, à cause qu'ils ne sont pas directement contraires, on n'y remarque point de combats. On en remarque seulement entre les derniers et les volontés qui leur répugnent : par exemple, entre l'effort dont les esprits poussent la glande pour causer en l'âme le désir de quelque chose, et celui dont l'âme la repousse par la volonté qu'elle a de fuir la même chose ; et ce qui fait principalement paraître ce combat, c'est que la volonté n'ayant pas le pouvoir d'exciter directement les passions, ainsi qu'il a déjà été dit, elle est contrainte d'user d'industrie et de s'appliquer à considérer successivement diverses choses dont, s'il arrive que l'une ait la force de changer pour un moment le cours des esprits, il peut arriver que celle qui suit ne l'a pas et qu'ils le reprennent aussitôt après, à cause que la disposition qui a précédé dans les nerfs, dans le cœur et dans le sang n'est pas changée, ce qui fait que l'âme se sent poussée presque en même temps à désirer et ne pas désirer une même chose ; et c'est de là qu'on a pris occasion d'imaginer en elle deux puissances qui se combattent. Toutefois on peut encore concevoir quelque combat, en ce que souvent la même cause qui excite en l'âme quelque passion excite aussi certains mouvements dans le corps auxquels l'âme ne contribue point, et lesquels elle arrête ou tâche d'arrêter sitôt qu'elle les aperçoit, comme on éprouve lorsque ce qui excite la peur fait aussi que les esprits entrent dans les muscles qui servent à remuer les jambes pour fuir, et que la volonté qu'on a d'être hardi les arrête.

ART. 48. *En quoi on connaît la force ou la faiblesse des âmes, et quel est le mal des plus faibles.*

Or, c'est par le succès de ces combats que chacun peut connaître la force ou la faiblesse de son âme ; car ceux en qui naturellement la volonté peut le plus aisément vaincre les passions et arrêter les mouvements du corps qui les accompagnent ont sans doute les âmes les plus fortes ; mais il y en a qui ne peuvent éprouver leur force, parce qu'ils ne font jamais combattre leur volonté avec ses propres armes, mais seulement avec celles que lui fournissent quelques passions pour résister à quelques autres. Ce que je nomme ses propres armes sont des jugements fermes et déterminés touchant la connaissance du bien et du mal, suivant lesquels elle a résolu de conduire les actions de sa vie ; et les âmes les plus faibles de toutes sont celles dont la volonté ne se détermine point ainsi à suivre certains jugements, mais se laisse continuellement emporter aux passions présentes, lesquelles, étant souvent contraires les unes aux autres, la tirent tour à tour à leur parti et, l'employant à combattre contre elle-même, mettent l'âme au plus déplorable état qu'elle puisse être. Ainsi, lorsque la peur représente la mort comme un mal extrême et qui ne peut être évité que par la fuite, si l'ambition, d'autre côté, représente l'infamie de cette fuite comme un mal pire que la mort, ces deux passions agitent diversement la volonté, laquelle obéissant tantôt à l'une, tantôt à l'autre, s'oppose continuellement à soi-même, et ainsi rend l'âme esclave et malheureuse.

ART. 49. *Que la force de l'âme ne suffit pas sans la connaissance de la vérité.*

Il est vrai qu'il y a fort peu d'hommes si faibles et irrésolus qu'ils ne veulent rien que ce que leur passion leur dicte. La plupart ont des jugements déterminés, suivant lesquels ils règlent une partie de leurs actions ; et, bien que souvent ces jugements soient faux, et même fondés sur quelques passions par lesquelles la volonté s'est auparavant laissé vaincre ou séduire, toutefois, à cause qu'elle continue de les suivre lorsque la passion qui les a causés est absente, on les peut considérer comme ses propres armes, et penser que les âmes sont plus fortes ou plus faibles à raison de ce qu'elles peuvent plus ou moins suivre ces jugements et résister aux passions présentes qui leur sont contraires. Mais il y a pourtant grande différence entre les résolutions qui procèdent de quelque fausse opinion et celles qui ne sont appuyées que sur la connaissance de la vérité ; d'autant que si on suit ces dernières, on est assuré de n'en avoir jamais de regret ni de repentir, au lieu qu'on en a toujours d'avoir suivi les premières lorsqu'on en découvre l'erreur.

ART. 50. *Qu'il n'y a point d'âme si faible qu'elle ne puisse, étant bien conduite, acquérir un pouvoir absolu sur ses passions.*

Et il est utile ici de savoir que, comme il a déjà été dit ci-dessus, encore que chaque mouvement de la glande semble avoir été joint par la nature à chacune de nos pensées dès le commencement de notre vie, on les peut toutefois joindre à d'autres par habitude, ainsi que l'expérience fait voir aux paroles qui excitent des mouvements en la glande, lesquels, selon l'institution de la nature, ne représentent à l'âme que leur son lorsqu'elles sont proférées de la voix, ou la figure de leurs lettres lorsqu'elles sont écrites, et qui, néanmoins, par l'habitude qu'on a acquise en pensant à ce qu'elles signifient lorsqu'on a ouï leur son ou bien qu'on a vu leurs lettres, ont coutume de faire concevoir cette signification plutôt que la figure de leurs lettres ou bien le son de leurs syllabes. Il est utile aussi de savoir qu'encore que les mouvements, tant de la glande que des esprits et du cerveau, qui représentent à l'âme certains objets, soient naturellement joints avec ceux qui excitent en elle certaines passions, ils peuvent toutefois par habitude en être séparés et joints à d'autres fort différents, et même que cette habitude peut être acquise par une seule action et ne requiert point un long usage. Ainsi, lorsqu'on rencontre inopinément quelque chose de fort sale en une viande qu'on mange avec appétit, la surprise de cette rencontre peut tellement changer la disposition du cerveau qu'on ne pourra plus voir par après de telle viande qu'avec horreur, au lieu qu'on la mangeait auparavant avec plaisir. Et on peut remarquer la même chose dans les bêtes ; car encore qu'elles n'aient point de raison, ni peut-être aucune pensée, tous les mouvements des esprits et de la glande qui excitent en nous les passions ne laissent pas d'être en elles et d'y servir à entretenir et fortifier, et non pas comme en nous, les passions, mais les mouvements des nerfs et des muscles qui ont coutume de les accompagner. Ainsi, lorsqu'un chien voit une perdrix, il est naturellement porté à courir vers elle ; et lorsqu'il oit tirer un fusil, ce bruit l'incite naturellement à s'enfuir ; mais néanmoins on dresse ordinairement les chiens couchants en telle sorte que la vue d'une perdrix fait qu'ils s'arrêtent, et que le bruit qu'ils oient après, lorsqu'on tire sur elle, fait qu'ils y accourent. Or ces choses sont utiles à savoir pour donner le courage à un chacun d'étudier à regarder ses passions ; car, puisqu'on peut, avec un peu d'industrie, changer les mouvements du cerveau dans les animaux dépourvus de raison, il est évident qu'on le peut encore mieux dans les hommes, et que ceux même qui ont les plus faibles âmes pourraient acquérir un empire très absolu sur toutes leurs passions, ni on employait assez d'industrie à les dresser et à les conduire.

## À MEYSSONNIER[1]

[29 janvier 1640.]

MONSIEUR,

J'eusse été le premier à vous écrire, si j'eusse eu le bien de vous connaître pour tel que vous vous décrivez en la lettre que vous m'avez fait la faveur de m'envoyer ; car la recherche de la vérité est si nécessaire et si ample, que le travail de plusieurs milliers d'hommes y devrait concourir : et il y a si peu de personnes au monde qui l'entreprennent à bon escient, que ceux qui le font se doivent d'autant plus chérir les uns les autres, et tâcher à s'entr'aider en se communiquant leurs observations et leurs pensées, ce que je vous offre de ma part avec toute sorte d'affection. Et afin de commencer, je répondrai ici à ce qu'il vous a plu me demander, touchant l'usage de la petite glande nommée *conarium*[2]. À savoir, mon opinion est que cette glande est le principal siège de l'âme, et le lieu où se font toutes nos pensées. La raison qui me donne cette créance est que je ne trouve aucune partie en tout le cerveau, excepté celle-là seule, qui ne soit double ; or est-il que, puisque nous ne voyons qu'une même chose des deux yeux, ni n'oyons qu'une même voix des deux oreilles, et enfin que nous n'avons jamais qu'une pensée en même temps, il faut de nécessité que les espèces qui entrent par

1. Meyssonnier, Lazare (1602-1672). Médecin français, professeur de chirurgie à Lyon où il acquit une réputation considérable. Devint médecin du roi en 1642.

2. *Conarium*, ancien nom de la glande pinéale, petit corps oblong situé en avant du cervelet.

les deux yeux, ou par les deux oreilles, etc., s'aillent unir en quelque partie du corps pour y être considérées par l'âme ; or il est impossible d'en trouver aucun autre, en toute la tête, que cette glande ; outre qu'elle est située le plus à propos qu'il est possible pour ce sujet, à savoir, au milieu, entre toutes les concavités ; et elle est soutenue et environnée de petites branches des artères carotides, qui apportent les esprits dans le cerveau. Mais pour les espèces qui se conservent dans la mémoire, je n'imagine point qu'elles soient autre chose que comme les plis qui se conservent en ce papier, après qu'il a été une fois plié ; et ainsi je crois qu'elles sont principalement reçues en toute la substance du cerveau, bien que je ne nie pas qu'elles ne puissent être aussi en quelque façon en cette glande, surtout en ceux qui ont l'esprit plus hébété : car pour les esprits fort bons et fort subtils, je crois qu'ils la doivent avoir toute libre à eux et fort mobile ; comme nous voyons aussi que dans les hommes elle est plus petite que dans les bêtes, tout au rebours des autres parties du cerveau. Je crois aussi que quelques-unes des espèces qui servent à la mémoire peuvent être en diverses autres parties du corps, comme l'habitude d'un joueur de luth n'est pas seulement dans sa tête, mais aussi en partie dans les muscles de ses mains, etc. Mais pour les effigies des petits chiens, qu'on dit paraître dans l'urine de ceux qui ont été mordus par des chiens enragés, je vous avoue que j'ai toujours cru que c'était une fable, et si vous ne m'assurez de les avoir vues bien distinctes et bien formées, j'aurai encore maintenant de la peine à les croire, bien que, s'il est vrai qu'elles se voient, la cause en puisse en quelque façon être rendue, ainsi que celles des marques, que les enfants reçoivent des envies de leurs mères. Je suis,

Monsieur,

Votre très humble et très acquis serviteur,

DESCARTES.

# PASCAL

## L'IMAGINATION AU CHAPITRE DES PUISSANCES TROMPEUSES

*« Maîtresse d'erreur et de fausseté », « maîtresse du monde », l'imagination mène à son gré la vie des hommes, leur commerce en société, leurs actions en politique et le choix de leurs systèmes de valeurs. La respectabilité d'un métier et les honneurs d'une charge reposent sur les fondements bien précaires d'une représentation illusoire de la justice et du bien. L'analyse de l'imagination est essentiellement politique et sociale : Pascal (1623-1662) donne ainsi une dimension inégalée à la critique du pouvoir, de ses signes et de ses symboles.*

*En reconnaissant que le mimétisme était au fondement des communautés humaines, Malebranche soulignait le rôle de l'imagination dans la société, mais il n'en tirait pas argument pour dénoncer la force de son emprise sur l'esprit de chaque individu. En regard, les* Pensées *de Pascal sont d'une impitoyable lucidité qui interdit toute complaisance envers les effets des « puissances trompeuses », aussi nécessaires qu'ils paraissent dans l'existence que les hommes se croient obligés de mener selon l'ordre du monde.*

*Texte :* Les Pensées, *Lafuma 44-45, 87, 551, 803, 806, 828, éd. cit., pp. 504-505, 510, 580, 602, 606.*

44 Imagination.

C'est cette partie dominante dans l'homme, cette maîtresse d'erreur et de fausseté, et d'autant plus fourbe qu'elle ne l'est pas toujours, car elle serait règle infaillible de vérité, si elle l'était infaillible du mensonge. Encore —

Mais, étant le plus souvent fausse elle ne donne aucune marque de sa qualité marquant du même caractère le vrai et le faux. Je ne parle pas des fous, je parle des plus sages, et c'est parmi eux que l'imagination a le grand droit de persuader les hommes. La raison a beau crier, elle ne peut mettre le prix aux choses.

Cette superbe puissance ennemie de la raison, qui se plaît à la contrôler et à la dominer, pour montrer combien elle peut en toutes choses, a établi dans l'homme une seconde nature. Elle a ses heureux, ses malheureux, ses sains, ses malades, ses riches, ses pauvres. Elle fait croire, douter, nier la raison. Elle suspend les sens, elle les fait sentir. Elle a ses fous et ses sages. Et rien ne nous dépite davantage que de voir qu'elle remplit ses hôtes d'une satisfaction bien autrement pleine et entière que la raison. Les habiles par imagination se plaisent tout autrement à eux-mêmes que les prudents ne se peuvent raisonnablement plaire. Ils regardent les gens avec empire, ils disputent avec hardiesse et confiance — les autres avec crainte et défiance — et cette gaieté de visage leur donne souvent l'avantage dans l'opinion des écoutants, tant les sages imaginaires ont de faveur auprès des juges de même nature. Elle ne peut rendre sages les fous mais elle les rend heureux, à l'envi de la raison qui ne peut rendre ses amis que misérables, l'une les couvrant de gloire, l'autre de honte.

Qui dispense la réputation, qui donne le respect et la vénération aux personnes, aux ouvrages, aux lois, aux grands, sinon cette faculté imaginante. Toutes les richesses de la terre [sont] insuffisantes sans son consentement. Ne diriez-vous pas que ce magistrat dont la vieillesse vénérable impose le respect à tout un peuple se gouverne par une raison pure et sublime, et qu'il juge des choses par leur nature sans s'arrêter à ces vaines circonstances qui ne blessent que l'imagination des faibles. Voyez-le entrer dans un sermon, où il apporte un zèle tout dévot renforçant la solidité de sa raison par l'ardeur de sa charité ; le voilà prêt à l'ouïr avec un respect exemplaire. Que le prédicateur vienne à paraître, si la nature lui (a) donné une voix enrouée et un tour de visage bizarre, que son barbier l'ait mal rasé, si le hasard l'a encore barbouillé de surcroît, quelques grandes vérités qu'il annonce je parie la perte de la gravité de notre sénateur.

Le plus grand philosophe du monde sur une planche plus large qu'il ne faut, s'il y a au-dessous un précipice, quoique sa raison le convainque de sa sûreté, son imagination prévaudra. Plusieurs n'en sauraient soutenir la pensée sans pâlir et suer.

Je ne veux pas rapporter tous ses effets ; qui ne sait que la vue des chats, des rats, l'écrasement d'un charbon, etc. emportent la raison hors des gonds. Le ton de voix impose aux plus sages et change un discours et un poème de force.

L'affection ou la haine changent la justice de face, et combien un avocat bien payé par avance trouve (-t-)il plus juste la cause qu'il plaide. Combien son geste hardi la fait-il paraître meilleure aux juges dupés par cette apparence. Plaisante raison qu'un vent manie et à tous sens. Je rapporterais presque toutes les actions des hommes qui ne branlent presque que par ses secousses. Car la raison a été obligé de céder, et la plus sage prend pour ses principes ceux que l'imagination des hommes a témérairement introduits en chaque lieu. *(Qui voudrait ne suivre que la raison serait fou prouvé. Il faut, puisqu'il y a plu, travailler tout le jour pour des biens reconnus imaginaires et quand le sommeil nous a délassés des fatigues de notre raison il faut incontinent se lever en sursaut pour aller courir après les fumées et essuyer les impressions de cette maîtresse du monde.)*

*( — Voilà un des principes d'erreur, mais ce n'est pas le seul.)*

*(L'homme a bien eu raison d'allier ces deux puissances, quoique dans cette paix l'imagination ait bien amplement l'avantage, car dans la guerre elle l'a bien plus entier. Jamais la raison (ne surmonte) totalement l'imagination, (mais le) contraire est ordinaire.)*

Nos magistrats ont bien connu ce mystère. Leurs robes rouges, leurs hermines dont ils s'emmaillotent en chaffourés, les palais où ils jugent, les fleurs de lys, tout cet appareil auguste était fort nécessaire, et si les médecins n'avaient des soutanes et des mules, et que les docteurs n'eussent des bonnets carrés et des robes trop amples de quatre partie, jamais ils n'auraient dupé le monde qui ne peut résister à cette montre si authentique. S'ils avaient la véritable justice, et si les médecins avaient le vrai art de guérir ils n'auraient que faire de bonnets carrés. La majesté de ces sciences serait assez vénérable d'elle-même, mais n'ayant que des sciences imaginaires il faut qu'ils prennent ces vains instruments qui frappent l'imagination à laquelle ils ont affaire et par là en effet ils s'attirent le respect.

Les seuls gens de guerre ne se sont pas déguisés de la sorte parce qu'en effet leur part est plus essentielle. Ils s'établissent par la force, les autres par grimace.

C'est ainsi que nos rois n'ont pas recherché ces déguisements. Ils ne se sont pas masqués d'habits extraordinaires pour paraître tels. Mais ils se font accompagner de gardes, de balafrés ( ?). Ces troupes armées qui n'ont de mains et de force que pour eux, les trompettes et les tambours qui marchent au-devant et ces légions qui les environnent font trembler les plus fermes. Ils n'ont pas l'habit, seulement ils ont la force. Il faudrait avoir une raison bien épurée pour regarder comme un autre homme le grand seigneur environné dans son superbe sérail de quarante mille janissaires.

Nous ne pouvons pas seulement voir un avocat en soutane et le bonnet en tête sans une opinion avantageuse de sa suffisance.

L'imagination dispose de tout ; elle fait la beauté, la justice et le bonheur qui est le tout du monde.

Je voudrais de bon cœur voir le livre italien dont je ne connais que le titre, qui vaut lui seul bien des livres, *dell'opinione regina del mondo*. J'y souscris sans le connaître, sauf le mal s'il y en a.

Voilà à peu près les effets de cette faculté trompeuse qui semble nous être donnée exprès pour nous induire à une erreur nécessaire. Nous en avons bien d'autres principes.

Les impressions anciennes ne sont pas seules capables de nous abuser, les charmes de la nouveauté ont le même pouvoir. De là vient toute la dispute des hommes qui se reprochent ou de suivre leurs fausses impressions de l'enfance, ou de courir témérairement après les nouvelles. Qui tient le juste milieu qu'il paraisse et qu'il le prouve. Il n'y a principe, quelque naturel qu'il puisse être, *(qu'on ne)*, même depuis l'enfance, fasse passer pour une fausse impression soit de l'instruction, soit des sens.

Parce, dit-on, que vous avez cru dès l'enfance qu'un coffre était vide, lorsque vous n'y voyiez rien, vous avez cru le vide possible. C'est une illusion de vos sens, fortifiée par la coutume, qu'il faut que la science corrige. Et les autres disent, parce qu'on vous a dit dans l'école qu'il n'y a point de vide, on a corrompu votre sens commun, qui le comprenait si nettement avant cette mauvaise impression, qu'il faut corriger en recourant à votre première nature. Qui a donc trompé ? Les sens ou l'instruction ?

Nous avons un autre principe d'erreur : les maladies. Elles nous gâtent le jugement et le sens. Et si les grandes l'altèrent sensiblement, je ne doute pas que les petites n'y fassent impression à leur proportion.

Notre propre intérêt est encore un merveilleux instrument pour nous crever les yeux agréablement. Il n'est pas permis au plus équitable homme du monde d'être juge en sa cause. J'en sais qui, pour ne pas tomber dans cet amour-propre, ont été les plus injustes du monde à contre-biais. Le moyen sûr de perdre une affaire toute juste était de la leur faire recommander par leurs proches parents. La justice et la vérité sont deux pointes si subtiles que nos instruments sont trop mousses pour y toucher exactement. S'ils y arrivent ils en écachent la pointe et appuient tout autour plus sur le faux que sur le vrai.

*(L'homme est donc si heureusement fabriqué qu'il n'a aucun principe juste du vrai, et plusieurs excellents du faux. Voyons maintenant combien.*

*Mais la plus plaisante cause de ses erreurs est la guerre qui est entre les sens et la raison.)*

45 L'homme n'est qu'un sujet plein d'erreur naturelle, et ineffaçable sans la grâce. Rien ne lui montre la vérité. Tout l'abuse. Ces deux principes de vérité, la raison et les sens, outre qu'ils manquent chacun de sincérité, s'abusent réciproquement l'un l'autre ; les sens abusent la raison par de fausses apparences. Et cette même piperie qu'ils apportent à l'âme, ils la reçoivent d'elle à leur tour ; elle s'en revanche. Les passions de l'âme les troublent et leur font des impressions fausses. Ils mentent et se trompent à l'envi.

Mais outre cette erreur qui vient par accident et par le manque d'intelligence entre ces facultés hétérogènes...

(Il faut commencer par là le chapitre des puissances trompeuses).

87 Le chancelier est grave et revêtu d'ornements. Car son poste est faux et non le roi. Il a la force, il n'a que faire de l'imagination. Les juges, médecins, etc., n'ont que l'imagination.

551 L'imagination grossit les petits objets jusqu'à en remplir notre âme par une estimation fantasque, et par une insolence téméraire elle amoindrit les grandes jusqu'à sa mesure, comme en parlant de Dieu.

803 Si nous rêvions toutes les nuits la même chose elle nous affecterait autant que les objets que nous voyons tous les jours. Et si un artisan était sûr de rêver toutes les nuits douze heures durant qu'(il) est roi, je crois qu'il serait presque aussi heureux qu'un roi qui rêverait toutes les nuits douze heures durant qu'il serait artisan.

Si nous rêvions toutes les nuits que nous sommes poursuivis par des ennemis et agités par ces fantômes pénibles, et qu'on passât tous les jours en diverses occupations comme quand on fait voyage on souffrirait presque autant que si cela était véritable et on appréhenderait le dormir comme on appréhende le réveil, quand on craint d'entrer dans de tels malheurs en effet. Et en effet il ferait à peu près les mêmes maux que la réalité.

Mais parce que les songes sont tous différents et que l'un même se diversifie, ce qu'on y voit affecte bien moins que ce qu'on voit en veillant, à cause de la continuité qui n'est pourtant pas si continue et égale qu'elle ne change aussi, mais moins brusquement, si ce n'est rarement comme quand on voyage et alors on dit : il me semble que je rêve ; car la vie est un songe un peu moins inconstant.

806 Nous ne nous contentons pas de la vie que nous avons en nous et en notre propre être. Nous voulons vivre dans l'idée des autres d'une vie imaginaire et nous nous efforçons pour cela de paraître. Nous travaillons incessamment à embellir et conserver notre être imaginaire et négligeons le véritable. Et si nous avons ou la tranquillité ou la générosité, ou la fidélité nous nous empressons de le faire savoir afin d'attacher ces vertus-là à notre autre être et les détacherions plutôt de nous pour les joindre à l'autre. Nous serions de bon cœur poltrons pour en acquérir la réputation d'être vaillants. Grande marque du néant de notre propre être de n'être pas satisfait de l'un sans l'autre et d'échanger souvent l'un pour l'autre. Car qui ne mourrait pour conserver son honneur celui-là serait infâme.

828 Les cordes qui attachent le respect des uns envers les autres en général sont cordes de nécessité ; car il faut qu'il y ait différents degrés, tous les hommes voulant dominer et tous ne le pouvant pas, mais quelques-uns le pouvant.

Figurons-nous donc que nous les voyons commencer à se former. Il est sans doute qu'ils se battront jusqu'à ce que la plus forte partie opprime la plus faible, et qu'enfin il y ait un parti dominant. Mais quand cela est une fois déterminé alors les maîtres qui ne veulent pas que la guerre continue ordonnent que la force qui est entre leurs mains succédera comme il leur plaît : les uns le remettent à l'élection des peuples, les autres à la succession de naissance, etc.

Et c'est là où l'imagination commence à jouer son rôle. Jusque-là la pure force l'a fait. Ici c'est la force qui se tient par l'imagination en un certain parti, en France des gentilhommes, en Suisse des roturiers, etc.

Or ces cordes qui attachent donc le respect à tel et à tel en particulier sont des cordes d'imagination.

# SPINOZA

## NE PAS CONDAMNER MAIS COMPRENDRE

*La composition de l'*Éthique *sur le « mode géométrique » exclut d'emblée tout jugement de valeur, négatif ou positif, de la puissance de l'imagination sur la pensée. L'imagination, comme les sentiments et les passions, appartient à la Nature et ne saurait être condamnée comme telle, faculté de représentation produisant en l'esprit les images des choses.*

*C'est au principe même de la connaissance vraie qu'il faut rapporter la conception de l'imagination afin de se demander si les représentations qu'elle produit n'entravent pas l'action et la liberté de la pensée. Descartes — qui, selon Spinoza, ne prouva sur ce point rien d'autre que sa grande intelligence — entendait maîtriser les passions pour établir l'exercice et le pouvoir de la volonté. Spinoza (1632-1677) démontre que c'est à la liberté que doit tendre la connaissance par les causes adéquates, et en particulier celle qui nous permet de comprendre les affects, les passions et les sentiments modifiant l'âme.*

*Tant que l'esprit demeure libre de penser, l'affect est à considérer positivement comme une augmentation d'être. En revanche, cette liberté perdue, des représentations erronées troublent la pensée et la contraignent à vivre dans l'illusion. Dans la mesure où elle engendre et entretient cette illusion qui déséquilibre la dynamique des forces psychiques, l'imagination est source d'erreur et de cécité. Alors incapable de connaissance adéquate, l'esprit se trouve sous le règne du faux, dominé par les croyances, les préjugés et la puissance des apparences.*

Éthique, *troisième partie,*
*« De l'origine et de la nature des affects »,*
*éd. cit., pp. 199-213.*

# TROISIÈME PARTIE

## DE L'ORIGINE ET LA NATURE DES AFFECTS

# PRÉFACE

Pour la plupart, ceux qui ont écrit des Affects et de la façon de vivre des hommes semblent traiter, non de choses naturelles qui suivent les lois communes de la nature, mais de choses qui sont hors de la nature. On dirait même qu'ils conçoivent l'homme dans la nature comme un empire dans un empire. Car ils croient que l'homme perturbe l'ordre de la nature plutôt qu'il ne le suit, qu'il a sur ses actions une absolue puissance, et n'est déterminé par ailleurs que par soi-même. Ensuite, ils attribuent la cause de l'impuissance et de l'inconstance de l'homme non pas à la puissance commune de la nature, mais à je ne sais quel vice de la nature humaine, et pour cette raison ils la déplorent, en rient, la mésestiment, ou bien, et c'est le cas le plus courant, la maudissent ; et qui montre plus d'éloquence ou d'ingéniosité à dire du mal de l'impuissance de l'Esprit humain est tenu pour Divin. Il n'a cependant pas manqué d'hommes très éminents (et nous avouons devoir beaucoup à leur travail et leur activité) pour écrire bien des choses remarquables sur la façon correcte de vivre, et donner aux mortels des conseils pleins de sagesse ; mais quant à la nature des Affects et à leurs forces, et ce que peut l'Esprit, en revanche, pour les maîtriser, nul, que je sache, ne l'a déterminé. Je sais, bien entendu, que le très célèbre Descartes, encore qu'il ait cru lui aussi que l'Esprit avait sur ses actions une absolue puissance, s'est pourtant appliqué à expliquer les Affects humains par leurs premières causes, et à montrer en même temps par quelle voie l'Esprit peut avoir sur les Affects un empire absolu ; mais, à mon avis du moins, il n'a rien montré d'autre que la pénétration de son grand esprit, comme je le démontrerai en son lieu. Car je veux revenir à ceux qui préfèrent maudire les Affects et actions des hommes, ou en rire, plutôt que les comprendre. Ceux-là, sans aucun doute, trouveront étonnant que j'entreprenne de traiter les vices et inepties des hommes à la façon Géométrique, et que je veuille démontrer de façon certaine ce qu'ils ne cessent de proclamer contraire à la raison, vain, absurde et horrible. Mais voici ma raison. Rien ne se fait dans la nature que l'on puisse attribuer à un vice de celle-ci ; car la nature est toujours la même, et a pourtant une seule et même vertu et puissance d'agir ; c'est-à-dire, les lois et règles de la nature, selon lesquelles tout se fait et passe d'une forme dans une autre, sont partout et toujours les mêmes, et par suite il ne doit y avoir également qu'une seule et même façon de comprendre la nature des choses, quelles qu'elles soient, à savoir, par les lois et règles universelles de la nature. Et donc les Affects de haine, de colère, d'envie, etc., considérés en soi, suivent les uns des autres par la même nécessité et vertu de la nature que les autres singuliers ; et, partant, ils reconnaissent des causes précises, par lesquelles ils se comprennent, et ont des propriétés précises, aussi dignes de notre connaissance que les propriétés de n'importe quelle autre chose qui nous charme par sa seule contemplation. Je traiterai donc de la nature des Affects et de leurs forces, et de la puissance de l'Esprit sur eux, suivant la même Méthode que j'ai utilisée dans ce qui précède à propos de Dieu et de l'Esprit, et je considérerai les actions et appétits humains comme s'il était question de lignes, de plans ou de corps.

## DÉFINITIONS

I. J'appelle cause adéquate celle dont l'effet peut se percevoir clairement et distinctement par elle. Et j'appelle inadéquate, autrement dit partielle, celle dont l'effet ne peut se comprendre par elle seule.

II. Je dis que nous agissons, quand il se fait en nous ou hors de nous quelque chose dont nous sommes cause adéquate, c'est-à-dire (*par la Défin. précéd.*) quand de notre nature il suit, en nous ou hors de nous, quelque chose qui peut se comprendre clairement et distinctement par elle seule. Et je dis au contraire que nous pâtissons, quand il se fait en nous quelque chose, ou quand de notre nature il suit quelque chose, dont nous ne sommes la cause que partielle.

III. Par Affect, j'entends les affections du Corps, qui augmentent ou diminuent, aident ou contrarient, la puissance d'agir de ce Corps, et en même temps les idées de ces affections.

*Si donc nous pouvons être cause adéquate d'une de ces affections, alors par Affect j'entends une action ; autrement, une passion.*

## POSTULATS

I. Le Corps humain peut être affecté de bien des manières qui augmentent ou diminuent sa puissance d'agir, ainsi que d'autres qui ne rendent sa puissance d'agir ni plus grande, ni plus petite.

*Ce Postulat ou Axiome s'appuie sur le Postulat* 1 *et les Lemmes* 5 *et* 7 *qu'on verra après la Prop.* 13 *p.* 2.

II. Le Corps humain peut pâtir de bien des changements, et néanmoins retenir les impressions ou traces des objets (*à leur sujet, voir le Post.* 5 *p.* 2), et par conséquent les mêmes images des choses ; *dont on verra la Défin. dans le Scol. Prop.* 17 *p.* 2.

## PROPOSITION I

Notre Esprit agit en certaines choses, et pâtit en d'autres, à savoir, en tant qu'il a des idées adéquates, en cela nécessairement il agit en certaines choses, et, en tant qu'il a des idées inadéquates, en cela nécessairement il pâtit en d'autres.

### DÉMONSTRATION

Les idées d'un Esprit humain, quel qu'il soit, sont, les unes adéquates, les autres mutilées et confuses (*par les Scol. Prop.* 40 *p.* 2). Et les idées qui dans l'Esprit de quelqu'un sont adéquates en Dieu, en tant qu'il constitue l'essence de cet Esprit (*par le Coroll. Prop.* 11 *p.* 2), et ensuite celles qui sont inadéquates dans l'Esprit sont elles aussi adéquates en Dieu (*par le même Coroll.*), non en tant qu'il contient seulement l'essence de cet Esprit, mais aussi en tant qu'il contient en soi en même temps les Esprits d'autres choses. Ensuite, étant donnée une idée quelconque, il doit en suivre nécessairement un effet (*par la Prop.* 36 *p.*1), effet dont Dieu est la cause adéquate *(voir la Défin.* 1 *de cette p.)*, non en tant qu'il est infini, mais en tant qu'on le considère affecté par cette idée donnée (*voir la Prop.* 9 *p.* 2). Or, de cet effet dont Dieu est la cause, en tant qu'il est affecté d'une idée qui dans l'Esprit de quelqu'un est adéquate, ce même Esprit est la cause adéquate (*par le Coroll. Prop.* 11 *p.* 2). Donc notre Esprit (*par la Défin.* 2 *de cette p.*), en tant qu'il a des idées adéquates, nécessairement agit en certaines choses, ce qui était le premier point. Ensuite, tout ce qui suit nécessairement d'une idée qui en Dieu est adéquate, non en tant qu'il a en soi seulement l'Esprit d'un seul homme, mais en tant qu'il a aussi les Esprits d'autres choses en même temps que l'Esprit de ce même homme, de cela (*par le même Coroll. Prop.* 11 *p.* 2) l'Esprit de cet homme est la cause non pas adéquate, mais partielle, et partant (*par la Défin.* 2 *de cette p.*) l'Esprit, en tant qu'il a des idées inadéquates, nécessairement pâtit en certaines choses. Ce qui était le second point. Donc notre Esprit, etc. CQFD.

## COROLLAIRE

De là suit que l'Esprit est sujet à d'autant plus de passions qu'il a plus d'idées inadéquates, et, au contraire, agit d'autant plus qu'il a plus d'idées adéquates.

## PROPOSITION II

Le Corps ne peut déterminer l'Esprit à penser, ni l'Esprit déterminer le Corps au mouvement, ni au repos, ni à quelque chose d'autre (si ça existe).

## DÉMONSTRATION

Toutes les manières de penser ont pour cause Dieu, en tant qu'il est chose pensante, et non en tant qu'il s'explique par un autre attribut (*par la Prop.* 6 *p.* 2) ; ce qui donc détermine l'Esprit à penser, c'est une manière de penser, non de l'Étendue, c'est-à-dire (*par la Défin.* 1 *p.* 2), ce n'est pas le Corps : Ce qui était le premier point. Ensuite, le mouvement et le repos du Corps doit naître d'un autre corps, qui a lui aussi été déterminé au mouvement ou au repos par un autre, et, absolument parlant, tout ce qui naît dans un corps a dû naître de Dieu, en tant qu'on le considère affecté d'une certaine manière de l'Étendue, et non d'une certaine manière de penser (*par la même Prop.* 6 *p.* 2), c'est-à-dire, ne peut pas naître de l'Esprit, lequel (*par la Prop.* 11 *p.* 2) est une manière de penser : Ce qui était le second point. Donc le Corps ne peut déterminer l'Esprit, etc. CQFD.

### SCOLIE

Cela se comprend plus clairement par ce qu'on a dit dans le Scolie de la Proposition 7 p. 2, à savoir que, l'Esprit et le Corps, c'est une seule et même chose, qui se conçoit sous l'attribut tantôt de la Pensée, tantôt de l'Étendue. D'où vient que l'ordre ou l'enchaînement des choses est un, qu'on conçoive la nature sous l'un ou l'autre de ces attributs, par conséquent que l'ordre des actions et passions de notre Corps va par nature de pair avec l'ordre des actions et passions de notre Esprit : Ce qui ressort également de la manière dont nous avons démontré la Proposition 12 de la Deuxième Partie. Or, encore que les choses soient telles qu'il ne reste pas de raison de douter, j'ai pourtant peine à croire que, à moins de prouver la chose par l'expérience, je puisse induire les hommes à examiner cela d'une âme égale, tant ils sont fermement persuadés que c'est sous le seul commandement de l'Esprit que le Corps, tantôt se meut, tantôt est en repos, et fait un très grand nombre de choses qui dépendent de la seule volonté de l'Esprit et de l'art de penser. Et, de fait, ce que peut le Corps, personne jusqu'à présent ne l'a déterminé, c'est-à-dire, l'expérience n'a appris à personne jusqu'à présent ce que le Corps peut faire par les seules lois de la nature en tant qu'on la considère seulement comme corporelle, et ce qu'il ne peut faire à moins d'être déterminé par l'Esprit. Car personne jusqu'à présent n'a connu la structure du Corps si précisément qu'il en pût expliquer toutes les fonctions, pour ne rien dire ici du fait que, chez les Bêtes, on observe plus d'une chose qui dépasse de loin la sagacité humaine, et que les somnambules, dans leurs rêves, font un très grand nombre de choses qu'ils n'oseraient faire dans la veille ; ce qui montre assez que le Corps lui-même, par les seules lois de sa nature, peut bien des choses qui font l'admiration de son Esprit. Ensuite, personne ne sait de quelle façon, ou par quels moyens, l'Esprit meut le Corps, ni combien de degrés de mouvement il peut attribuer au Corps, et à quelle vitesse il peut le mouvoir. D'où suit que, quand les hommes disent que telle ou telle action du Corps naît de l'Esprit, qui a un empire sur le Corps, ils ne savent ce qu'ils disent, et ils ne font qu'avouer, en termes spécieux, qu'ils ignorent sans l'admirer la vraie cause de cette action. Mais ils vont dire, qu'ils sachent ou non par quels moyens l'Esprit meut le Corps, que pourtant ils savent d'expérience que, si l'Esprit n'était pas apte à penser, le Corps serait inerte. Qu'ensuite, ils savent d'expérience qu'il est au seul pouvoir de l'Esprit tant de parler que de se taire, et bien d'autres choses qui, par suite, dépendent, à ce qu'ils croient, du décret de l'Esprit. Mais, pour ce qui touche au premier point, je leur demande si l'expérience n'enseigne pas aussi que, si le Corps, inversement, est inerte, l'Esprit en même temps est inapte à penser ? Car, quand le Corps repose dans le sommeil, l'Esprit en même temps que lui demeure endormi, et n'a pas le pouvoir de penser comme dans la veille. Ensuite, tout le monde a, je crois, fait l'expérience que l'Esprit n'est pas toujours également apte à penser sur le même objet ; mais que, selon que le Corps est plus apte à ce que s'excite en lui l'image de tel ou tel objet, ainsi l'Esprit est plus apte à contempler tel ou tel objet. Mais ils vont dire que, des seules lois de la nature, considérée seulement en tant que corporelle, il ne peut pas se faire que l'on puisse déduire les causes des édifices, des peintures et des choses de ce genre, qui se font par le seul art des hommes, et que le Corps humain, à moins d'être déterminé et guidé par l'Esprit, ne serait pas capable d'édifier un temple. Mais j'ai déjà montré, quant à moi, qu'ils ne savent pas ce que peut le Corps, ou ce qu'on peut déduire de la seule contemplation de sa nature, et qu'ils ont l'expérience d'un très grand nombre de choses qui se font par les seules lois de la nature et qu'ils n'auraient jamais cru pouvoir se faire sauf sous la direction de l'Esprit, comme sont celles que font les somnambules en dormant, et qu'ils admirent eux-mêmes quand ils sont éveillés. J'ajoute ici la structure même du Corps humain, laquelle dépasse de très loin en artifice toutes celles qu'a fabriquées l'art des hommes, pour ne rien dire ici du fait, comme je l'ai montré plus haut, que de la nature, considérée sous n'importe quel attribut, il suit une infinité de choses. Pour ce qui touche, en outre, au second point, les choses humaines iraient à coup sûr bien plus heureusement s'il était tout autant au pouvoir de l'homme de se taire que de parler. Or l'expérience enseigne plus que suffisamment qu'il n'est rien que les hommes aient moins en leur pouvoir que leur langue, et rien qu'ils puissent moins maîtriser que leurs appétits ; d'où vint qu'ils croient, pour la plupart, que nous ne faisons librement que ce à quoi nous aspirons légèrement, parce que l'appétit pour ces choses peut aisément être réduit par le souvenir d'autre chose que nous nous rappelons fréquemment, et que nous ne faisons pas du tout librement ce à quoi nous aspirons avec un grand affect et que le souvenir d'autre chose ne peut apaiser. Mais à vrai dire, si d'expérience ils ne savaient que nous faisons plus d'une chose dont nous nous repentons ensuite, et que, souvent, quand nous sommes en proie à des affects contraires, nous voyons le meilleur et nous faisons le pire, rien n'empêcherait qu'ils croient que nous faisons tout librement. Ainsi croit le bébé aspirer librement au lait, et l'enfant en colère vouloir la vengeance, et le peureux la fuite. L'homme ivre, ensuite, croit que c'est par un libre décret de l'Esprit qu'il dit ce que, redevenu sobre, il voudrait avoir tu : ainsi le délirant, la bavarde, l'enfant, et bien d'autres de cette farine, croient que c'est par un libre décret de l'Esprit qu'ils parlent, alors pourtant qu'ils ne peuvent contenir l'impulsion qu'ils ont à parler ; si bien que l'expérience elle-même montre, non moins clairement que la raison, que les hommes se croient libres pour la seule raison qu'ils sont conscients de leurs actions, et ignorants des causes par quoi elles sont déterminées ; et, en outre, que les décrets de l'Esprit ne sont rien d'autre que les appétits eux-mêmes, et pour cette raison varient en fonction de l'état du Corps. Car chacun règle toute chose à partir de son propre affect, et, en outre, ceux qui sont en proie à des affects contraires ne savent pas ce qu'ils veulent ; et, quant à ceux qui n'en ont point, il suffit de très peu pour les pousser ici ou là. Toutes choses qui montrent assurément clairement que le décret de l'Esprit ainsi que l'appétit et la détermination du Corps vont de pair par nature, ou plutôt sont une seule et même chose, que nous appelons Décret quand on la considère sous l'attribut de la Pensée, et qu'elle s'explique par lui, et que nous appelons Détermination quand on la considère sous l'attribut de l'Étendue, et qu'elle se déduit des lois du mouvement et du repos ; ce qui se verra plus clairement encore à partir de ce qui reste à dire maintenant. Car il y a autre chose que je voudrais ici noter tout particulièrement, c'est qu'il n'est rien que nous puissions faire par décret de l'Esprit à moins de nous en souvenir. Par ex., nous ne pouvons pas dire un mot à moins de nous en souvenir. Ensuite, il n'est pas au libre pouvoir de l'Esprit de se souvenir d'une chose ou bien de l'oublier. Et donc, ce que l'on croit être au pouvoir de l'Esprit, c'est seulement de pouvoir par décret de l'Esprit ou bien dire ou bien taire la chose dont nous nous souvenons. Mais, lorsque nous rêvons que nous parlons, nous croyons parler par un libre décret de l'Esprit alors que pourtant nous ne parlons pas, ou, si nous parlons, cela se fait par un mouvement spontané du Corps. Ensuite, quand il nous arrive de rêver que nous cachons des choses aux hommes, c'est par le même décret de l'Esprit que celui par lequel, à l'état de veille, nous taisons ce que nous savons. Et enfin il nous arrive de rêver que nous faisons, par décret de l'Esprit, des choses qu'en état de veille nous n'oserions pas faire. Et par suite je voudrais bien savoir s'il y a dans l'Esprit deux genres de décrets, les Oniriques, et les Libres ? Que si l'on ne veut pas être fou à ce point-là, il faut nécessairement accorder que ce décret de l'Esprit, qu'on croit libre, ne se distingue pas de l'imagination ou mémoire elle-même, et n'est rien d'autre que l'affirmation qu'enveloppe nécessairement l'idée, en tant qu'elle est idée (*voir Prop.* 49 *p.* 2). Et par suite ces décrets de l'Esprit naissent dans l'Esprit avec la même nécessité que les idées des choses existant en acte. Ceux donc qui croient qu'ils parlent, ou se taisent, ou font quoi que ce soit, par un libre décret de l'Esprit, rêvent les yeux ouverts.

# INDICATIONS BIBLIOGRAPHIQUES

Il existe deux éditions de référence du traité *De la recherche de la vérité* : l'édition établie par Geneviève Rodis-Lewis, avec la collaboration de Germain Malbreil, dans les *Œuvres* de Malbranche publiées en 1979 par les éditions Gallimard pour la Bibliothèque de la Pléiade ; l'édition établie sous la direction d'André Robinet dans les *Œuvres complètes* de Malebranche, en 23 tomes, publiées de 1962 à 1990 par la librairie J. Vrin (t. I, II, III), en coédition avec le Centre national de la recherche scientifique.

Parmi les études consacrées à la pensée de Malebranche, on peut signaler :


V. DELBOS, *Étude de la philosophie de Malebranche*, Paris, 1924.

H. GOUHIER, *La vocation de Malebranche*, Paris, 1926.

*La philosophie de Malebranche et son expérience religieuse*, Paris, 1926.

L. LABBAS, *La grâce et la liberté dans Malebranche*, Paris, 1931.

*L'idée de Science dans Malebranche*, Paris, 1931.

J. MOREAU, *Malebranche et le spinozisme*, Paris, 1947.

A. CUVILLIER, *Essai sur la mystique de Malebranche*, Paris, 1954.

M. GUÉROULT, *Malebranche*, 3 vol., Paris, 1955-1959.

G. DREYFUS, *La volonté selon Malebranche*, Paris, 1958.

A. ROBINET, *Malebranche et Leibniz, relations personnelles*, Paris, 1955.

*Système et existence dans l'œuvre de Malebranche*, Paris, 1965.

*Malebranche et l'Académie des sciences*, Paris, 1970.

G. RODIS-LEWIS, *Nicolas Malebranche*, Paris, 1963.

## CHRONOLOGIE

| | |
|---|---|
| 1638 | 5 août : naissance à Paris de Nicolas Malebranche. |
| 1648-1659 | Études de philosophie et de théologie au collège de La Marche et à la Sorbonne. |
| 1660 | 18 janvier : Malebranche entre au noviciat de l'Oratoire ; il recevra trois mois plus tard la tonsure et les ordres mineurs. |
| 1661 | Études de théologie à l'Oratoire de Saumur. Retour à l'Oratoire de Paris (études d'hébreu et d'histoire ecclésiastique). |
| 1664 | Signature d'un formulaire antijanséniste. Lecture de *L'Homme* de Descartes. |
| 1664 | 14 septembre : ordination à la prêtrise. |
| 1668-1673 | Rédaction de la *Recherche de la vérité* |
| 1673 | Rétractation de la signature donnée au formulaire antijanséniste. |
| 1674 | Première édition de la *Recherche de la vérité*, t. I. |

| | |
|---|---|
| 1675 | Correspondance avec Leibniz.<br>Deuxième édition du premier tome de la *Recherche de la vérité*.<br>Première édition du second tome. |
| 1676 | Deuxième édition du second tome de la *Recherche*.<br>Rédaction des *Conversations chrétiennes* et des *Méditations sur l'humilité et la pénitence*. |
| 1677 | Éditions des *Conversations chrétiennes*. |
| 1678 | Quatrième édition de la *Recherche de la vérité*. |
| 1679 | Correspondance avec Leibniz.<br>Rencontre avec Arnauld. Réserves de Malebranche contre la théologie janséniste. |
| 1680 | Octobre : première édition du *Traité de la nature et de la grâce*. |
| 1681 | Deuxième édition du *Traité*, avec l'Éclaircissement I. |
| 1680-1682 | *De la prédestination* (édition par A. Robinet en 1957). |
| 1683 | *Méditations chrétiennes* éditées pour la première fois à Cologne.<br>Cinquième édition de la *Recherche de la vérité*, avec variantes et additions.<br>Troisième édition du *Traité de la nature et de la grâce* avec les Éclaircissements II et III. |
| 1684 | Quatrième édition du *Traité*, avec un quatrième Éclaircissement. |
| 1685 | Correspondance polémique avec Arnauld. |

| | |
|---|---|
| 1685 | 17 octobre : révocation de l'édit de Nantes. |
| 1685 | Novembre : Malebranche part en mission auprès des nouveaux convertis à Rouen et à Dieppe. |
| 1687 | *Lettres du P. Malebranche touchant celles de M. Arnauld.* |
| 1688 | *Entretiens sur la métaphysique et sur la religion*, première édition à Rotterdam. |
| 1690 | *Le traité de la nature et de la grâce* est mis à l'index.<br>Deuxième édition des *Méditations chrétiennes* et des *Entretiens sur la métaphysique et sur la religion.* |
| 1692 | *Des lois de la communication des mouvements, par l'auteur de la* Recherche de la vérité.<br>Remarques de Leibniz sur ces *Lois*. |
| 1693 | Correspondance avec Leibniz. |
| 1694 | *Lettres* à Arnauld qui meurt au mois d'août de la même année. |
| 1695 | Cinquième édition des *Conversations chrétiennes*.<br>Maladie de Malebranche.<br>Troisième édition des *Entretiens sur la métaphysique et sur la religion*, avec une Préface.<br>*Entretiens sur la mort.* |
| 1697 | *Traité de morale* (troisième édition) et première édition du *Traité de l'amour de Dieu.* |
| 1698 | Correspondance avec Leibniz. |
| 1699 | 28 janvier Malebranche est élu à l'Académie |

des sciences comme « membre honoraire ». Le 4 avril, il y prononce une communication : *Réflexions sur la lumière et les couleurs et la génération du feu.*

1698-1699 Malebranche révise ses *Lois de la communication des mouvements.*

1700 Sixième édition en trois tomes de la *Recherche de la vérité*, le troisième tome contenant les *Éclaircissements* I à XV.

1701 *Méditations pour se disposer à l'humilité et à la pénitence.*

1701-1703 Réédition du *Traité de la nature et de la grâce*, des *Conversations chrétiennes*, des *Entretiens sur la métaphysique et sur la religion* et des *Entretiens sur la mort.*

1704 *Recueil de toutes les réponses du P. Malebranche, prêtre de l'Oratoire, à Monsieur Arnauld, docteur de Sorbonne*, en quatre volumes.

1707 Vérification par Malebranche des expériences de Newton sur la lumière. Étude de la philosophie chinoise.

1708 *Entretien d'un philosophe chrétien et d'un philosophe chinois sur la nature et l'existence de Dieu.*

1712 Septième édition de la *Recherche de la vérité* ; du *Traité de la nature et de la grâce.*

1713 Correspondance avec Fénelon, avec de Dourtous de Mairan (sur le rapport avec le système de Malebranche et celui de Spinoza).

1715 *Réflexions sur la prémotion physique.*
Nouvelle édition séparée des *Méditations pour se disposer à l'humilité et à la pénitence.* Suivies des *Considérations de piété pour tous les jours de la semaine ; de l'Adoration en esprit et en vérité;* et des *Prières avant et après la sainte messe.*

1715 13 octobre : mort de Malebranche.

## TABLE DES MATIÈRES

Introduction . . . . . . . . . . . . . . . . . . . . . . . . . . 5

La Recherche de la vérité, livre II : *De l'imagination*. 25

Éclaircissement VII . . . . . . . . . . . . . . . . . . . . . . . .209
Éclaircissement VIII . . . . . . . . . . . . . . . . . . . . . . .212
Éclaircissement IX . . . . . . . . . . . . . . . . . . . . . . . 259

Dossier . . . . . . . . . . . . . . . . . . . . . . . . . . . . . 267
Bibliographie du dossier . . . . . . . . . . . . . . . . . . 268

Saint Augustin, *Les Confessions*. . . . . . . . . . . . . . . 269
Montaigne, *Essais* . . . . . . . . . . . . . . . . . . . . . . . 285
Descartes, *Les Passions de l'âme*. . . . . . . . . . . . . . 299
*Lettre à Meyssonnier* . . . . . . . . . . . . 319
Pascal, *Pensées* . . . . . . . . . . . . . . . . . . . . . . . . 321
Spinoza, *Éthique* . . . . . . . . . . . . . . . . . . . . . . . 329

Indications bibliographiques . . . . . . . . . . . . . . . . 339
Chronologie . . . . . . . . . . . . . . . . . . . . . . . . . . . 341

# Découvrez également

## *Pensées*
## Blaise Pascal

Après trois siècles, les éditions des *Pensées* ont progressé grâce à la découverte des dossiers de l'écrivain. Jusqu'alors publiées dans un relatif désordre, on découvrit que Pascal avait laissé dans son texte plusieurs indices relatifs à son organisation.
Cette édition, présentée et établie par Philippe Sellier, suit rigoureusement ces indications et nous fait parcourir les *Pensées* dans tout leur lumineux mouvement.

***(Pocket n° 241)***

*Cet ouvrage reproduit par procédé photomécanique a été achevé d'imprimer sur les presses de*

BUSSIÈRE

GROUPE CPI

*à Saint-Amand-Montrond (Cher) en avril 2006*

POCKET - 12, avenue d'Italie - 75627 Paris Cedex 13

— N° d'imp. : 60846. —
Dépôt légal : mai 2006.

*Imprimé en France*